# 政治的省察

政治の根底にあるもの

宇野邦一
uno kuniichi

青土社

政治的省察　目次

# 政治的省察　政治の根底にあるもの

# 序論

「政治のことはわかりません」とカールは言った。「それはいけないな」と学生は言った。「でもきみの目と耳で判断すればいい」。　　（カフカ『アメリカ』）

厳密に言えば、政治の目的は「人間」というよりも、人間と人間の間に生起して人間を越えて持続する「世界」なのである。政治は破壊的になって「世界」を破滅に至らしめる程度に応じて、政治自らをも破壊し絶滅させる。
（ハンナ・アレント『政治の約束』高橋勇夫訳）

わたくしはわたくしの年月をぶった切る。その切り口につながねばならぬ。／今年はすべてのことが顕在化する。われわれの、うすい日常の足元にある亀裂が、もっとぱっくり口をひらく。そこに降りてゆかねばならない。われわれの中のすでに不毛な諸関係の諸様相が根こそぎにあばき出される。われわれ自身の、裸になった、千切れた中枢神経が、そのようなクレバスの中でヒリヒリとして泳ぎ出す。
（石牟礼道子『苦海浄土』）

1

新しい情報技術の普及によって、確かにメディアの役割が大きく変質しつつある。半世紀前には想像もできなかったことだ。この変化は言語にも思考にも及んでいるにちがいない。そして変化は、政治にも、政治と私たちとの関係にも波及している。

それでも「政治」が世界を行きかう情報の多くを占める主題であることに変わりはない。新聞の一面はあいかわらず政治のニュースで占められている。政治はどこでも様々な問題を解決しようとして難渋している。すでに国内政治でさえも、じつは世界の動向と密接にかかわり、これに翻弄されている。政治そのものが機能不全になっていて、むしろその不調を知らせる情報のほうが目に付くようになっているのだ。機能不全であるどころか、政治そのものが多くの害を及ぼしているとも感じられる。そのため「よい政治」のイメージをもつことが難しくなっている。当然ながら「政治家」にも「政治制度」にも根強い疑惑や不信が及ぶことになる。

それにしても、いまさら「よい政治」とは何だろう。公正で効果的な政治のことか。どんな効果のことか。どうやら公正である以上に、効果的であることが政治には求められている。しかし効果的であろうとして、しばしば不正を行っている。不正を行うことによって、逆に効果も失われる。そういう悪循環に私たちは馴れ合ってしまった。

少しでも立ち止まって政治を考え始めれば、そのような「政治家」に投票し、そのような「政治制度」を受け入れている国民自身が、そのような事態（悪循環）について責任があることを思わざるをえない。しかし責任があるとしても、国民が政治を決定する権利も能力も、現実にはきわめて限られている。選挙によって政治を選択する権利が国民にあっても、じつは投票行動につながる思考そのものが、他の多くの要素によってすでに決定されている（「今日われわれが民主主義と呼んでいるのは、少なくとも観念のうえでは多数者の利益をめざして、少数者が支配する統治形態だからである[1]」）。

選挙にかぎらず、民主主義とは何なのか、どの程度、どのように機能し、機能していないのか、

（1）ハンナ・アレント『革命について』志水速雄訳、ちくま学芸文庫、四二六―四二七ページ。

世界中で改めて問われている。もちろんそれは政治を動かし決定しているものがじつは何か、政治は何をしているのか、どんな効果を及ぼしているのか、という問いと切り離せない。

問いは様々な方向に連鎖していくことになる。私は政治に何を求めるのか。政治に何かを要求する私は何を願望し、どう生きようとするのか。ひとりの人間の生き方のすべてが政治によって決定されるわけではないとすれば、政治に関わる領域と関わらない領域をどう線引きするのか。政治について考えようとすれば、政治の外の領域と、政治との関係がどういうものかも考えざるをえない。問いは果てしなく広がる。確かに政治は、その果てしない問いの連鎖のなかのひとつにすぎない。

2

政治の世界では、とにかく政治家、そして行政にたずさわる官僚たちが存在し、「政界」や「政情」に通じるたくさんの識者、ジャーナリスト、学者、特に「政治学者」そして政治について考える思想家たちまでが存在する。労働組合、運動組織、そして人権や自然環境、貧困や災害からの救済のための無数の非営利団体も、今では政治の重要な一部を形成している。

生涯の大半を大学の教師としてすごし、文学や思想の書物を読み解き、自らに課した問いを考えることに時間を費やしてきた私は、とりたてて政治的体験というほどのものをもたない。おい、政治とは机上の空論ではなく、実践なのだ！　半世紀前からしばしば聞かされてきた言葉だ。これに反対しようというわけではない。政治の渦中で苦闘する人々のことを忘れることはできないからだ。それでも、あえていま私は「政治」を正面において考える本を公にしようとしている。もちろん大学もまた、様々な形で政治が行われる場所である。

しかしいまは私の政治的省察の動機について、その個人史的背景について語るよりも、さしあたってルソー『社会契約論』の冒頭の言葉を援用しよう。「政治について筆を執るからには、あなたは君主か、それとも立法者なのか、と聞く人があるかもしれない」。「自由な国家の市民として生まれ、しかも主権者の一員として、わたしの発言が公けの政治に、いかにわずかの力しかもちえないにせよ、投票権をもつと言うことだけで、私は政治研究の義務を十分課せられるのである(2)」。

文学の研究を一つの軸としてきた私の思想的営みにおいて、文学(そして芸術)と政治とのあいだには、いつも否みがたい葛藤があった。今でもそれは解消されていない。書くこと、考えることはまったくひとりの、ほとんど無為の追求であり、集団のなかで集団を相手にし、あくまで実践、実行を要求する「政治」の活動とは親和しない(もちろん政治における実践の大半は、言葉、言論によって行われるものだ)。

感覚と思考の前に現われる細かい差異を果てしなく追求しようとする文学・芸術の孤独な活動は、多数のあいだに共通性や同調性があることを前提とし、さらにそのことを要求し、共通の目標(スローガン)をもって行われる政治の活動とは確かに背反する。そして、このことに、あら

(2) ルソー『社会契約論』桑原武夫/前川貞次郎訳、岩波文庫、一四ページ。

ゆる通念的な区分が付着しうる。精神的内面的追求を行う文学、芸術（そしてある種の思想）、これに対して実利的外面的領域に関わる政治（そして政治思想）という区別のことである。孤独な瞑想、象牙の塔の芸術に対して、野心と権謀術策にあけくれる政治、云々。じつは芸術も、そして学問も、もはやそういうものではなくなっている。それに政治が確かに実業だとしても、それは商業や工業が実業であるのと同じことではなく、政治はもう少し崇高な理想、正義にしたがう活動でなければならないとされてきた。もう古くさいだけに見えようと、このことだって、この時代にあってもすっかり失われた見方ではないのだ。

　こういう一連の通念は、大学教師のあいだにも、ある程度まで共有されているものである。政治にはかかわりたくない。政治の領域は、学問の世界に比べて、雑駁すぎ、不純すぎる。だから浮き世（憂き世）を離れて孤独な知的追求に耽っていたいというセンスはもちろんわからぬものではない。ただし政治を忌避しているはずの知識人が、いつのまにか政治的権威と癒着して、堂々と政治的にふるまっているという事実も、じつにありふれている。政治よりもはるかに革新的な資本主義の波に巻き込まれてきた大学人たちは、もはや象牙の塔のなかにこもってなどいられない。大学は確実に、学生という消費者を相手に教育産業をおこなう企業体と化しつつある。

　一方で、もはや常識のようになっている政治への不信や距離感が何を意味しているか、このこと自体、考え始めればたくさんの問題を含んでいる。日本のように、「まがりなりにも」政権や政治制度が安定し、政治のスペシャリストたちが政治をコントロールしてきた国では、だからこそ政治の領域を既定のものとして扱い、それから自分を疎遠な位置におくこともできる。政治的自由ばかりか、政治からの自由というものが可能である、ということがその前提になっているのだ。政権や政治制度が安定せず、たえまなくその動揺が国民に及んできて、それを意識せずにはすまされず、反応せざるを得ないような情況ならば、政治からある程度自立した安定的な文化・学問・文学・芸術の領域が存在することが難しい。大国の支配に翻弄される弱小な国は、しばしばそういう状況におかれた。プラハのドイツ語の作家であったカフカは、当然ドイツ文学の巨匠たちの影響を受けながらも、当時のチェコのマイノリティの政治的情況を一身に引き受けて書かざるをえなかった。いやでも彼の文学は、政治的な力学の影響をじかに受けざるをえなかった。政治を遠ざけ、政治から自由であるかのように生きることができる状況は、じつは特別なもので、それ自体も政治によって生み出されるものだ。

3

政治について語ろうとすれば、「歯が浮く」ような思いをすることがしばしばある。政治にかかわる多くの言説は、国益や治安や改革を唱える体制の言葉や、その不正や錯誤を批判する言葉の果てしのない繰り返しで、砂を噛むように味気ないものだ。政治について、どんな言葉で語るか、という問題が確かにある（さしあたって今私には、石牟礼道子、ジャン・ジュネの「言葉」が浮かんでくる）。政治について私たちが知っていること、考えることの大部分も、メディアによる報道のそのまた報道によって与えられる印象と、それへの反応にすぎない。私たちは巨大な伝聞と想像のカオスにまきこまれているのだ。政治に関しては何が事実か、何が起きたのか、起きつつあるのか見究めることも、何が真理で、何をするのが正しいことなのかを見究めることも、きわめて難しい。これは自然科学のように実験や論証の裏付けのある世界に比べてみれば（科学にだって、やはり不確実な面はあるにせよ）明らかなことだ。しかも億単位の人口と、その多様な行動や心理、無数のモノの流れ、そして自然環境の転変までを、パラメーターとして相手にしなければならない政治の課題は、ますます複雑である。ますます無境界になるこの世界では、さらにこの複雑さは果てしないものになる。途方もない課題を前にしている政治のなかに、機能不全、不正や欺瞞だけでなく、まったく愚かで、じつは無効な言説や観念がはびこっている。もちろんこれは政治に限ったことではない。

科学技術の進展は、とりわけコミュニケーションに関する領野において目覚ましい。しかしそのような発達自体が多くの幻想を生み出し、また危機を生み出している。技術が発達すればするほど、それを支えるエネルギーの問題が生じ、自然環境の危機が生み出される。科学技術の発達が、科学技術によって統御できない危機を生み出す。同時に、科学技術の恩恵を受けて豊かになる人々と、それがもたらす危機に巻き込まれるばかりで困窮する人々とのあいだに緊張が拡大する。問題を解決するための手段が、次々新たな問題を生み出す。

政治について語ることは、そういう悪循環を含む葛藤のすべてを背景に持つ問題にむきあうことにならざるをえない。そこでどんなに目覚ましいことを述べたようでも、それは愚かな、誤った発言でもありうる。賢い知的な人間たちが先頭に立って進化させてきたはずのこの世界が、これほどの混乱や緊張のなかにあり、いまだ人間のあいだの暴力も、もちろん自然からやってくる脅威も解消されてはいない。聡明で的確な発言さえも、無意味でありうる。

政治の劣化や衰退が、いたるところで指摘されている。悪政や暴政や、政治の過誤や罪責の批判がやまない一方で、政治そのものが沈下し失われようとしているようにさえ見える。

もはや理性や正義にしたがって完全な統治を行う政治も、欲望の赴くままに乱雑に動く社会を導く「見えざる手」の政治も、理念としても、モデルとしても破綻しているように見える。幸か不幸か、人間は過去から学ぶが、十分学ぶことはしない。そして学んだからといって、正しい対応ができるとはかぎらない。じつは社会主義も、自由主義も、完全に実現されて実験されたことなどないのだ。人間の社会は、実験することなどできないものである。構成要素が多すぎて、実験にふさわしく完全に閉じた環境と条件を作ることが難しいからである。

## 4

政治について考え、セミナーで考えを述べ、少数のメンバーと定期的に質疑することを始めてから、私が立ててきた問いは、権力、ミクロ政治、シニシズム、国家、民主主義、管理社会、自己への配慮といった項目に関するものになった。こうしたテーマを並べただけではまだ茫漠としているが、思想の仕事を始めてから、これまで「政治」としてずっと気にかかってきたことを、まず行きあたりばったりにとりあげて考え始めた。すでに政治についての思考を進める契機になってきた主な書物を、もう一度読み直しながら、セミナーを続けて考えたことを、時間を経て文章化する作業を繰り返してきた。

むしろ文学や芸術や思想について考えようとしても、政治の問いは、いつでも私の視野に入ってきたのだ。一九八〇年前後に、心身に強いられてくる様々な境界を問う、という形で批評的な文章を書き始めたときから、すでにその境界を決定する力、観念、言語、そして政治という問いに衝突していたのだ。

一九七〇年代後半から八〇年代にかけてフランスに留学し、ドゥルーズとガタリの書物と講義に接したことは、政治を考えるうえで大きな転回点となった。今もその延長線上で考えていることは多い。この二人の広大な領域に及ぶ思想を、とりわけ政治思想として改めて把握しようとすれば、まず浮かび上がってくるのは、「領土化」、「脱領土化」、「再領土化」、というように、彼らが何よりもまず資本主義を考察するときに用いた領土形成の概念である。生産物と商品、労働と貨幣、都市と市場というような資本主義の基本的な要件も、様々な領域の形成と解体を同時に進行させる過程のなかでとらえられる。欲望や思考、言語や記号もそこに組み込まれて、それぞれに新たな領土化や脱領土化を引き起こす。そのような作用と過程が、様々な結合や分離を生み出して世界を構成し、たえず変容させている。政治と経済はもちろん、文化や思想も、そのような領土形成に作用し作用されている。その意味では、どんな要素も、どんな領域も、孤立し自立したものではありえない。政治はもちろん、文学さえもそのような果てしない連鎖のなかで考えるしかない。こんな目くるめく視野のなかで、分裂し迷走しそうになりながら、私はアントナン・アルトーという、演劇人でありシュルレアリスムの詩人でもあった人物の波乱にみちた生の軌跡を追って論文を書いた。いやがおうでも拡散していく問題領域をそこに集中させようとしたのだった。

「戴冠せるアナーキスト」などという副題をもつローマ皇帝をめぐる小説（『ヘリオガバルス』）を書いたこともあるアルトーの思索には、たしかにひとつの政治思想が含まれていた。しかしアルトーの「政治」はそれだけにとどまらない。革命後のメキシコを訪れ、先住民の文明に出会って、ヨーロッパの体制と進路を根底から批判するような思索を彼は続けた。その後にアルトーは、ナチスのドイツがフランスを占領した時期に、長期にわたり精神病院に拘束されていた。病院のなかでも、自己の心身にまでくまなく及ぶ西洋の歴史的圧力をえぐりだすような探求を旺盛に続けることになった。

　そして少年院や監獄で多くの時間をすごしながら書き始めたジャン・ジュネの作品のなかにも、まったく独自の〈政治的体験〉を私は読み込んでいくことになった。法の裁きを受けて監禁された身体によって、じかに感受された国家、法、権力関係の現実を通じて、『泥棒日記』の作家が目撃してきた政治というものが確かにあった。やがてジュネは、とりわけ権力関係の戯れに鋭利な視線をむけた戯曲を書くようになる。そして晩年の大作『恋する虜』では、アメリカにおけるブラック・パンサーや、パレスチナの闘争の同伴者となり、巨大な権力を前に、無力な身体をさらしながら抵抗するしかなかった人びとの生の証人になろうとしたのだ。もはやそこには文学という領域も、政治という領域も、明瞭に区分されて存在しようがなかった。

　ドゥルーズとガタリによって触発され、アルトーとジュネを通じて考えてきた私の問いの焦点は結局、政治よりも、はるかに権力のほうだった、と言うべきかもしれない。そのようなかたちで、自分のなかの政治的思考を試されてきた私にとって、日々報道されるような政治の表象と、いわゆる政治学的知は、真正面から思考し論じようとする気にはなれない対象であった。にもかかわらず政治学、政治思想にも関わる政治を正面にすえて考えてみることをうながされたのは、前世紀末から親しむようになったハンナ・アレントの書物に示唆されたことがとても大きい。

特に『革命について』のなかで、独立当時の合衆国の政体創設を意味する「アメリカ革命」とフランス革命を比較して彼女が論じたところを読みながら、政治について考えなおすことを強いられたのだ。アレントにとって「公共性」の実現を意味する革命は、フランスではなく、むしろ独立期のアメリカで起きた出来事であった。恐怖政治に陥り、民衆を排除する権力を生み出してしまったフランス革命を批判する一方、非暴力的で、中央集権を避け権力を分散させる機構を周到に形成していった合衆国の創設期を、アレントは驚くほど高く評価したのだ。そして「公共性」の実現に等しい政治とは、彼女にとって国民の生命と生活、「安寧秩序」を配慮すること、要するに「統治すること」をほとんど超越した次元にあった。〈生きのび〉や安全保障そして利害調整にいそしむだけの政治とは、ほとんど「政治の砂漠」であるとアレントは考えたのだ。その「公共性」の政治学は、現代の政治のありさまに照らすなら、ほとんど異様で過剰なものを含んでいる。それを見究めることも、私のこの本の宿題になるだろう。長く親しんできたフランスの著者たちだけをそのまま読み続けていたなら、私はこの本を書くことがなかったかもしれない。

この本に書いてきた「省察」を、いま振り返って見るとすれば、私は次のような事柄について考えを進めてきたことになる。

そもそも政治はどこに、どのようにあるのか、様々な思想はこの問いに、どこまで、どう答えてきたのか、という基礎的な疑問から私はこの省察を始めている。政治について問うには、権力について問わなければならない。政治への問いが権力への問いと向かっていったことを、私自身は、特にミシェル・フーコーから、重要な転換として受けとってきた。権力のシステム、そしてそれを動かす欲望や幻想のシステムを思考することへと私の問いは移動していった。システムのなかの人間の行動と思考は、必然的にそのシステムに強制されるしかないとすれば、自由の問題を問う余地はますます狭められていくしかない。だからこそ、自由の問題をどうたてるかという課題に私たちは改めて直面している（1章）。

この時代の政治についての意見や論評にふれるとき、しばしば私たちは、ある種の〈シニシズム〉に遭遇する。それは政治に対する不信、あるいは失望、絶望の表現でもあるにちがいないが、シニシズムはもはや政治の周縁の現象ではなく、政治の中心にまで、政治家の言動にまで深く食い込んでいる。政治について根底的に、哲学的に考えようとするような姿勢そのものが、つねにシニカルな視線にさらされている。まずそのことを考えておくことなしにはこの省察を進められないと私は感じて、シニシズムについての考察を試みた（2章）。

権力について問うならば、やはりその本体とも言える〈国家〉についての問いは避けられない。政治思想にとって、国家はいまでも最大の課題だといってもよいだろう。3章では、いくつかの国家論を検討しながら、国家についての再考を試みた。国家を〈暴力装置〉とみなす観点は今も広く流布している。これに対して私は、まず全体的、強制的な権力形態として国家を捉えている。「彼らは運命のごとくやってくる」（ニーチェ）というように、それは実に厄介な不可避の形態であるからこそ、それを批判的に考察することなしに政治思想は成立しえない。

4章、日本国憲法条文の変更をめぐる政争や議論は、私のこの省察をうながした動機のひとつとなっていた。その議論の深みに降りて考えようとして、文学者たちの国家に対する思考や立場を振り返ってみることにもなった。憲法とそれに関する議論そのものが、根底に国家の思考を潜在させている。これは3章における国家再考の試みの延長、具体化でもある。

5章、民主主義の危機、形骸化が、いたるところで問われている。この「危機」を、どう考えるか、「民衆がいない」という哲学者や芸術家の、叫びに似た指摘を頭に響かせながら、考えようとした。民主主義と自由主義とのあいだの緊張の歴史が意識されず、問題にもならない奇妙な〈政治風土〉のなかでは、まずこの二つの主義のあいだに楔を入れて考える必要があるにちがいない。

6章、強制的な権力が、国家の枠組みをはるかに超えて、日常生活の隅々にまで〈空気〉のように波及するという傾向は、もはや決してサイエンス・フィクションの世界のことではなくなった。異次元の管理社会が、急速に実現されている。最良の政治について考えるかわりに、最悪の政治について考えてみることを私たちは強いられている。

7章　ハンナ・アレントの「公共性」の思索は、全体主義の形成と道徳的責任についての思索を経て、判断力（カント）の問題に迂回し、そこに改めて政治的思考の基礎を見出す方向に進んだように思われる。これは政治との関連において〈自己〉との関係を再考することにもつながっていた。アレントがたどったそのような道筋は、晩年のフーコーの思想と隣接し、共鳴するところがあると、私は思うようになった。

そして最後の8、9章では改めて、フーコーの後期の思想と対面している。興味深いことに、アレントもフーコーも、ソクラテスの思想のなかに、「自己の認識」（汝自身を知れ）ではなく、これとは少し異質な「自己への配慮」を発見し、そのことに深い関心をよせている。なぜそれが政治を考えるうえで重要な問いになるのか、これはこの本を書く上で、新たに浮かび上がってきた問いであった。

# 第1章　問いの移動——政治があるところに政治はないか?

抑圧者と被抑圧者のあいだに、まして欲望の種類のあいだに、確かな区別を設けることは不可能なのだから、それらすべてを、大いに可能な未来のほうに牽引しなければならない。このように牽引することが同時に、逃走や防御の線を生み出すことを期待しながら。

（ドゥルーズ／ガタリ『カフカ』）

## 1　政治はどこにあるのか

政治は、政治と名のつく場所にあるのではない……〈政治〉の本体は、政府や政党や政治家や運動組織の周囲に集中しているのではなく、はるかに目に見えない日常の（思考、判断、行動、身ぶり、関係、欲望、感情、知覚、無意識、ためらい、とまどい、不安、疑い、怖れ等々の）なかに拡散している……むしろ政治という枠組みのうちにはない数々の些細な、見えがたい、知覚しがたい事象のほうから政治は形成され、その変化もひきおこされる……あえてひとことで言えば、政治の〈現実〉は、政治の〈表象〉の外にある。それがあると見えるところにそれはない……。ほぼ一九七〇年代に特にフランスで、日本でも一九八〇年代に主張され始めた、政治をめぐるそういう批判的思考には深くつき動かされた。そのようにして、政治の外に政治的なものを見、政治の内部に政治の外部を見るようにしてきた。しかしこれは決してすんなり受け入れられてきた見方ではなく、いまも新たに、つぶさに再検討してみる必要があることにちがいない。

一九六八年五月のフランスに飛び交ったスローガンのひとつであったらしい「すべてが政治的

である」という言葉は、すでに「政治はいたるところにある」という宣言でもあった。それは「政治は万人に、そして万事にかかわる」という広汎な射程をもつ闘いの宣言であったという意味では、古典的な政治の概念を、果てしなく広げようとする方向を示していた。しかしそれは、政治の概念そのものが実体を失うという傾向も同時に示していた。「すべてが政治である」なら、「何かがとりわけ政治ではない」ことになる。政治は政治の外に開放されて、より身近で切実な普遍的問いになったが、同時に、政治の実体もその定義も拡散して、とらえどころのないものになったかもしれない。こうして政治はこの両義性に宙づりになり、なったままである。

政治的な決定は、政治家たちの意識や思惑の表現にちがいないとしても、それ以上に、目に見えない力関係や、聞こえない叫びやつぶやきの果てしない連鎖からやってくる。そういう連鎖からおしよせてくる圧力はひとつではなく、しばしば錯綜した葛藤の渦のなかにある。それに反応しながら決定をくだした政治家や組織が適切な選択をしたかどうかも、すぐにはわからない。彼らの意識が、彼らをとりまく複雑な意識・無意識の連鎖を正確に反映しているかわからないし、その意味では、ほんとうは何を決断したことになるのかも即座には読みがたい。想定されたのとは反対の結果が生まれることがしばしばある。この複雑さ、パラメーターの数は急増しているとも言える。戦争や外交、安全保障、国境の管理や貿易に関する決定から、国民の生活や人権や利害に関する些細な決定までも、そのような意識・無意識の葛藤の連鎖から立ち上がってきて問題化され、議論され、政策化され、法制化され、宣言される。しかしほんとうは何が決定され、どういう効果をもたらすかも、決して正確に把握されるわけではない。つまり表象の外の政治とは、〈非知〉の政治でもある。

世界の動向が複雑なパラメーターを増殖させるにつれて、それにほとんど反比例するかのようにして、政治家たちの決定は、一部の選挙民や支持層の当面の利益を守ることのほうに傾き、単純化され、見えやすい力関係に翻弄されることになる。いっぽうで、そのぶんだけ対応しきれないパラメーターはさらに蓄積され、増殖していくのだ。与党の支配が安定しているように見えるだけ、現実に進行する危機的状態に対応する政治の能力は、すっかりそこなわれているかもしれないのだ。

いまでは政治の停滞どころではなく、政治の終焉とか、政治の衰退という言葉が頻繁に目につくようになっている。単に一定の国の何らかの政体の一時的な疲弊や閉塞が問題になっているのではない。〈政治の衰退〉はあたかも歴史的な命運であり、本質的、普遍的な現象であるかのように論じられている（『政治の衰退』は、フランシス・フクヤマの著書 *Political Order and Political Decay*, 2014 の邦訳書タイトルでもある）。かつては、むしろ政治思想に新たな生気と根拠を注入するために、政治とは、それがあるところになく、その外部にあると、旺盛に論じられたはずなのだ。あれから約半世紀をすぎて、あたかも政治は消滅し、ただむきだしの力関係や利害関係の表出や操作の場所にすぎなくなり、それがないはずのところにそれは確かにある、というように（存在することなく）、むしろ鉄面皮をかぶって存在を仮構しているのではないか。

このように〈政治〉の外の〈政治〉を形成する渦や連鎖の思考に〈欲望〉という言葉が、導入されたことがあった。たとえば「誰がナチズムをもたらしたか」という問いに答えようとしても、もちろんひとりの、あるいは数人の「狂気の」政治家の出現ということではとても説明がつかなかった。ドイツの歴史、ドイツ人の「国民性」に関して、その神話や美学に関して、また世界史的観点から見た、資本主義や帝国主義や民主主義の展開に関して、第一次世界大戦の戦後処理に関して、さらにはナチズムを支えた人物たちの「悪の凡庸さ」について、さまざまな考察が行われてきた。ナチズムのような事態を、たったひとつの要因だけに還元することはどうみてもできない。「ドイツ国民はそれを欲望した……」。しかし欲望さえも、ひとつの実体ではなく、様々な欲望を合成したものである。既にアイヒマンのような官僚のメカニカルに作動する欲望と、ナチ党の闘争的リーダーたちの野望や倒錯に似た欲望と、それを支持した民衆の意識・無意識のあいだには、かなり質のちがいがあった。フランスにおけるその協力者、同調者たちのあいだにも、『夜の果ての旅』を書く一方で、グロテスクな反ユダヤ主義の文章を書いたセリーヌのような作家も含めて、様々なタイプが存在した。神話や幻想や錯乱も渦を巻いていた。

欲望とはすでに、精神分析の登場したあとの世界では、無意識の欲望であり、〈他者〉の欲望なのだ。少なくとも欲望は、〈主体〉の意識や理性や思考に対して、必ず隔たりをもち、屈折している。しばしば〈欲望〉は、自分が何を欲望しているか知らない。欲望そのものがどこから来るのか知らない。それなら、意識や理性や思考は、自分が何を望んでいるか、何のために思考しているのかわかっているだろうか。それらも無意識の大陸に浮んでいる浮き島のようなものにすぎないのではないか。政治の精神分析をすること（その例はすでに数々ある）が、この試論《エッセー》の眼目ではない。しかし政治を思考するのに、〈欲望〉というカテゴリーが導入されたことの意味は小さくない。さしあたってこのことに注意をむけよう。

かつて多少ともフロイトの薫陶を受けたウィリアム・ライヒ、エーリッヒ・フロム、マルクーゼたちは、いわば精神分析を〈政治化すること〉に着手したのである。政治的革命が打破しようとする搾取や弾圧は、単に労働や富の配分に及ぶのではなく、そもそも無意識に及んでいる。フロイト自身が決して政治的な発想を目に見える形で展開しなかったとしても、精神分析は早くから政治的弾圧に晒されることになった。少しも政治的なリスクをはらまない思想が、政治的に弾圧されるはずがないから、じかに政治に触れなくても、精神分析は政治的であり、政治に干渉していたのだ。無意識の葛藤は政治的地平に拡張され浸透せざるをえないからだ。〈抑圧〉の根本的考察である以上、精神分析は必然的に政治性を帯びることになった。精神分析が欲望の分析として、どれほど適確で有効な図式や認識をもたらしたのか、いまなお再考する余地があるとしても、もはや無意識の政治、政治的無意識という問いを視野にいれずに、政治を考えることはできなくなったのだ。ひとつの政策決定には、いろいろな理由付け、口実、計算が働いている。さらにその背後に、様々な欲望が連鎖し葛藤している。そこには果てしない〈ミクロ政治〉の広がりがあり、深淵があり、カオスがある。

## 2　機械とは何か

『アンチ・オイディプス』（一九七二年）を書いたドゥルーズとガタリは、精神分析が本来のモチーフとして内在させていた政治性を、いっそう明白に政治化（社会化）する問題提起をしたといえる。その提案はとりわけ「欲望機械」という言葉に集約された。それは精神分析の基本的なカテゴリーを転覆するかのような提案でもあり、ライヒやフロムやマルクーゼの批判的思考をさらに深め、精神分析の認識を限界にさらすことになった。親子の近親相姦の禁止と抑圧をめぐる欲望の〈構造〉の果てしない変形、代置、擬装、転移、圧縮の図式によって、精神分析は洗練をきわめてきた。しかし欲望機械論にとって最も重要なことは、そのような両親と子の三角形がいかにその〈外部〉と連結され、三角形の各項にいかに別の要素や流れや機械が侵入するかである。〈外部〉とは端的に言うなら、家族の外の社会であり、自然であり、歴史である。機械とは連結し連動するものであり、連結とは内部と外部の連結であり、外部を内部にとりいれ、内部を外部に開くことのたえまない持続である。精神分析はあくまで欲望の内部を認識し、図式化しようとしたが、〈欲望機械〉の哲学は、欲望を通じて、欲望の外部を探知しようとしたのだ。確かに精神分析は、欲望をとりわけ性欲としてとらえ、〈性的人間〉を原理的に考察することにおいて画期的だった。しかし、その欲望の外には、さらに異質な欲望が連鎖し、連結しあっている。その意味では、精神分析が対象とした欲望の次元のさらに外に広がる、欲望の果てしないアレンジメントを問うという課題が確かにあった。

今あらためて注目したいことは、精神分析のさらなる批判や新たな使用法ではなく、「欲望機械」が政治にもたらした、ひとつの重要な提案なのだ。「欲望機械」の政治は、当然ながら古典的な政治的理性や制度や法の枠組みをはるかに逸脱している。それは「政治」と名指される領域を非政治化し、逆に無意識の理論としての精神分析を政治化したのだ。同時に選挙や立法や政策のような、政治に関するマクロな事象の認識ではなく、欲望、感情、無意識、力関係、身体のようなレベルを貫通するミクロな政治学を提案していたのである。(1) もちろん、ただミクロな要素のカオスや流れに着目するだけでなく、欲望機械を形成する動力や連結や図式を発見し、さまざまなミクロ機械やアレンジメントを記述する必要があったのだ。

じつはこのような思想的転換は、すでにマルクス（主義）そのものによって準備されていたといえる。政治はあくまで上部構造（観念の領域）であり、それを真に決定しているのは、生産力や生産関係の領域（下部構造）であって、むしろ政治の本体は、他のところに、政治の外部の下部構造のほうにある……。そのような認識によって、政治の焦点は、下部構造をもっとも切実に反映し規定する人間関係（階級闘争）のほうに移されたことになる。しかしそれさえもまだ人間関係の〈表象〉をめぐる推論であり、〈イデオロギー〉というマクロな形式にはめ込まれた政治の観念を再生産するものにすぎなかったのではないか。その意味では、ほんとうに唯物論的な政治学が提案されたわけではなかった。新しいマルクス主義（たとえばアルチュセール）も、しばしば精神分析に依拠して経済的な主体の階級意識や無意識について論じることになったのだ。

いくつかの革命のあとの社会主義的な政治の、とりわけ官僚主義的な硬直そして教条主義的な暴力を、マルクス主義は克服できなかった。それも理由となって、六〇年代後半には左翼のなかに深刻な分裂が生じることになった。『アンチ・オイディプス』（ドゥルーズとガタリ）のような書物は、そういう時代に、資本主義だけではなく、それに対抗するはずの左翼の欲望そのものの深みを抉り出そうとする試みでもあった。

世界の政治的思考は、長いあいだマルクスのもたらしたあの思想的転換にまきこまれてきた。政治について考えることは、政治そのものではなく、経済的活動と経済的関係について考えることを強いる。なかでも「搾取される労働」が第一の問題になり、階級闘争が至上の課題となる。そういう見方によって政治学は経済学となったが、純粋な経済学になったわけではなく、あくまでも政治的な目標をもつ、政治化された経済学だった。これは一方では同時に、政治的な思考自体を抑圧する効果をともなっていたのではないか。マルクスを標榜する思想のほんとうのモチーフは経済ではなく政治のほうにあるのに、政治について語るには、ぜひとも経済について語らなければならない。一方でそれは経済をくまなく政治化しようとする発想でもあった。政治の問題はすべて経済の領域（下部構造）に移るべきで、経済が労働者の権力によって完璧に組織され統制されるなら、経済という自律的領域など消滅するにちがいない。この発想において、経済は全面的に政治化されるが、そのとき政治という固有の領域も実は蒸発してしまっていた。こうして政治についての思考は、圧迫され、排斥され、きわめて限定的なものにならざるをえなかった。

マクロからミクロにわたる政治的関係は、唯物論の視野では、経済的表象に置き換えられる傾向があった。これに対抗してきた「近代経済学」は、マルクス的な「政治」を避け、純粋に操作的、技術的な知として、資本主義的な政治のなかで一定の役割をもつことになる。それらの歴史的功罪を解き明かすことは、さしあたってここでめざすことではないが、それぞれの側に硬直が起き、かつて批判的知であったものは、すでに批判として機能しなくなっている。

政治について思考しようとして、それが思想の動機であったのに、経済について考えることになった。しかし経済について政治的に思考することによって、また政治について経済的に思考す

（1）ミクロ政治の実例は、しばしば新聞の三面記事のなかにある。例えば学校における「いじめ」はしばしば家庭、教師、教育制度をまき込む高度に政治的な現象である。あらゆる犯罪は、軽犯罪さえも、ある政治性をもっている。風俗、盛り場、ドラッグは、それぞれに法や警察との関連でも、政治と密接に連鎖している。フーコーにとって「監獄」とは典型的なミクロ政治そしてミクロ権力の場であった。

ることによって、じつは経済も政治も本質的に知ることができなかった。もちろん政治学も、政治思想も、厳然と存在してきて、決して隅におかれてきわけではない。けれども、ハンナ・アレントのような思想家が考えた「公共性」としての政治というような発想が、(遅ればせながら!)容赦のない突風のように吹きこんできて、白日に晒してしまった何かが確かにあった。少々大げさにその衝撃の感想を言いかえてみよう。「なんということだ。政治的解放をけんめいに考えてきた思想家たちの多くが、実は政治は別のところにあると指摘してきたが、ほんとうは政治自体について何も考えてこなかった。そういう思想を読んだ私たちも、その罠にはまってきた。もちろんマルクスは、このことに関して大いに責任がある」。しかしほんとうに精妙な思想ならば、読み方を変えれば、いつでも別の相貌を見せるものだから、ここではさしあたって大げさに表現してみただけだ。たとえばマルクスに関してミシェル・フーコーは、その唯物論よりも、唯物論的発想にうらうちされた歴史家の発想を、はるかに高く評価しようとしたはずだ。逆にドゥルーズとガタリは、マルクスの資本論を通じて、言語、無意識、精神病理、身体、あらゆる社会的な機械までもまきこむ広大なシステムとして資本主義を再考する方向を提案していたはずなのだ。

## 3　国家は「幻想」か

日本における政治思想の転換に関しては、フランスの著者たちから触発を受ける前に、かつて吉本隆明の『共同幻想論』が、私にとってひとつの指標となったことがある。「政治的な解放というものは、ほんとは部分的な解放にすぎない」という見解が、「共同幻想の態様としてのみ国家」をあつかうという未知の提案とともに表明された。政治よりも国家よりも根本的なものは「共同幻想」である……。知識人・文学者の戦争協力に対する批判的思索からはじめて、ロシア・マルクス主義（スターリニズム）の批判を強い動機としていった詩人の思索は、やがて〈国家的なもの〉を〈政治的なもの〉から分離し、支配の装置としての国家の観念を、はるかに広範な「幻想」の形成としてとらえようとしたのだ。柳田國男『遠野物語』の民話や『古事記』の神話を読み解きながら、〈集団的な幻想〉のいくつかのタイプ（原型）を抽出すること、神話や祭儀における集団の幻想と家族の幻想（後者は「対幻想」と呼ばれた）の錯綜を解き明かすことを試みながら、この考察が主に依拠していたのは、精神病理学や精神分析学の与えた「幻想」の概念であった。共同幻想はしばしば「症例」に照らされ、「症例」（たとえば入眠幻覚、離人症など）として把握されていた。

「国家」を政治的支配という枠組みの外で問うという提案自体は、そのようにして十分説得的であった。しかし幻想論の枠組みはあくまでフロイト主義を踏襲していて、国家の政治性は無意識の図式や幻想のタイプとして、むしろ〈非政治化〉されてしまった。民俗学・人類学・精神分析・文学などの交点に描き出された「幻想」の類型学や弁証法の思考は、国家と政治という問題の焦点を移動させるという意味では十分に迫力があった。しかし「共同幻想」は決して国家を説明しうる最終概念として明瞭にされていないし、吉本の思索自体もブリコラージュ的で、彼自身が大げさに気負ったほど体系的に構成されてはいなかった。もちろん十分体系的でなかったことが問題なのではない。むしろ体系的な発想では把握できない問いの対象があったにちがいなく、そのことについても吉本は十分敏感だったのだ。

確かに政治は多くの「幻想」からなる。国家はそのような幻想の一大焦点であり、幻想を形成する規範（モデル）であり装置でもある。教育やプロパガンダによって形成される価値や幻想の範囲をはるかに超えて、それ以前に、ある心的な憑依や捕獲や「入眠」のシステムが作動している。まさに国家こそがそのようなシステムを発動させると言える。しかし、同時に、国家とはそのようなシステム自体であり、その結果でもある。すでに共同幻想それ自体に、いくつもの水準があり、その間の相互作用として、比較的強大な幻想が成立するにちがいない。たった一つか、またはいくつかの「幻想」の水準に還元しようとする方法で、国家という怪物的対象が解き明かせるとは思えない。精神分析の方法は、意識や理性に閉じられた思考空間からの画期的な出口を与えたにもかかわらず、やがてそういう思考空間にもまして還元的な知の閉域を生み出してしまった。「精神分析」も「共同幻想」の思考も、さらに異なる水準（欲望、機械、記号、権力、技術等々）に開放されなければならなかったのだ。

## 4　権力の次元

ところで、政治がそう名指された場所、政治に属するとみなされる領域にない、という指摘は、〈権力〉についてもあてはまるのだ。権力は、その中心とされる場所、それがあるとされる領域にない、権力はいたるところにあり、どこにもない……。もちろん政治と権力は同じものではない。権力は、政治の手段ではあっても目的ではないだろう。民主主義的な政治であれ、全体主義的な政治であれ、政体に一定の権力がなければ、政治の実践そのものが不可能になるからだ。しかし一方では、あたかも権力の獲得と維持そのものが目的であるかのような政治が、確かに存在する。民主主義的な平等や自由の観点からは、権力は政治からできるだけ分離され排除されるべきであるとしても、たとえば三権分立というように、それぞれの政治機関が独自の権力をもたなければ、権力自体を抑制することも難しくなる。(2) そして政治と権力が同じものでないように、権力と権利は同じものではない。権利は少なからず法であり、法に規定された権利であり、法によって正当化される。しかし法がたえず悪用されたり、恣意的な解釈によってまげられたりするような事態では、すなわち権力が権利を侵しているのだ。このとき権力は、合法でも非合法でもなく、法の外にあって法の規定を免れる無規定な力関係として作用している。権力の無規定な恣意性という性格を考えるなら、たちまち私たちは権力の得体のしれないひろがりに直面することになる(ヴァルター・ベンヤミンはそれを「法措定的権力」として問題にした。法を措定する権力それ自体は、法の外にあって、法の規定を受けない……)。ここでもやはり、それがあるとみなされるところに、それはない、という権力の、中心のない、局在しない不可解な広がりを、私たちは思考せざるをえない。

(2) 後にも触れることになるが、ハンナ・アレントは「権力」を形成することを、政治的公共性の目的としてむしろ肯定的に考察している。決して一つの中心に集中される権力ではなく、分散し競合しあう権力の形成こそは、むしろ「公共性」の内実そのものだと考えたのだ。アレント『革命について』(志水速雄訳、ちくま学芸文庫、二三一ページ)などを参照。

だからこそミシェル・フーコーが『知への意志』（一九七六年）において指摘した権力の諸特徴は、いままで述べてきた政治的問いの焦点の移動にかかわることとして、画期的な意味をもっていたのだ。その指摘を思い起こしてみよう。フーコーの権力の考察は、『性の歴史』第一巻として展開されたもので、彼は「性的欲望」をめぐる「抑圧」や「法」や「禁忌」や「検閲」という広く流布した通念をまず払拭しようとしたのである。もちろんそれらは単に通念ではなく、性あるいは性的欲望に対して現実に行使されてきた権力を名指す用語でもあり、精神分析もまさに「抑圧」という言葉を前面に出して「性的欲望」を分析してきたのだ。しかしフーコーは根本的な転換を提案していた。「権力の関係は、欲望のある所にすでに存在するはずだ。従って、後から行使される抑圧の中に権力を告発するのは、幻想にすぎない。しかしまた、権力の外に欲望を探し求めるのも虚妄なのである[3]」。

このようにフーコーが批判したのは、何よりもまず〈権力が欲望を抑圧し禁止する〉という、権力と欲望のあいだの否定的関係である。欲望が、本能である以上に人間の欲望であるならば、それは家族のなかで成形され、すでに社会のなかにある家族を通じて社会から一定の力関係を受けとるはずだ。そういう意味では、欲望はすでに権力関係のなかで〈構成〉されていて、この構成そのものは否定的作用ではない。権力は欲望を否定するのではなく、むしろ欲望を構成するという指摘は、単に権力の作用に別の解釈をあたえるものではない。この見方は、権力の実体や領域、構成要素そのものに関してまったく別の定義を提案していた。「法なしで性を、王なしで権力を考えること」。「権力の関係における分析は、出発点にある与件として、国家の主権とか法の形態とか支配の総体的統一性を前提としてはならないのだ。これらはむしろ権力の終端的形態

les formes terminales にすぎない。権力という語によってまず理解すべきだと思われるのは、無数の力関係であり、それらが行使される領域に内在的で、かつそれらの組織の構成要素であるようなものだ[4]」。「権力は至る所にある。すべてを統轄するからではない、至る所から生じるからである[5]」。

結局この見方は、性（的欲望）をめぐる権力という範囲をはるかに超えて、権力の実体と所在と機能を同時に再考しようとしていた。狂気、臨床医学、生命、言語、富などを認識する「言説」の形成を犀利に分析する歴史的方法を提案することによって、人文科学にも社会科学にも、ひとつの革命をもたらしたフーコーの、後期における探求の最初の標的は「いたるところにあり」、「いたるところから生じる」権力であった。その探求は、前期のように『言葉と物』をはじめとする画期的な書物に結実するよりも、はるかに講義（録）において展開される果てしない試行錯誤となった。権力はいたるところにあるといっても、特異な歴史家でもあったフーコーにとって、一八世紀以降に出現した「新しい権力メカニズム」というものが確かにあり、「いたるところにある権力」とはそのようなメカニズムとともにある。それは「法律的権利によってではなく技術によって、法によってではなく標準化によって、刑罰によってではなく統制によって作動し、国家とその機関をこえてしまうレベルと形態において行使されるような権力の新しい仕組み[6]」である。そのような「権力」を、フーコーはしばしば統治のテクノロジーの実践として考察し、その

（3）『性の歴史Ⅰ　知への意志』渡辺守章訳、新潮社、一〇七ページ。
（4）同、一一九ページ。
（5）同、一二〇ページ。

過程で、「生政治」や「統治性」に関する犀利な思索をすすめていった。やがて近現代を離れて、古代ギリシア・ローマの文献を渉猟しながら、「自己への配慮」と、自己をめぐるテクノロジーという問いに分け入ることになった。フランス革命や、その後の革命が作り出してきた政治、国家、権力の地平を、歴史の異なる層に光をあてて再考しようとしたフーコーの探求は、やがてはるか遠くに、その外部に行ってしまったかのようなのだ。

政治ではなく権力として、国家でも法でもなく、統治のテクノロジーという問いをたてることによって、確かにフーコーは問いの地平を大きく転換していた。とはいえ、そのように権力を中心のない地平に分散した「はてしない」ものとして定義することは、たちまち多くの批判を浴びることになった。ドゥルーズとガタリの「ミクロ政治学」や「分子革命」の理論と、フーコーのこのような権力論の発想は、彼らのあいだで共有された重要な転換を表現していたが（たとえばドゥルーズとフーコーの対話「知識人と権力」一九七二年を参照）[7]、もちろんマクロな伝統的枠組みにおける政治と政治的対立をめぐる議論はいまも絶えることがない。ドゥルーズはたびたび〈マクロな政治〉についての思考を欠くと批判され、フーコーの権力論は、あたかも〈抑圧など存在しない〉という主張であるかのように受け取られ、抑圧を批判する運動からは当然ながら強い逆批判を受けることになった。

しかし、国家も法も逸脱し、かぎりなく分散し拡張するネットワーク状の権力というヴィジョンは、すでに広く共有されているといえる。「マルチチュード」（ネグリ＝ハート）のような概念も、それを基本的に踏襲していた。国境なき世界経済を先導する巨大な権力の側にも、それに抵抗しようとする運動にも、そのような拡散した権力のネットワークは、理論である前にすでに現実として共有されている。もちろんネットワーク（蜘蛛の巣）とは、決してインターネットとそこを行きかう情報のことだけを意味しているのではない。一方では、まるで歴史の悪循環のようにして、むき出しの反動や支配にむかう政治が反復される。あからさまな権力の集中や極端な不平等という事態も、改めて問題になっている。それに対する批判的思考も、単に「権力はいたるところにある、あると見えるところにはない」と言ってはいられない。往々にしてたがいの敵ははっきりしているし、抑圧や抵抗の概念自体には、新しいも古いもない。そこには何も新しいことはなく、表象と表象が、力と力がぶつかりあっている。表象には表象に固有の権力も暴力も脅威もある。陰険な、計算された、しかし実はあからさまで粗暴な駆け引きや攻撃。ほんとうの危機も希望も、戦争や平和のきっかけも、じつは見えない拡散した動きや兆候の中に、無数の叫び、ささやき、沈黙、言葉の端々、リズム、身振り、顔、夢、逃走のなかにあるかもしれない。むしろ、そのあいだに新たな焦点や連結を見出さなければならない。

しかし一方で、この世界はあいかわらず表象の政治や、むき出しの権力の行使で日夜多忙なのだ。その背後で日夜、強大な国家や組織が、未来まで透視するようにして、精巧な陰謀や計算による支配や闘争を続けているという幻想を、ときどき私たちは与えられる。そのような活動が現にあるとしても、もちろんそれは全知の神がすることではない。そのように隠された指令による活動であって批判にも議論にもさらされないかぎり、それはおぞましい不条理な効果をもたらす

（6）同、一一六ページ。
（7）『ドゥルーズ・コレクションⅡ　権力／芸術』河出書房新社および『フーコー思考集成』筑摩書房、に所収。

かもしれないのだ。

## 5　国家とその外部の政治

欲望機械論、共同幻想論、新しい権力論、表象を斥ける哲学……。そして〈非表象〉の哲学は、〈非主体〉の哲学でもある。表象は必然的に、表象する主体と、表象される主体とともにあるからだ。「権力の関係は、意図的であると同時に、非‐主観的であること。〔……〕一連の目標と目的なしに行使される権力はない。しかしそれは、個人である主体＝主観の選択あるいは決定に権力が由来することを意味しない。権力の合理性を司る司令部のようなものを求めるのはやめよう。〔……〕そこでは、論理はなお完全に明晰であり、目標もはっきり読み取れるが、しかしそれにもかかわらず、それを構想した人物はいず、それを言葉に表した者もほとんどいない、ということが生じるのだ」（『知への意志』[8]）。その「主体」とは「無名でほとんど言葉を発しない大いなる戦略のもつ暗黙の性格」であるとフーコーは書いた。「サイレント・マジョリティ」という言葉はすでに古めかしく響くが、沈黙の共鳴が大いなる戦略にかかわるという事態は「古い」といって片づけられるものではない。そしてサイレントではなく、いまでは休みなく「呟き」を発し続けるマジョリティそしてマイノリティが登場している。

ところで私はいま、要するに何を問おうとしているのか。政治がある（と見える）ところに政治はない。権力がある（と見える）ところに権力はない。政治のあるところには、むしろ「幻想」

があり、「欲望」がある。そのような問いの転換に驚かされ触発されてきた私も、政治に深い関心をもちながら、政治に対して常に距離をもつという両義性のなかで生きてきた。ほんとうの関心は決して政治ではなかった。吉本隆明のように「政治的な解放というものは、ほんとは部分的な解放にすぎない」と考えながら、むしろ文学や芸術を通じて、もっと本質的（人間的）かもしれない「解放」を考えてきた（「本質的」も「人間的」も、いまほかに適切な言葉がないので、仮にそう書きつけてみているにすぎない）。

「五感の形成はいままでの全世界史の一つの労作である」（『経済学・哲学草稿』）というような忘れがたい一行を書くことのできたマルクスの、身体と感覚の現実に即そうとした「ヒューマニズム」のほうが、あの重厚な『資本論』よりもいっそう深いと思えたし、今もこの印象はかわっていない。しかし政治とは、単に〈本質的な解放〉の枠組みにすぎず、その外的副次的条件である、と考えてきたわけではない。もし〈本質的解放〉があるとすれば、どうしても政治は本質的な意味をもつし、その〈本質〉にはどんな活動も生き方も本質的にかかわっていると思ってきた。「思ってきた」、とでも言わざるをえないのは、考えつくして自分なりに証明できたことではなく、いまだ問いつつあることでしかないからだ。そしてその問いと、政治、権力はどこに、どのようにあるのか問うこととは同時である。毎日の新聞の一面で報道されているようなことが、すなわち政治と権力の本質にかかわることであるとは信じられないが、もちろん「表象」のニュースさえもどう読みとるか、それにどのようにかかわっていくかということは、「本質」と無縁ではな

（8）『性の歴史Ⅰ　知への意志』一二二―一二三ページ。

いにちがいない。そもそも「本質」という言葉さえも古めかしい。それがあると見えるところに、その本質はない……。「本質主義」という言葉さえあって、「本質」だってとっくに批判されている。「本質」だけを考え抜く、という哲学の安全地帯、特権地帯など、どこにも残されていないのだ。

とにかく政治をめぐる問題の焦点は一度、そして何度も大きく移動し、何度も逆行しながらも、移動を続けているに違いないのだ。しかも焦点の移動と見えたことは、いつしか拡散、衰退、消滅のような変化をたどりつつ、なおかつ強固に居座り続けてもいる。私にとってその移動のあとをたどってみることは、まだ思考し続けるためには欠かせない。

そして政治について問うことと、国家について問うこと、権力について問うことは、確かに同じ問いを発することではない。さらに政治の〈主権者〉であり、主体であるはずの国民－人民の権力、あるいは権力外の力が、それによって構成される〈公共性〉の次元が、いつでも問題になり、ならなければならない。〈政治〉という語についてどんな辞書を紐解いても、ほとんど例外なく、それが〈国家の政治〉であることに触れてある。そして国家とは、何よりもまず権力の集中的形態であるにちがいない。政治も、国家も、権力も、ある集中と中心的形態を想定させる。そのような中心的形態を表象することなしに、私たちは政治を思い描くことさえできなくなっている。しかし一方に、分散され、そして意志的に結合して、協働し、秩序を形成し、自分たちを統治しようとする個人たちの群れから発する〈公共性〉を考えてみなければならない。そのような〈公共性〉のほうからは、集中的中心的形態に抵抗し、あるいはそれを分散させようとする行動や主張や認識がたえず現れる。そして一方にそういう抵抗や分散がつねにあるからこそ、それを制圧しようとする集中的中心的形態が形成され、再形成され、持続される。国家と中央集権の外部に、別の政治の中心を、まったく明白に浮かび上がらせたこと、ハンナ・アレントの〈公共性〉の思考は、まさにその一点だけでも私にとって忘れがたい。

『共同幻想論』を発表してから、その文庫版のために新たに書いた序文で吉本隆明は、次のような感想を記している。「それまでわたしが漠然ともっていたイメージでは、国家は国民のすべてを足もとまで包み込んでいる袋みたいなもので、人間はひとつの袋からべつのひとつの袋へ移ったり、旅行したり、国籍をかえたりできても、いずれこの世界に存在しているかぎり、人間は誰でも袋の外に出ることはできないとおもっていた。わたしはこういう国家概念が日本を含むアジア的な特質で、西欧的な概念とまったくちがうことを知った」。「まずわたしが驚いたのは、人間は社会のなかに社会をつくりながら、じっさいの生活をやっており、国家は共同の幻想としてこの社会のうえにそびえているという西欧的なイメージであった。西欧ではどんなに国家主義的な傾向になったり、民族本位の主張がなされるばあいでも、国家が国民の全体をすっぽり包んでいる袋のようなものだというイメージでかんがえられてはいない」。「ある時期この国家のイメージのちがいに気づいたとき、わたしは蒼ざめるほど衝撃をうけたのを覚えている」(9)。ここで吉本は、西欧の国家に対しても「幻想」という、彼自身の思想を注入した語を適用しているが、「社会から分離した概念」としての国家は、むしろ制度であり、装置であり、社会契約によって移譲され構成される現実的な権力なのである。もちろんそれはフランスやイギリスの伝統に引きつけ

(9) 吉本隆明『共同幻想論』角川ソフィア文庫、八ページ。

るなら、そう言えるということにすぎず、たとえばロマン主義的な伝統と切り離せない「民族」の精神を注入されたドイツの、むしろ有機的な生長をとげてきた国家という概念のほうは「幻想」という語にふさわしい。そのような国家概念（フィヒテ、ヘルダー）も、ある強固な神学的な背景とともに持続してきたようなのだ。

いずれにしても「国民の全体をすっぽり包んでいる袋」というイメージは、「共同幻想」としての国家という観念につながり、吉本隆明の特有の問題提起と思索をうながすことになった。日本（とアジア）に固有の国家のあり方、その「イメージ」の形成自体に光をあてようという彼の構想は、マルクスをはじめとして西洋の思想を独自の文脈でよみこんでいた普遍的な観点とともにあったが、もちろん日本という一地域に固有の形成のイメージにうながされてもいた。国家について問うとき、彼はその国家の「袋」にすっぽり包まれたものとして問わざるをえなかった。問いは普遍的であり、かつ特殊的であり、そのため十分に普遍的でも特殊的でもありえなかった。その思想的苦闘の屈折と両義性から私は、感動も影響も受けたが、最終的には説得されなかった。

吉本自身も、戦時と戦後の体験に密着した固有の問いをそれ以上執拗に問い続けるよりも、『マス・イメージ論』や『ハイ・イメージ論』として、新しい資本主義とともに現れた表現や現象のほうに、その〈解放〉の可能性のほうに、考察の対象を移していった。じつは新しい資本主義は、新しい政治、国家、権力、知や技術の形成とともにあったはずだが、それはまたあたかも政治の解体や消滅とみえる事態とともに進行しているようにも見えた。そして政治は、「国民の全体をすっぽり包んでいる袋」としての国家と、社会から分離された集中的機関としての国家というイメージ（イメージは少なからず現実でもある）のあいだであいかわらず揺れている。見方によれば、新しい（グローバルな）資本主義にとっては、国家自体が、多くの事業を民営に委ねてしまうひとつの大企業であり多国籍企業である。国家はそこまで解体されていると同時に、国家こそはあくまで他と異なって（その意味で）特別な団体（国体？）であり、しかもいまだ普遍的な機関、装置、制度、主権、モデルであり、この世界を陰に陽に指導する何か超越的なものであり、正義であり悪辣であり、民主的であり独裁的であり、穏健であり残忍であるという「ぬえ」のような性格をもち続けている。しかし国家のこのような両義性や怪物性は、もちろん新しい資本主義そのものの特性でもあり、国家はそれの代表であり、手先であるにすぎないという一面ももつのである。国家について考えようとすると、この底なしの両義性、多義性、怪物性を、私たちは相手にせざるをえない。

この序論で、国家、政治、権力、そして〈公共性〉という言葉を、とっかえひっかえして私は考えている。すでにここに混乱がある。私だけが混乱しているにすぎないだろうか。しかし混乱はそれらの語が名指しているものの混乱であり、混沌でもある。国家とは政治的実践の主体であり、〈主権〉であり、同時に機構・装置・制度として政治の客体（対象）でもある。もちろん地方政治や自治は、少なくとも相対的に国家の政治の外部にあり、同時に内部にある。そして政治は必ず権力の形成とともにあり、権力の集中的形態として国家を要請する。当然ながら政治と国家を同一視することはできない。そして〈公共性〉と国家も、決して同じものではない。国家は〈公共性〉、そして国民の〈協働〉なしにはありえないが、それを制限し、閉じ込め、排除し、簒奪するのだ。公共性を尊重するとは、愛国心（国家への愛）のことである、という致命的な錯覚を固着させるところまで、国家は〈公共性〉を吸収し横領しようとする。しかし権力の集中するところには、いたるところに〈公共性〉からの抵抗があり、これによって分散が促進されなければならないし、たとえ微弱に見えても、どうやらそのような抵抗や分散が停止することはない。

政治と国家は、権力の集中的行使と切り離せないが、フーコーの提案に見られたように、権力の行使は無数の焦点をもつしかない。そのあいだに力関係の組織網（ネットワーク）が存在し、それは国家の枠組みや形式をはるかに逸脱して、内外に拡散しているものだ。国家はそのような果てしない組織網とともにあって、かろうじて集中的形態として存在し、たくさんの要素を掌握し集中しようとする部分的組織である。国家は部分にすぎないが、集中的な部分であるがゆえに全体に及び、全体を「すっぽり包む」ものでもある。政治も、人間のあらゆる活動のなかにあって、ある集中的な管理や調整や制御をおこなう部分的部門にすぎないと言える。しかし〈公共性〉の側からは、政治とは、それ以上に、各人の差異と力を競合させる創意の活動そのものである。どうやら私たちは、同時に、そしてかわるがわる、政治、国家、権力、そして〈公共性〉を問題にし、それらの内部と外部を思考せざるをえない。

それがあるとされるところにそれはない、というように政治と権力を問う思考は、決して国家の内部に収拾されはしない見えない力のネットワークの焦点を探り出そうとしたのである。たとえば欲望機械（ドゥルーズとガタリ）、権力関係とそのテクノロジー（フーコー）、共同幻想のような概念が、そのような新たな焦点として提案された。それらの提案は、それぞれに理性的、合理的、意志的な政治主体（それは権力の主体であり、国家という主体のことでもある）の決定よりも、はるかに見えがたい欲望や、力関係や、無意識のなかに、これらの〈システム〉のなかに、決定的要素を見るという点では一致していた。手短に触れたように、じつは、そういう思考は、すでに資本のシステムを探求したマルクスや、無意識のシステムを解明しようとしたフロイトのものでもあった。このシステムからは誰も逃げられない。このシステムにとって、それに比べれば意識や理性の決定は付随的で、意識や理性自体がシステムから生起するものである。そして一方、〈公共性〉は、おそらくそれぞれに〈共同体〉を再考しようとしたフランスの思想家たち、『無為の共同体』（ナンシー）、『明かしえぬ共同体』（ブランショ）のような発想にも通じるものだ。アレントの〈公共性〉は、ある意志的、理性的な主体を想定しているもののように見えるが、「無為の」とか「明かしえぬ」とか名指される、実は名づけがたい、果てしない協働と差異のひろがりを暗示してもいたのだ。それは決して狭義の、アカデミックな〈政治学〉の文脈において意味を決定されるような概念ではありえない。

## 6　困難な自由

たとえば、それらよりはるか前に書かれたスピノザの『エティカ』では、精神の出来事はすべて、そのまま身体の出来事であり、身体における触発こそが精神の活動として出現すると考えられている。そのような身体＝精神の並行的システムにとって「自由意志」の余地などは、いっさいないはずなのだ。しかしここに挙げた思想家たちの多くは、マルクスがそうであったように、実はもともとユートピア的なヒューマニズム、解放、自由を強い動機としてシステムについて考えていた。そのような方向で、理性も、意識も、自由さえも決定するシステムを解明しながら、それを新たな「自由」の根拠にしようとしたように思える。権力はいたるところにある、というように権力の焦点を分散させる思考は、ひるがえって、どこにも権力からの出口がないかのような絶望的システムを指摘しているようにも見えた。すでにフーコーが監獄の成立をめぐって描き出した「規律社会」のシステムは、社会の全体にくまなく浸透する権力関係であり、そのための装置でもあった。しかしとりわけ外部から身体を規律化しようとする「規律社会」のあとには、さらに内面にまで奥深く浸透する「自己管理」がやってくる。それは、くまなく、たえまなく個人を統制するようなシステム（管理社会）なのだ。「自発的隷従」という事態は、すでに古くから指摘されているが、確かに現代は、それを様々なテクノロジーとともに完成し、ついにはテクノロジーの効果をはるかに上回る「隷従」のシステムをつくりだしたともいえる。自発（自己に発する）どころか、自己そのものがつくり出される。

たしかに自由の思想家は、しばしば、自由を排除する絶望的なシステムの思想家でもある。しかしこの逆説はあえてシステムの両義性を大まかに説明しているだけで、すでにシステムそのものが、微細な次元で両義的であり、権力のある所には必ず抵抗があり、抵抗があるからこそ権力があるのだ。フーコーは無数の焦点をもつ権力関係の広がりを定義したとき、さっそくそう付け加えることを忘れてはいなかった。それにしてもこれらのシステムの思想は、欲望機械であれ、くまなく広がる権力の網目であれ、あるいは身体そして力の関係を根源的とみなしたスピノザ主義やニーチェ主義であれ、人文主義的な、あるいは古典的な左翼からはしばしば「ファシズム」とさえ呼ばれて警戒された。おお「困難な自由」！　悪意に満ちた誤読といって笑ってすましてもいいが、だからこそ注意深い読解を続けることが、なおさら切実になるのだ。

スピノザ『エティカ』を、もう少し振り返ってみよう。スピノザは、いかに私たちが自由でないかを徹底的に洞察しつつ、そのうえになお自由を基礎づけようとしたようなのだ。「善と悪についての真の認識は、それが真であるだけでは、なんら感情を抑える力にはならない。感情を抑えることができるのは、認識がただ感情と見なされるときに限られる」[10]。心・身は同一であり、並行するもの、一方で起きることは他方でも起きることとみなすなら、思考は身体と同じく、あくまで制限されていて、決して自由ではありえない。「人間の能力は、きわめて制限されているものであり、また外的な原因の力によってかぎりなく凌駕されている。したがってわれわれは、われわれの外にあるものを自分たちの使途に適合させるほどの絶対的な力をもちあわせない。だが、たとえわれわれの利益を考慮したいという要求に対立することが生じても、われわれは、自分たちの責務を果たしたこと、われわれの力はそれをさけうるほど十分でなかったこと、またわれわれが全自然の一部分であり、その秩序に従っていることなどを自覚しているならば、冷静にそれにたえるであろう」[11]。それでも人間について「十全な」観念（認識）をもつことは、精神を能動的にし自由にする。「その最大の部分が十全な観念から成り立っている精神は、言いかえれば、たとえ他の精神と同じように非十全な観念を多くふくんでいるとしても、人間の無能力を示す非十全な観念以上に、人間の徳に帰せられるような十全な観念によって特徴づけられる精神は、もっとも能動的なものとなる」[12]。「悲しみ」や「恐れ」による感情の支配を、その不自由をいかに斥け

（10）スピノザ『エティカ』工藤喜作／斎藤博訳（『世界の名著30　スピノザ／ライプニッツ』）、中央公論社、二七八ページ

（11）同、三三九―三四〇ページ。

るか、という問題を考え抜こうとしたスピノザの倫理のシステムは、そのように認識、徳、理性の能動性を救出して、自由の根拠を新たに定義しようとした。

もはや哲学を読み、解放や自由の道として哲学を受けとるなんて、まったく少数派の幻想であろうか。哲学はいつだってそのようにみくだされてきたが、存外しぶとく生きのびたところには生きのびている。必ずしも「政況」について述べようとするわけではないこの文章は、政治について哲学（政治哲学）しようとしているのだろうか。政治思想について語ろうとしているのだろうか。それともひとつの政治思想をつくりだしたいのか。私の願望は、はるかに野望以下のもので、いわば私の思考のなかにいつでも持続してきた政治との葛藤を考え直したいということにつきる。しかしそれなら「政治とは何か」、「政治とは私にとって何か」、「政治という問題は、どこに、どのようにあるのか」と、あらためて問わざるをえない。しかも問い方を限定しなければ、果てしない混沌の中に迷い込むしかない。そして私はその混沌についても考えなければならない。

政治の歴史を考えようとすれば、誰でも古代ギリシアにおいて、哲学と深く結びついていたかに見える政治のことを思わざるをえない。政治は少なからず哲学的理念の実現であり、哲学は政治の正当性や合理性を何かしら規定するものでもあった。それが確かに実現されたかどうかは別として、しばしば哲学は、そのようにして政治に介入しようとした（プラトンの『国家』は哲人政治の構想を述べつつ、そのような政治がなぜ困難であるかについてもつぶさに考察している）。カントやヘーゲルあるいはサルトル（あるいはレーニン、毛沢東）にいたるまで、そういう政治の哲学的理念、哲学的理念の政治は、かたちを変えてまだ存在しえた。マルクスはまだそのような政治と理念の結合可能性を継承しながら、政治も理念も、まったく異なる唯物論的基礎にむけて〈脱構築〉しようとしたにちがいない。彼はそのような思考によって〈プロレタリアートの政治〉を基礎づけようとした。その意味では、最後の哲学的な政治思想家のひとりであったかもしれない。

あのマキャベリは単に権謀術策の政治思想家というよりも、政治を理念からも理想からも分離して、統治という目的を達成すべき実践的過程として考察することにおいて徹底していた。明敏で率直なマキャベリは決して独裁を擁護したのではなく、「人民がものごとを判断する能力」を高く評価している。しかし彼にとって政治は理念や意図によって導かれるべきではなく、あくまでも現実の力関係を操作する知恵とともになければならない。「個人がヴィルトゥ〔力量〕をもつということ――これは究極的には、意識や意思のなせる業ではない〔……〕彼にとって、新しい国家の基礎を据えるために古い世界の条件のそとへと任意の個人をつかみ出してくれるのは、意識ではなくて、運とヴィルトゥの出会いである」（アルチュセール『マキャベリの孤独』[13]）。すると、もはや政治に哲学的意識や理念の場所などないように見える。哲学がいかに精巧に現実について思考しようとしても、政治的現実は哲学の外にあるしかなく、哲学どころか、そもそも政治を規定する理念さえも存在しないように見える。

たとえばアレントは、「事実の真理」をめぐる政治を、画然と、哲学的真理から分離しようとしたのである。それでもアレントは、政治を考えるにあたって、哲学を批判しながら、決して哲

（12）同、三五七ページ。
（13）ルイ・アルチュセール『マキャベリの孤独』福井和美訳、藤原書店、四一四ページ。

学を放棄することがなく、最後まで政治の本質をもう一度哲学と結合し直すことを考え続け、とりわけ『精神の生活』においてそれを試みている。

したがって「もはや政治に哲学の場所などないように見える」と書くのは、これについていささかの留保があるからだ。たとえば「日本国憲法」の理念を尊重し、いまなおそれを基礎に政治を構想しようとするような実践も思考も広く存在している。反対に、戦前の体制をほとんど無批判に継承しようとするようなナショナリズムや道徳の観念もまた広く共有されている。哲学ではないとしても、それらさえも理念であり理想であり、一定の機能や効果を実現している。そこには哲学的介入などほとんど意味をもたず、そのような「理念」はむしろ哲学を必要としないで排除しているとしても、そもそも「必要」とは何を意味するか、考えることをやめることはできない。そして必要ではない（かもしれない）ことを、あたかも必要とするかのような「自由」そして「権利」そして「意志」も、当分やむことはない。

哲学的な政治を構想しうる時代は、はるか昔のことになったかもしれない。そうなら哲学も、政治も、両方とも（古典的意味では）失われてしまったのだ。けれども、政治はもちろん、哲学も決して終わりはしないとすれば、もはや政治ではない政治、もはや哲学ではない哲学についても考えざるをえない。そのような条件をふまえつつ、そのような条件自体についても考えざるをえない。

それにしても「自由」どころではなく、なんとか「出口」を探ることが、窒息しないために少々の空気を見出すことだけが問題だった、という作家もいたのである。動物に変身することはカフカにとって出口をさがすことで、出口はみつかったが、外には出られなかった。『審判』でも『城』

でも、Kが探しているのは自由なんかではない。いたるところに出口があり、出口しかないようだが、見え隠れする法廷や、どこかにあるかもしれない支配の中枢からは逃れることも、それに近づくこともできない。無数の扉のあいだは遠く隔たっているのに、部屋の奥の裏口は、じつは隣接している。そのように不可解な遠隔と隣接の構造がいたるところにある。城の支配者は決して姿を見せることがなく、実在するのか、ほんとうに支配しているかもわからない。無数の小役人たちの不条理で拙劣な芝居のようなものが毎日続くだけだ。その間で戯れている女たちは、Kにとって「出口」であり、システムの別の「切片」に彼を導いてくれるが、女はまた別の問題のなかにKを閉じこめてしまう。出口があり、出口なし。出口があってもそれはきみの出口ではない。たとえそれはきみだけのものであるとしても。スピノザの言うように、そういうシステムについて「十全な観念をもつ」ことは、すでに少々の自由を手に入れることだろうか。しかし、かろうじて未来の扉をたたく「悪魔の勢力」を検出することができただけで、それを批判することなどできなかった。ドゥルーズとガタリの書いた『カフカ』は、そのようなカフカの奇妙な戦いを解読したのである。ヨーロッパのユダヤ人の運命に暗雲がたちこめてくる時代のことで、やがてカフカの妹たち知人たちも収容所のガス室に送られることになった。

もちろんカフカは悪魔の存在を信じたわけではなく、悪魔とは、法の体制や新しい官僚制や、メディアの連鎖がもたらす新しいシステムのことであり、それらの脅威は、あの「流刑地」における処刑機械のように、冷酷に、〈非人間的に〉作動する。当時の交通や通信の新しい技術の成果に対してカフカはことのほか興味を抱いていたのである。そこには新しい自由が開けるように見えるが、その自由さえも、すべて新しいシステムのなかでくまなくコントロールされている。

あの奇妙なオクラハマの劇場にたどりつくカール・オスマンのアメリカの旅は、大西洋を横断した客船の世界から、議員をしている叔父との出会い、そして叔父の庇護から放り出されて勤めはじめるホテルへと、それぞれ異なる出口をくぐりぬけ、それぞれの小社会の閾を超え、そのたびに新しい自由のなかに入っていくようだが、じつは恐ろしい世界が待っているようでもある。カールのたどりつくオクラハマ劇場の雰囲気は奇妙に明るくユートピア的なのだが。

日本国憲法には、「自由」という語が一九回出現する。[14]「わが国全土にわたって自由のもたらす恵沢を確保し」（前文）、「この憲法が国民に保障する自由及び権利」（第十二条）のような文言があり、思想及び良心の自由、信教の自由、集会、結社及び表現の自由、居住、移転及び職業選択の自由、学問の自由、そして、外国に移住し、または国籍を離脱する自由まで規定してある。「何人も、法律の定める手続によらなければ、その生命若しくは自由を奪はれ、又はその他の刑罰を科せられない」（第三一条）。この憲法は「人類の多年にわたる自由獲得の努力の成果で」ある（第九七条）。この憲法が発布された時代に、「自由」という言葉は、きっとまだ輝いていたのだろう。

いつのまにか自由という言葉の意味はいたるところで歪められ、色あせてしまったかに見える。もちろん自由はただ「言葉」だけの問題ではない。自由な状態とは、あるものからの自由を意味し、自由を妨げるものがあることを前提としている。「自由」という言葉がどんなに色あせても、自由を妨げる様々な圧力、暴力、権力、制度があり、それらが個人の内面にまで及ぶという事態は、いまも切実であり、ますます切実である。自由という言葉が色あせて、無意味になったと感じられるとすれば、そこまで自由が閉塞し、切り詰められてしまったということを意味しているのだ。「新自由主義」というように、自由なものとは、企業や金融の活動であり、資本のかぎりない増殖であり、その自由はほかの多くの自由を排除し、蝕み、横領し、抹殺することになる。確かに自由が法によって保証される権利であるということ自体が、つまり自由を阻害する力の働くことを前提としている。つまり不自由を前提としている。法の規定する自由ばかりか、法そのものが、実は不自由をせまる力そのものを前提とし、代表しているのだ。法は、不法な力関係を斥けることを目的とするが、法そのものが、法的次元が、法の外の力関係によって構成されている。

自由の思考を徹底しようとするなら、私たちは、どうしても一度、法的な規定の外で自由を考えてみなければならない。法の概念そして制度の外に自由の基礎がないとすれば、すでに自由は法にがんじがらめになっていることになる。だからこそ法の外に自由を基礎づけようとする果てしない思考の試みは確かに存在してきた。

自由とは、何よりもまず自己の自由なのである。そして自己とは、自己との「かかわり」なの

(14) 英語にはともに自由を意味する二つの語 freedom そして liberty がある。「憲法」のGHQ草案の対応する箇所では、次の「前文」の自由は freedom であり、「第十二条」における自由は liberty となっているが、日本国憲法の条文はこれを区別していない。ここの私の文脈でも自由の意味を差異化していないが、liberty は法的に規定される～からの自由（解放）に、freedom は法の外の本源的自由（自己決定）という意味に近い。もちろん二つは切り離せない。freedom は、おそらくフーコーの「自己（へ）の配慮」という問いにも密接に関連するにちがいない。それと liberty との違いは、アレントの公共性の思想を考えるうえでも無視できない。アレントにとっては「公的自由」こそが核心の自由 freedom であり、それは「市民的自由 liberty」と区別すべきものである。牧野雅彦『アレント『革命について』を読む』（法政大学出版局）一七一ページは、この論点を適確に浮かび上がらせている。

である。ハンナ・アレントはそのことをこんなふうに語った。「わたしは一人なのですが、たんに一人なのではなく、わたしには自己というものがあり、この自己はわたしの自己として、わたしにかかわりがあるということです。この自己は幻想などではありません。この自己はわたしに語りかけてきて、みずからの意見を語るのです。わたしは自分自身と語りあうのであり、自分自身をたんに意識しているのではないのです。この意味でわたしはひとりですが、わたしという一人のうちに二人の人がいるのです[15]」。アレントは『ゴルギアス』においてソクラテスが「わたしの琴やわたしが後援しているコーラスの調子が合わず、不協和な状態にあっても、そして大多数の人々がわたしと意見が合わずに、反対のことを言うとしても、そのほうが、私というたった一人の人間がわたし自身と不調和であり、矛盾したことを言うよりは、まだましだ」と語ったことにふれて、このような〈自己関係〉についての考察を進めている。そして未完に終わった最後の書物『精神の生活』では、そのような〈自己関係〉についての思索から一歩進み、「意志」の問題として自由を考え直している。「意志は、自分を拘束するような動機の全因果連鎖を中断する自由な自発性の器官であるか、さもなければ錯覚に他ならないか、のいずれかである[16]」。そのような「意志」という「器官」は、いつも正しく機能するだろうか。自由な行為は例外的であり、意志はめったに機能しない。そもそも「意志」について考える思索はキリスト教以降のヨーロッパ中世においてはさかんに行われたが、現代（ニーチェ、ハイデッガー）にいたってむしろ後退してしまったとアレントは考えたのだ。

ナチズム（全体主義）を解明しようとした研究のあとでは、現代の思想のほとんどの傾向に対して背をむけるようにして、しばしばギリシア、ローマの書物に依拠しながら、政治的公共性の原理をうちたてる思想を構築しようとしたアレントは、古く（それゆえに今では）新しいかたちで、自由、道徳、意志の連環を考えなおしている。言説の秩序から、権力のテクノロジーに、さまざまなタイプの「統治性」に思考の焦点を移していったフーコーの最後の探求が「自己への配慮」として、自己（関係）のテクノロジーさえも問うようになったことはこれと無関係と思えないのだ。フーコーもギリシア・ローマの文献を読み解きながら、「国家」、「法」、「権利」による政治のはるか遠くに、もともと根本的に政治的であった彼の探求の焦点を移動させていった。「自由」や「意志」のような問いさえも、必然的にフーコーの探求からは退けられることになった。にもかかわらず自己関係をめぐって形成される「道徳」を、キリスト教以降の権力のテクノロジーとともにある道徳とはまったく異種の形成として、彼は考察していたのである。この二人のたどった道は、まったく異なっているのだが、最後に古代から中世にわたって、哲学者、神学者たちの「自己関係」の問いに注目し、改めて問いの焦点にしたという点では、確かに交差していたのだ。

（15）ハンナ・アレント『責任と判断』中山元訳、ちくま学芸文庫、一四九ページ。
（16）ハンナ・アーレント『精神の生活』上、佐藤和夫訳、岩波書店、二四六ページ（本文中では Arendt をアレントと表記しているが、訳書の表記がアーレントとなっている場合は、これにしたがっている）。

# 第2章　シニシズムは超えられるか、超えるべきものか

「おまえは人間をあまりにも高く評価しすぎた」
（ドストエフスキー『カラマーゾフの兄弟』、第五編五「大審問官」）

## 1 政治はシニシズムでしかありえないか

この地球という巨大な〈身体〉にまといつき、巣食い、はびこり、はいまわり、やがてそれを覆いつくすかのように広がった〈世界〉という巨大な〈機械〉、そこを駆け巡る人間、物資、そして交換、情報、流通、貿易、そして支配、抵抗、抗争、紛争、戦争、明らかに自然のものではなく、自然を超越して顕在し潜在する暴力そして創造力。この〈機械〉の活動は、地球の全自然さえも巻き込んで変形し破壊するスケールにまで拡大されてきた。

言うまでもなく政治は、その巨大機械の活動のただなかにあり、そのすべてにかかわり、少なくともその一部を統御し、調節し、安定させ、変化させせようとする。もちろんそれはやさしいことではなく、たえず失敗を重ね、ごく一部に対して効果をもつにすぎず、その効果さえも予測通りとはかぎらない。予測すること自体も、予測通りの実現も難しいのは、世界という機械はあまりに巨大で複雑で、作用にはたえず反作用があり、意識や主体のレベルの作用・反作用ばかりか、無意識や身体や、生物やモノの次元での作用・反作用がつねにあるからである。そのうえ、これに感情、欲望、情愛、愛、共感、憎悪のような動き（それらの共振、反発、集中、強度、分散）が、いたるところで介入することを忘れるわけにはいかない。見方によっては、人の感情や欲望の巨大な集積こそが、この世界にたえまなく制御不可能な動きを生み続けているとも言えるのだ。

この巨大機械を統御しようとしても、まだ世界政府のような政治主体があるわけではない。しかも、それが最良の統御装置であるかどうか、まったくわからない。政治はあくまでも各国（国家）や地域の利害対立を前提にしてそれに働きかけ、かろうじて協調や調整をはかっているにすぎないようだ。

いくつかの強大な支配的国家があるにしても、支配はその国家の理性的意図のようなものに導かれるわけではない。支配そのものが、無数の流れのなかで願望され、計算され、実現され、つねに〈支配されないもの〉、〈統制されないもの〉を生み出す。支配や統制が、たえず混乱を生み出す。他方で、二〇世紀後半に盛んに提案されるようになったミクロな政治、ミクロな権力のパースペクティヴは、こういう巨大機械が、現実にはいかにミクロな作用の厖大な集積であるかという見方に対応している。ミクロなものの実体とは、具体的には、小さな集団、共同体、学校、家族、個人、そして個人の心身そのものを構成する様々な分子的、関係的要素である。

マクロな政治は、国際協調を唱えながら、たえず国家理性や国益をふりかざし、普遍的な正義や自由や平和を主張する一方で、やはり何よりも自国の安全と利益を擁護し、そのための危険や暴力さえいとわない（「それが現実の政治《リアル・ポリティクス》というものだ！」というシニシズム）。政治は、ほんとうはつねにミクロな流れや、振動や、逸脱を相手にしているのであって、制御不可能なものを制御しようとし、予測不可能なものを予測しようとしている。だからこそ、この時代に「成功した政治」の例に出会うことは、ますます稀である。戦争は、紛争を解決する手段としてはますます不確実で無効になり、かえって危機も武力も拡散させ、さらに次の危険と紛争を準備し増大させる悪循環とともにあるしかない。平和をめざす動きそのものがしばしば脆弱で、むしろ戦争にむかう動機をたえず培うことになる。「平和のためには、戦争しなければならない」。もちろんそんな平和とは、むしろ〈治安〉であって平和ではない。平和と戦争、そして安全保障をめぐる議論は、いまもしばしば倒錯的であり幻想的である。

マクロな政治は、無数のミクロな要素を、よく統御することも把握することもできない。しばしば、ただ経済的指標というミクロな動きの統計的表現を相手にして、あくまで〈市場〉と連動しながら財政的ファクターを操作することしかできず、一方ではそのミクロな現実への配慮をまったく裏切るようにして、ナショナルな、復古主義的な、神話的な価値にすがって、政治的理性の空白をうめるしかない。経済ではなく、まだ政治にたずさわっていることを示すには、しばしば絵に描いたような復古的ナショナリズムをもちだすしかなくなる。この数世紀のあいだに、あいつぐ革命や戦争を通じて、人類は世界として、平和、幸福、共生を追求するようになったはずだった。しかしその人類が到達点として実現している政治とは、そういう政治であり、そういう政治の空洞であり、しかもそれはただ空虚ではなく、様々な災厄や暴力をもたらしている。

政治の機能不全に対するシニカルな立場は、たえず、いたるところで表現されている。シニシズムはますます蔓延し、常態と化していると言っていい。まさに〈政治〉こそが、シニカルな分野あるいは活動として第一に浮んでくるのだ。それにしても、いったい政治の何が、どのように、どこまでシニカルなのか。

まず正義、道徳、民衆、民主主義の味方であるという政治の意向は仮面にすぎず、じつは利益誘導、地位の確保、権力や利権をめぐる権謀術策、偽善、腐敗、エゴイズム、理想や正義とは無関係のかけひきや党派性やにあけくれているのが政治の現実だろう……それは避けられないことだ……。いたるところから聞こえてくるこの声はもはや政治の固定観念となっている。選挙民の態度も、当然ながらこれに対応して二枚舌で、候補者を支持するのも、棄権せずに投票するのも、政見や公約が嘘であり無効であることを、しばしばわきまえてのことである。もはや選挙民と政治家のあいだに知性や判断力のちがいなど見えないのだから、選挙民だって、政治家に対してだけではなく、あらかじめ自分自身に対してシニカルな見方をしている。もちろん自分だって、この理不尽な世界で生きている以上、正義や理想を貫けるわけじゃないし……。

シニカルな態度をとることは、必ずしも、シニカルな態度を自覚していることと同義ではない。人は「本気で、自分に対して嘘をつくこと」ができるような存在である。しかし少なくとも本気と嘘を区別することができるほどの最小限度の自意識をもちながら、なおそれを自覚的に許すことができるとすれば、それはすでにシニシズム以外の何ものでもない。

昨今のいくつかの学校や大学の創設をめぐる政治家たちの利益誘導の疑惑をめぐっては、数々の質疑がおこなわれるなかで、政治家や官僚たちが、次々判で押したように、「記憶していません」、「記憶にありません」、「記録がありません」、「記録がみつかりません」という返答だけをくりかえした。それは真実に触れることを避け、同時に虚偽の証言を避けるための口実であったとしても、その発言自体（「記憶がない」、「記録がない」）が嘘であり、じつは記録があることも、それが改竄されたことも、もちろん記憶があることも、次々発覚せざるをえなかった。政治家や官僚の能力とは、あたかも慎重に一貫して嘘をつきとおすことのできる能力であるかのような対応ばかりが続いた。もちろんそこでは説明責任（アカウンタビリティ）も道徳も崩壊しており、すでに政治の中核に、倫理も道徳もないことばかりが次々明らかになり、もはやシニシズムの閾をはるかに越えて、犯罪的になってしまったかのように見えた。しかもそのひとつの案件とは、まったく復古的、国家主義的な〈道徳教育〉を大方針とする教育機関の創設をめぐるものであった。道徳的であろうとするかのようにして、あからさまに不道徳を冒し、隠蔽する、これ自体も典型的にシニカルな態度である。ほんとうは「道徳」など、単なる取引や隠蔽の手段にすぎないかのようだった。

実は道徳的・理性的な政治などなくていいと判断され、期待されてもいないという意味で、すでに政治のシニシズムは広く共有されている。といっても、いくつかの懸案をめぐって、嘘に次ぐ嘘がいやというほど反復されたのは、政治の根深いシニシズムをまさに表に堂々と引きずり出してしまったということで、これはシニシズムの定義にさえ反していたのだ。シニシズムとは、ある範囲で調節され、二枚舌を続けたり、続けなかったり、隠蔽され、ときに暴露されて、かろうじて持続されるものにちがいないのだ。

この世界で、人は誰でも、理想と現実、義理と人情、公共性と私欲、欲望と別の欲望、等々の間で、多かれ少なかれ引き裂かれ、それを葛藤として生きることになる。そのことが普遍的であり、不変的であるとすれば、シニシズムはその葛藤の表現であり、とりあえず葛藤をたやすく解決して生きのびる方法であるといえる。理想を唱え続ける一方で、場当たり的に、「現実的に」ふるまうことが、もはや葛藤でさえなくなる。人は理想的であり、かつ現実的でなければならないし、両方を使い分けることができるし、使い分けなければならない。このような対応自体が、現実的な態度であり解決である。しかしこれは、どんな社会にも、どの時代にもあった〈知恵〉、〈処世術〉でもあり、いまここで、あえて常識を疑って、シニシズム自体を再考しようとするうえで、一つの前提であるにすぎない。

確かに政治は、いつの頃か、とりわけシニカルな領域になったように思われる。社会と個人の葛藤から決して逃れることのできない人間は、シニシズムからも逃れることができない。しかし、ただシニシズムのなかに硬直してきたわけではない。もろもろの葛藤はつぎつぎ新しい解決を見出してきた。そもそも宗教ほどシニカルなものがあるだろうか。同時に天上にあり地上にある人間、救いがたいのに救われている、という見事な欺瞞的解決法はシニシズムそのものだ。

哲学的なシニシズムにも長い歴史があって、古代ギリシアの「犬儒主義」（キュニコス派）がこの言葉のもとになった。犬のような哲学者ディオゲネスの登場。シニシズムとは本来、むしろ一貫した積極的な立場を意味していた。人間と社会の価値をすべて棄てて、自然にしたがうというシニシズムは、積極的で肯定的な自然主義を意味した。出家僧から、ヒッピーにいたるまで、古今東西にディオゲネスのような生き方はあった（古代ギリシアのシニシズムは、アレクサンドル大王の遠征によって、インドの哲学や禁欲主義が伝えられるようになったことが、きっかけになったという説もある）。しかし現代の政治的なシニシズムは、むしろ政治にとって基本的な価値をめぐる冷笑、否定、不信、無力感、屈折などの混合からなる消極的、否定的態度のことではないか。もちろんこれは消極性や否定性から、破局的な事態が生じることを妨げるものではない。

ペーター・スローターダイクの『シニカル理性批判』（一九八三年）も、まず本来ディオゲネスが体現したような批判的積極的シニシズムのあったことを強調したうえで、現代のシニシズムの歴史的批判的考察に入っていった。単に政治家の意識や態度、そして政治的実践一般がシニカルなのではなく、政治をとりまく市民やジャーナリストや〈識者〉の、政治に対する意識や態度にもシニシズムは浸透している。もちろんこの言葉で、あまりに多くの現象を蔽うことはできないし、歴史のそれぞれの時空に照らして、様々なシニシズムを識別し、区別しなければならない局面もある。古代において、ある種の〈哲学〉として考察され、構成され、選択されたシニシズムは、いま蔓延しているように見える政治のシニシズムから区別すべきものにちがいない。政治をめぐるたいていの否定的態度（批判）も、ある種の肯定（許容）とともにあって、まさにその両義性によってシニシズムを構成している。またその両義性の度合いや性質によって、様々なヴァリエーションを現出させるのだ。

## 2 大審問官

スローターダイクも指摘していたことだが、現代のシニシズムは、一八世紀以来「啓蒙（主義）」がたどってきた歴史と深い関係がある。神話でも信仰でもなく、理性の主導によって世界を変えるという発想は、数々の政治革命やマルクス主義にも継承されて、確かに世界は大きく変貌し、変貌した結果、やがて理性をもはや信じられなくなるほどの混乱に陥った。理性はひとたび過大な決定力をもったかのようだが、そのあとで、やがてその力も価値も過小評価されるようになった。もちろんそのように過大であったり過小であったりする評価をくだすのも理性なのだ。理性そのものが、自己に対しても世界に対してもシニカルにならざるをえなかった。

「啓蒙」の批判は、アドルノとホルクハイマーの『啓蒙の弁証法』（一九四七年）のような書物において、先鋭に表現されたことがある。その批判は、西欧近代の思想的骨格そのものを抉り出すような考察でもあった。政治的理性としての「啓蒙」がたどった道を思うなら、まずフランス革命が陥ったテロルの回路が、そしていくつかの社会主義革命が全体主義的支配をもたらした過程が、すぐに浮かんでくる。必ずしも「政治的理性」に直結しないとしても、デカルト的な合理性は、西欧近代の科学技術的支配に直結してゆき、やがて逆に、理性の過剰な支配を転倒させる非合理主義や、〈無意識〉の思考にさらされることになる。そして資本主義の膨張こそは、社会の予測不可能な性質を決定的に拡大したにちがいない。「見えざる手」に市場の調整を委ねることが、すでに理性の信用低下であったが、「見えざる手」はそれどころか、やがて破局的な大恐慌や大戦争をもたらすことになった。

「啓蒙」は、あらゆる「神話」や「呪術」を克服するはずだったが、むしろ新たな「神話」となり、こんどは別の新たな「神話」の勢力に屈していったかのようだった。「啓蒙は神話を破壊するために、あらゆる素材を神話から受け取る。そして神話を裁く者でありながら神話の勢力圏内に落ち込んでいく[1]」。政治的シニシズムは、「啓蒙」のたどった歴史と深い関係があるにちがいない。実は「啓蒙」そのものが、みずからに対するシニシズムに陥り、新たな「神話」を生み出してきた。そのことをアドルノとホルクハイマーは、こう説明している。「運命という概念を消

（1）ホルクハイマー／アドルノ『啓蒙の弁証法』徳永恂訳、岩波文庫、三七ページ。

去したのは啓蒙だったのだが、啓蒙の道具である抽象作用がその諸対象にかかわる態度は、個々の対象を清算してしまうという点で、運命と異なるところはない。自然における一切を反復可能なものと化す抽象的なものの支配と、支配が自然における一切をそのために整えてやる産業の下では、すべてが水平化され、結局解放された人々自身が、啓蒙の成果としてヘーゲルが指摘したあの「群」になってしまった[2]」。

ここから、様々な物象化あるいは機械化の道が開いていく。いわば「啓蒙」という巨大な「機械」が出現したのである。「思考は物象化されて、自然的に動きを続ける自動的過程になり、その過程自身がつくり出した機械を手本にして努力するために、ついには機械が、その自動的過程にとって代りうるようになる[3]」。「思考機械が、存在するものを自らに隷属させればさせるほど、それだけ思考機械は、盲目的に存在者の再生産という分に安んじるようになる。それとともに啓蒙は、しょせん逃れるべくもない神話へと逆転する[4]」。ほんとうは、啓蒙がやがて変質し逆転して、反啓蒙的になったというよりも、そもそも「啓蒙」そのものが、はじめからそのような危険を内包する複合的な傾向からなっていたにちがいない。

デカルトの考えた「動物精気」によって動く精巧な機械としての身体は、すでに機械としての人間のヴィジョンを与えていた。ただしデカルトにしたがえば、人間の理性は、あくまでもその機械の完璧な操縦者であり、あらねばならない。すでに機械として人体を見つめる哲学者の視線は、本質的にシニカルである。それなら精神も理性自体までも、そのような機械とみなすところまで行ってはならない理由はなかった。シニシズムをもたらしたのは、まさに「機械」という見方そのものであったかのようだ。こうして「機械主義」としてのシニシズムが様々な形で登場することになるが、これも決して一律に扱うことはできない。もちろん「欲望機械」（ドゥルーズとガタリ）のようなヴィジョンも、ある意味ではシニシズムであり、実際にしばしばそのように受け取られた。

たとえばドストエフスキー『カラマーゾフの兄弟』に現れる名高い「大審問官」の挿話は、いわばキリストのもたらした「啓蒙」をめぐるシニシズムを先鋭に表現するエピソードであった。悪魔のシニカルな三つの質問には「人間の未来の歴史全体が一つに要約され、予言されているのだし、この地上における人間の本性の、解決しえない歴史的な矛盾がすべて集中しそうな三つの形態があらわれているからだ(5)」。第一の問い。おまえがほんとうに神の子なら、目の前の石がパンになるように命じて見よ。キリストの答えは「人はパンのみにて生きるにあらず」であった。次の挑発。御使いたちがおまえを手で支えてくれるというのだから、いますぐこの宮殿の頂上から飛び降りてみよ……。「神を試みてはならない」とキリストはこれに答えた。最後の問いは、この世界もすべての栄華もおまえにやるから、この私、悪魔に仕えよ、であった。キリストはただ直截に、自分はただ神だけに仕える、とこれに答えるのである。

それはただ信仰を強化しようとする言葉ではなく、目の前の〈ご利益〉よりもはるかに、精神の〈自由〉を尊重する「啓蒙」のすすめと受けとれる。キリストは「奇跡による信仰ではなく、

（2）同、三九ページ。
（3）同、五九ページ。
（4）同、六二ページ。
（5）ドストエフスキー『カラマーゾフの兄弟』上、原卓也訳、新潮社、四八五ページ。

自由による信仰を望んだ(6)」という意味で、その答えは信仰を悪魔のシニシズムから守ろうとする言葉だったのだ。ところが、さらに輪をかけたシニシズムの極致のような大審問官は、逆にそういうキリストの強い確信自体をシニシズムとして扱う。おまえのもたらした「自由による信仰」のためにどれだけの犠牲が払われたことか。そしてすでに世界は十分シニカルになり、現世の利益をうるために権威に服従することはあたりまえで、かつておまえが尊重しようとした「自由」など誰にも理解されなくなっている。キリストは「人間をあまりにも高く評価しすぎたのだ」。いまでも、いつでも、ただ人間はパンを求めて服従し、パンが得られなければ謀反をおこすだけだ。信仰も自由も、パンの要求を前にしては意味がない。実は自由ほど耐え難いものはない。どのつまり地上を支配しうる力とは「奇蹟、神秘、権威」にほかならない(7)……。

人間は自由よりも安逸を望み、安逸のためには服従を受け入れ、奇蹟の権威にも容易に屈する。しかしドストエフスキーのエピソードでは、こういう審問のあとで、終始無言のままだったキリストは、なぜか大審問官に口づけして消えるという奇妙な結末が用意されている。キリストは大審問官にもましてシニカルなのか。実はキリストは、悪魔の問いに対しては決然と奇蹟を斥けたのに、福音書は数々の奇蹟の話に満ちている。「大審問官」の挿話においても、一五世紀前のスペインに現れたキリストは、さっそく死んだ少女を復活させることから始めるのだ。キリストの自由の思想は、新しい悪魔的シニシズムに出会っても、まだそれを越えて自由をもたらそうとするのか。

キリスト教に関しても、啓蒙主義に関しても、たくさんの論争が行なわれると同時に、それらに対するシニカルな姿勢も綿々と表現され、洗練されてきた。こういう「審問」の場面を描いたドストエフスキー自身が、このシニシズムを果てまで究める一方で、奇妙なほどシニシズムに染まろうとしないアリョーシャや、ムイシュキンのような純潔な人物を、異常にナイーヴな対極的性格として描き出している。彼らは決して鉄壁のように堅固な求道者的タイプではない。しかし実は彼らこそがシニシズムを超える真に革命的なタイプであると言いたいかのようなドストエフスキーは、もちろんシニシズムの側につくのではなく、シニシズムに立ち向かい、これを越えようとしていたにちがいない。同時に極限までシニシズムを生き、味わい、考えつくしたように思える。そしてシニシズムとは、おそらく近代の小説にとって、とてつもなく大きな課題のひとつであったにちがいない。シニシズムをまともに考察して、それを乗りこえることは、政治にとっても、哲学にとっても実に難しいことで、むしろそのことは、しばしば文学によって引き受けられたかのようなのだ。『ファウスト』というシニシズムの叙事詩。『危険な関係』から『失われた時を求めて』にいたるシニカルな作家の視線にさらされるシニカルな人物たちの列伝。例えばプルーストは、しばしば社交界に跋扈する貴族たちの多彩なシニシズムを問題にし、それを主題またはは素材にしながら、いつのまにかそれを超越するかのようにナイーヴなジレッタントや芸術家を造形したのではないか。プルーストのあとでは、ローベルト・ムージル『特性のない男』こそ、ファシズム前夜のヨーロッパに渦巻くシニシズムを観察し実験した一つの究極的な小説だったと思われる。

(6)同、四九二ページ。
(7)同、四九一ページ。

ところで「啓蒙」をめぐるシニカルな哲学的思考を、最も先鋭に、集中的に、劇的に表現したのはニーチェであったかもしれない。「道徳性というものがどれほどお粗末で、意味のないものとなってしまったかをはっきりと示したのは、ニーチェの変わらぬ偉大さである(8)」とハンナ・アレントは書いている。確かにニーチェは道徳をめぐって、新たにアグレッシヴな、本質的なシニシズムを提案することになった。彼の言う「権力の意志」はもちろん道徳（善悪）の彼岸にある。真理も正義も、背後にある力の意志がかぶった仮面にすぎない。ニーチェの哲学を要約してみせる言葉は、「超人」をはじめとして、しばしば力強すぎて、彼自身の実に繊細なシニシズムのほうはあまりよく伝えようとしない。ニーチェのシニシズムをシニカルに読みながら、むしろそのきまじめな思考的構築という面を掬い上げる必要がある。

たしかにニーチェのシニシズムは、道徳だけをめぐるものではなく、はるかに遠い射程をもっている。それは第一に、思考の主体の観念、そして意志の自己欺瞞に関する辛辣な批判であった。

それにしても、近代のシニシズムは、政治ではなく、何よりもまず道徳に対するシニカルな批判としてあらわれた、と言えよう。もちろん政治が単に統治の技術でも手段でもないとすれば政治は、少なからず道徳に深くかかわる。たとえ道徳と一体ではなくても、無関係ではありえない。政治における道徳（性）をまったく度外視することは、もちろんシニカルな姿勢であり、シニシズムは、こうして政治にも道徳にも同時に及ぶことになる。さしあたって、政治と道徳には古典的な関係があり、今でも政治は道徳的でなければならないことは自明とされているはずだ。ところが道徳よりも（正義よりも）優先するものがあることもまた、政治にとっては自明なのだ。あのマキャベリは、政治と道徳を明断に分離し、むしろ混同を戒めたのである。しかし彼はただ〈目的のために手段を選ばない〉といわれるような〈権謀術策〉の政治ばかりを推奨していたわけではない。マキャベリは、例えば政治を創設し持続させるための戦術を、道徳的な規範を排して徹底的に考えぬいたのであって、その点では実は少しもシニカルではなかったのだ。しかし、とにかく近代の政治は、道徳に対して距離を設け、必然的に道徳に対するシニカルな立場をつくりあげたし、そのようにして政治は新たな次元を獲得したのである。政治は決して悪であっていいわけではないが、政治の原理は決して善（道徳）ではない、また理性でもない……。ここにこそ容易ではない問題が巣食うことになる。

ハンナ・アレントのシニシズム批判は徹底していた。ギリシアに発する「公共性」の理想を最後まで棄てないで、これを哲学的に基礎づける思索を続けていた。その意味でも、アレントほどシニシズムをよせつけない政治思想家は例外的だった。政治学を中心にめぐった彼女の思想にとって、もちろん伝統的意味の道徳が問題になるはずはなかったし、アレント自身も政治と道徳をはっきり区別することにおいて画期的だったマキャベリを評価している。しかし「アイヒマン裁判」についての思索の延長線上で、彼女が考えざるをえなかった問題は、まさに道徳をめぐるシニシズムであった。もちろんこれは政治的公共性の問題にも深くかかわることになる。アレントが、なぜ、どのように道徳と政治の問題をたてたのか、ふりかえってみよう。

（8）ハンナ・アレント『責任と判断』八八ページ。

「誰も道徳の問題にはそれほど注目しませんでした[9]」と彼女は、アイヒマン裁判について考えながら書き記している。これは、彼女が育ち、若い時代をすごした第二次世界大戦前のドイツについて述べていることだ。そして戦後のアイヒマン裁判では、道徳に関する問いの不在を新たに問題にすることになった。「裁きたくないという意志の背後には、誰も自由に行動する者はいないのではないかという疑念が潜んでいるのですし、どんな人もみずからの行為について責任がないのではないか、自分の行為を説明することはできないのではないかという疑念が控えているのです[10]」。

ナチズムのように、ほとんど一国民の全体が支持することになった体制の「悪」に関しては、「私たちみんなに罪がある」とすれば、アイヒマンを裁くことは確かに難しかった。しかしそれでは「悪しきことをなした人々との連帯を宣言する[11]」ことになる。アレントは、その「悪」の「凡庸さ」について書いたが、それが「凡庸」であることを理由に「悪」を裁かないことはできないと考えた。アイヒマンは、ナチの主な指導者たちに比べれば、ナチズムという巨大な殺人機械の、精巧に作動する歯車にすぎないようだった。どこにでもいる誠実でまじめな官僚タイプで、映像記録でも見られる通り、みずからが死刑になることが確実な裁判の席でも、あくまで几帳面に記録をとり答弁を続けた。しかしアイヒマンはただナチズムに「服従」したのではなく、「合意」したのである。「合意するのは成人であり、服従するのは子供です[12]」。そこには、どんなに困難な状況であれ、自由意志の余地があり、自己と対話する余地があった。

「わたしは自分自身と語りあう[13]」のであり、人間は「自己と絶えず会話を交わし、自己と話し合う間柄にある[14]」。責められるべきなのは、その対話をやめてしまうことであり、みずからの意志を抹殺してしまうことである。もちろんそういう状況に陥ることは誰にもありえて、誰もただそのことだけで断罪されるべきではない。アレントにとってアイヒマンが処刑されなければならないのは、彼がひとつの民族（ユダヤ人）と地球を共有することを拒否する政策を実行したからであり、「われわれは彼とこの地球を共有することを望まない」からである。アレントはそのようなナチの政策に協力して、移送されるユダヤ人を選別することを手伝ったユダヤ人側の指導者にも厳しい批判をむけたので、逆に轟々たる批判に晒されることになった。アレントの判断は、驚くほど明快で、直線的で、シニカルなところがひとつもない。しかしアレントはただ道徳的であったわけではない。政治と道徳の問題を新たに、根本的な文脈において問いなおしたのであって、ただ道徳的思考を復活させたわけでもない。

ナチズムという、ほとんど道徳的判断の停止をせまるような前代未聞の体制に対して、アレントの思索は、それ自体いくつかの異なる位相をもっていた。ひとつは「全体主義の起源」を歴史的に問うことによって、特に反ユダヤ主義が、帝国主義や国際関係の複雑な網の目のなかで、どのような変貌をとげてきたか、その歴史を精緻に考察することであった。しかしこの文脈では、道徳の哲学的考察は決して中心の課題ではなかった。もうひとつは、特に『精神の生活』を貫く

(9)同、三八ページ。
(10)同、三五ページ。
(11)同、二七五ページ。
(12)同、七六ページ。
(13)同、一四九ページ。
(14)同、一五三ページ。

思索で、ここでアレントは、まさに「自分自身と語りあう」人間について考え、政治と道徳の基礎について考えぬくのだ。アレントはそこでギリシア哲学にまでさかのぼり、自己内対話としての思考（ソクラテス）について思索しているが、対話とはもちろん複数性と公共性を前提とする他者との対話のことである。しかしその対話も、自己との対話とともにあって、自己との対話こそ基本的である。アレントの思索は、いつでもこのことに律儀に戻ってくる。

『精神の生活』の前半では「思考」について、後半では「意志」について、彼女は問うている。そしてギリシア哲学よりも、中世の哲学（特にアウグスティヌス、ドゥンス・スコトゥス）について独自の読解を進め、ここでも複数性と公共性とじかに対面しうる「意志」の位相について考えを深めている。最後には「判断」を主題にした第三のパートが書かれるはずだったが、これは実現されなかった（しかし『カント政治哲学の講義』ではカントの「第三批判」をめぐって考察し、ある程度その輪郭を描いている）。

まさにシニシズムの極限的形態でもあったかのようなナチズムの過程に対して、アレントはきわめて直截に理性的正義を標榜したかのように見える。しかしその思索は注意深く読まなければならない。理性も思考も崩壊したかのような歴史の出来事に直面するなかで、それでもなお「精神の生」に意味を与えるために、彼女は長大な射程のなかに問いを設け、「思考」、「意志」、「判断」について考え、歴史の産物と言える根深いシニシズムに対抗しようとしたと思えるのだ。そのように原理的に思考しなければ、シニシズムを打開する政治を基礎づけることも難しいと考えたにちがいない。

彼女にとっては「自由」という言葉さえも決して死語ではなく、むしろ「複数性」と「公共性」

とともにある最終概念であったにちがいない。もちろん問題は「自由」などではなく、ただ「出口」をみいだすことだった（「全くのところ、わたくしが求めたのは自由などではありませんでした。求めたのは出口にすぎません」[15]）、と書いたユダヤ人カフカのような状況をわきまえたうえで、なおかつ「自由」、「意志」、「自由意志」を再考する仕事を自分に課したにちがいない。「理性も欲望も本来の意味では自由ではないことが明らかになります。しかし選択する能力である意志は自由なのです。」[16]と言うアレントの思索は、一見古典的な「意志」の概念を問い直すもののように見える。しかしそれは現代の最悪のシニシズムに直面したうえで、哲学の古典のなかに切実な解答をさがした思索であり、この読み方にも、数々驚くべきものがある。ナイーヴで直截に見える思考が、古典の廃墟に死にたえたかに見える言葉の間に、まったく新たな問いと答えをさがしあてる瞬間がみえるのだ。そういうアレントの思考の展開については、改めてよく考えてみたい（第7章）。

## 4　シニシズムの〈哲学〉

政治におけるシニシズムがあり、政治に対するシニシズムがあって、もちろん両者はまったく

(15)『カフカ全集I』川村二郎／円子修平訳、新潮社、一二六ページ。
(16) アレント、前掲書、二六五ページ。

別のものではない。しかしシニシズムゆえに、あるいはシニシズムにもとづいて政治にコミットする人々があり、反対に政治の内と外で、あくまでシニシズムを避けようとする人々がいる。政治をめぐるシニシズムについて考え始めると、果てしない迷路や悪循環が待ちかまえているようだ。政治をめぐる思考がいたるところで出会うのはシニシズムの様々な形態であり、それがまさに政治について考えることを難しくしている。だからこそ、シニシズムについて考えることは避けられないが、すべての問題がシニシズムに還元できるわけではないし、そういう意味では、シニシズムを過剰に重視することもまちがっているのだ。

アメリカ的な思想（プラグマティズム）の脈絡において、フランスの現代思想に対してひとつの返答を提出したリチャード・ローティは「アイロニー」について論じながら、やはりシニシズムを真剣に扱っている（『偶然・アイロニー・連帯』）。ローティは「リベラリズム」と強い関連をもち、政治的立場にも深くかかわる「アイロニズム」をかかげ、それをシニシズムを超える、ある種の積極的倫理として主張したのである。たとえばフーコーの探求を評価しながらも、フーコーはまだ「人間存在内部の深層にある何か」を根拠とするかのように語っている、と彼は言う。いわゆる「コンセンサス」を形成するような「われわれ」に訴えることはありえない、と言いながらも、フーコーは、「本来的」なわれわれ、あるいは新しい「われわれ」に、古文書を通じて発掘した無数のつぶやきを結びつけようとする（とローティは言う）。しかし「フーコーのような自己創造のアイロニストが求める類の自律とは、社会制度のなかにそもそも具体化できる種類のものではない」[17]。そういう「自律」の思想を「私事化せよ」とローティは書く。彼がデリダを高く評価するのは「彼が私的なものと公共的なものとを結びつけようとする試みをあきらめる勇気をもっている」からである。「崇高なもの」、崇高な自律の思想は、「私事化」されなければならず、つまり私事にすぎない。そのように言うローティにとって公共的なものは、残酷と苦痛を避けようとする「リベラリズム」として、政治的なものの最小値を保持するだけで、決してそれ以上に崇高であったり、本来的であったりするべきではない、ということになる。

ローティによれば、「アイロニー」とは、シニシズムであるよりも、むしろ「私事」の平面と「公共」の平面を厳密に分けようとする、むしろ「勇気」ある立場なのだ。「アイロニーを保つことの困難を端的に集約する」ハイデッガーの思索を、ヨーロッパ哲学の到達点として読むようなローティの試みを、私はこの後も思い起こすことがあるだろう。たとえば政治の本質も本来性も、一貫して「公共性」のなかに位置づけようとしたアレントの思考と、「公共」に対してこのように徹底されたアイロニズムを対照するならば、どんな答えがでてくるだろうか。ゆくゆくはそのことを考えなければならないが、さしあたって政治と公共性に対するアイロニカル――シニカルな思考のいくつかの提言を無視することはできない。シニシズムのいくつかのタイプと問題提起をふまえずに、ただ直線的に政治を思考することは決して容易ではない。

シニシズムとは、第一に広く共有されている（とみなされる）価値に対する否定であり、批判である（「シニシズムは建て前の背後にあるものについて語る」スローターダイク[18]）。しかしその価値（「建て前」）を攻撃し破壊するほどの強い確信にみちていない。そのような価値（正義、道

(17) リチャード・ローティ『偶然・アイロニー・連帯――リベラル・ユートピアの可能性』斎藤純一／大川正彦／山岡龍一訳、岩波書店、一三六ページ。
(18) スローターダイク『シニカル理性批判』高田珠樹訳、ミネルヴァ書房、一九九ページ。

徳、権威、理性、啓蒙、自由等々）を全面否定するわけではないが、少なくともこれを疑い、これと距離をもっているのだ。そもそもディオゲネスの提案したシニシズムは、「犬のように」、あらゆる人間的価値を斥け、棄てようとしたが、決してそれを破壊し変革しようとしたわけではない。

キリストに対する悪魔の、そして大審問官のシニシズムは、〈自由にもとづく信仰〉を批判するものであると同時に、現世の富や幸福という価値、そして権力への服従を説くものでもあって、確かに「啓蒙」の批判であり、しかも「啓蒙」が批判した「信仰」や「神話」への批判を含んでいる。

そして信仰へのシニシズムはあらゆる時空に存在する。棄てられた神、落ちた偶像……しかも信仰は、それを通過してもなお強化され、あるいは回復されなければならなかった。しかしドストエフスキーの描いた世界には、やがてレーニンが、そしてスターリンがやってくる。

確かに「啓蒙」は新しい信仰として、新しいシニシズムの対象になった。

政治に対するシニシズムは、すでに古くから存在し、たとえばプラトンの対話編のソクラテス以外の人物の発言からでも、いくつかのシニシズムをタイプ化することができるだろう。それらの多くは、理性でも善でもなく、むきだしの力の政治を肯定している。アレントが公共性の原型としたようなポリスの政治と、いわゆる「哲人王」による政治は、すでに同じものではなく、ポリス的公共性は、多くのシニシズムに包囲されていた。哲学はポリスに対してシニカルであり、ポリスも哲学に対してシニカルであった。

政治における道徳、道徳的な政治についても、古くからシニシズムが存在した。マキャベリの政治学は、道徳から、政治固有の次元を分離しようとすることによってシニカルであるように見えるが、マキャベリの思考自体は決してシニシズムではない。

ここにはシニシズムに見える思考と、それ自体多様であるシニシズムとの違いという問題が横たわっている。あるいは同じ思考が、コンテクストによってシニシズムになったり、ならなかったりするともいえよう。

啓蒙に対するシニシズムは、特に革命に対するシニシズムとして、繰り返されてきた。そして革命家の側での典型的なシニシズム。革命のためには、自由も、人権も、人命さえも犠牲になっても仕方がない……。そして革命の批判。あれほどの革命家たちの独善、妄信、教条主義を見ては、革命に対してシニカルにならざるをえない……。

そして政治に対する現代の様々なシニシズムが数々ある。民主主義に対するシニシズムが広く流布している。民主主義がよく機能していないことは（「とはいえ他にどんな選択肢があるのか！」）、そのシニシズムの結果であり、原因でもある（「どっちなんだ！」）。政治を動かしているのは、あらゆるロビー活動や談合やデマゴギーにすぎず、その意味で政治はもはや機能していない……政治を信じない政治家たちの政治……政治とは、シニシズムとシニシズムがもつれあって、瘤のように硬直してはシニシズムを増殖する場なのではないか。

そしていまでも無造作にホッブスを引き合いにだして、何よりもまず〈国家〉の安全を脅かす暴力に対抗しようとする〈国家〉への根深い信仰があり、国家とは何はさておいても「正当な暴力行使という手段に支えられた、人間の人間に対する支配関係である」（ウェーバー）という定義にしがみつくことになる。この前提を前にしては、民主主義も説明責任も〈公共性〉も二の次ということになる。暴力、支配、国家に対する、右翼も左翼も共有するシニシズムというものが確かにある。

そして経済優先、政治は二の次、というシニシズム。それは別の意味でマルクス主義の啓蒙したこと（上部構造ではなく下部構造を革命しなければならない！）でもあった。

政治を決定しているのは、無数のミクロな要素、意図、行動のカオスであり、そもそもこれは権力に中心がない、という観点に対応している。ドゥルーズ／ガタリも、フーコーも決してこれをシニシズムとして提案したわけではないが、このミクロ政治の発想は、政治に対する積極的シニシズムを形成しうる。

アレントは、政治とは「事実の真理」にかかわる領域であるとして、あくまでも哲学的真理や科学的真理と区別すべきものと考えた。「事実の真理」は複数の人々の多様な観点や行動のあいだに成立するものである。その意味では、すでに「事実の真理」をめぐる政治は、理性的真理に対してシニカルな性格をもつ。「事実の真理」は多様な意見、解釈、幻想、嘘のあいだで、たえず振動するのである。嘘は、すなわち自己欺瞞をともない、現代社会におけるプロパガンダや世論操作の技術によって、新しい「全体主義的な性格」をもつようになる。それは全体化して、新しいシニカルな体制を形成する危険がある、と彼女は指摘している。もちろん、政治が公共性の領域であるということ、そして「事実の真理」の領域であるという二つのことは、彼女にとって矛盾しない。しかしこの間にはたえず葛藤があり、「公共性」はいつでも、「事実の真理」を形成する意見や幻想や操作に脅かされている（アレントの「真理と政治」[19]におけるこの指摘については、後でも私は再考するだろう）。

「事実の真理」としての政治に、理性的な真理は介入しえないとすれば、知識人や専門家の理知的な「熟議」にはもはや決定力がない、と断定されかねない。理性、熟議、思想に対するシニシズムは広くゆきわたっている。それゆえに、このシニシズムをさらに深く考えぬこうとする思想的試みもありうる。

じつは現代的な知のシニシズムのかなり決定的な要因になり、モデルになったのは、精神分析であったにちがいない。理性も意識も、無意識によって決定されているとすれば、理性の語る真理や正義は、いつも自己欺瞞的でありうる。無意識の構造の正しい理解にもとづかないかぎり、どんな政治的意識も、啓蒙も理性も、信頼するに足らないことになる。ここにひとつの洗練されたシニシズムが登場した。フロイトよりもラカンは、ラカンよりもスラヴォイ・ジジェクは、いっそうシニカルである。

これも「精神分析」と関係があるが、啓蒙、理性、意識の批判は、人間という〈主体〉の深みにまで及ぶようになった。すでに機械技術の普遍化は、人間が機械に支配される、というタイプの幻想やシニシズムを多々生んできたのだ。ここから、さらに積極的に、主体を構成するすべての要素、無意識、知覚、欲望の流れ、それらの振動、結合を、強大な社会的機械の原子的部分と考える発想（マシニズム）さえも登場した。このような見方からも、新たなシニシズムが登場しうる。そこには、もはや〈自由〉の余地など少しもないように見える。全体も細部も、社会も個人も決定する機械が、たえず作動しているのではないか。

(19) ハンナ・アーレント『過去と未来の間』引田隆也／斎藤純一訳、みすず書房、第七章。

あるいはこのような〈機械〉を、巨大なネットワークとコミュニケーションの集積と考えることができる。人間そのものがメディアであり、メディア機械の集積であり、そこから登場するかのようである。実は、このような発想は、ドゥルーズ／ガタリが「欲望機械」について語ったりする以前に、すでに社会学的なシステム論として発想され、やがて広く流布することになったものではないか。むしろドゥルーズ／ガタリの提案は、システム－機械論が必然的に内包するシニシズムにいかに抵抗するかという発想を強いモチーフにして、〈非主体的な主体〉の新たな形成を構想していたのではないか。ほぼ同時代にボードリヤールのような社会学者は、なによりもまず「消費社会」をめぐって、根本的にシニカルなシステム論を提出していて、そのほうがはるかに時代的なシニシズムと同調し共振していたのである。そのような文脈では、ドゥルーズ／ガタリの欲望機械論さえも、むしろ新しいシステム論の代表例であるかのように読まれることがしばしばあった。それによって、これがシステム論からの出口をさぐる例外的な機械論であることは、しばしば無視されたのだ。ネグリ／ハートの『帝国』も、やはり新しいシステム論としてグローバル化しネットワーク化した世界システムを読み解きながら、同時に、そこから登場する新たな抵抗の主体を「マルチチュード」として定義していたという点では、あくまでも反システム論を構想するためのシステム論であったといえる。

そしてシステム論は、もちろんある種のシニシズムと同居しうるが、システムそのものが、シニシズムをその構成要素として内包し、それによって補強されて持続するのである。だからこそ、シニシズムとは何であるかは、単に現代の政治にかかわるシニシズムという私の当面の問題を少し超えて考えるべき課題の一つだと思える。ムージルの『特性のない男』は、彼にとっての同時代社会の特徴を、すでに広く蔓延した知的な自己欺瞞として描き出していた。「自分が獲得するつもりでいる一切のものに、逆に自分が獲得されるという激しい疑念があった。この世界では偽りの、散漫な、個人的な重みをもたない言葉の方が、真実の、非常に特異な言葉よりも強い反響をえるのではないか」。「存在を更新しようというこの欲求を永久運動にするものは、霧のようだが真実のものである自我と、前世代の人々の自我のあいだに、あいにく見せかけの自我、ほぼみんなが満足する集団的魂がはめこまれるという事態にほかならない」。「今日では逆に責任の重心は人間にではなく事物の関係にある。……人間なしの特性の世界、体験する人間のいない体験の世界が成立したのだ」。「人間は変わったんだ。一人の人間が一個の全体として、一つの全体としての世界に向かいあうということはなくなった。人間のような何かが、辺り一帯を包む培養液の中を動いているだけなんだ[20]」。

主人公ウルリヒは、まずこのようにシニカルな「なげかわしい」、「特性のない」世界を、徹底的にシニカルにみつめようとするが、そういう批判的考察を通じて知的完成のほうに歩むわけではなかった。父親の死が契機になって、幼少の時から会ったことのなかった妹との、奇妙な神話的近親相姦にのめりこんでいくのだ。ナチズム前夜というべき時代にウィーンとおぼしい都市を主な舞台として書かれたこの小説は、あの時代に急速に全面化したシニシズムを体現し、あるいはそれに抵抗しようとする人物たちの列伝でもあった。リチャード・ローティは深層や自律や崇

(20) フランス語訳より私訳した。『予定不調和　境界の小説』(河出書房新社、一九九一年) で私はムージルの『特性のない男』について読解を試みた。

高の（実は私的な）思想を、公的なものにもちこんではならない、というひとつのアイロニカルな倫理を提案しているが、人間はそのように、私的な欲望も崇高な夢想もこの社会に投入し、投企して、「自己実現」するような存在であることを、なかなかやめないのだ。

そしてローティの私的／公的という分割自体は、ひどく古典的で保守的でもある。私的次元と公的次元をたえず横断して、私と公共を出現させる次元に対する考察には踏み込もうとしないのだ。

## 5 「一般意志」はどこにあるか

シニシズムと切り離せないシステム論的な思考は、前世紀後半から今世紀にかけてすっかり浸透し定着してきたといえる。この思考にとって人間はほとんど全面的にこのシステムによって形成され、このシステムから出現する。社会学は、少なからず精神分析や心理学を援用しながら、そのようなシステムの時代的特徴を次々命名してきた。ポストモダン、消費社会、グローバル化という大きな枠組みのなかで、特に次々革新されてきたメディアとコンピュータテクノロジーの効果が、システムの新しい特徴に対応している。まさに人間は変わったのであり、もはや全面的にシステムに培養され、決定されて動いているにすぎないかのように見える。ローティは、つまり「一人の人間が一個の全体として、一つの全体としての世界に向かいあう」ような事態を戒めて、アイロニーを一つの倫理（リベラリズム）として提案していた。もはやシステムの中で培養されるだけの人間は、「一個の全体として、一つの全体としての世界に向かいあう」ことを望めるわけがない。「全体主義」は終ったのではなく、この世界に完璧に実現されてしまったのだ。そのような世界の倫理とは、むしろ倫理という幻想を放棄することだと、ローティは言いたいかのようだ。

東浩紀は『一般意志2・0』で、ルソーの「一般意志」を再解釈しながら、現代のシステムにふさわしい政治的な意志形成の方法を提案している。

「長い討議や紛糾や喧騒は、特殊な利益の台頭と国家の衰退を告げている」とルソーは記す。そのような思想をもつ彼にとって、結社や政党が肯定的に捉えられないのは必然である。ルソーは結社の役割を低く見積もったわけではない。そもそも結社なるものが、否、それ以前に政治的な議論の場、コミュニケーションの場そのものが、一般意志の出現のためには障害になると考えていたのだ。(21)

したがってルソーにとって「一般意志」は「特殊意志」の総和のようなものではなく、「熟議」によって形成される合意のようなものではない。むしろ「一般意志」は「いかなるコミュニケーションがなくても、〔……〕自然と数学的に存在してしまう。ルソーはそう考えた」(22)。むしろ注目

(21) 東浩紀『一般意志2・0』講談社文庫、六二ページ。
(22) 同、六三ページ。

すべきなのは「発言者の意図から離れ集合的な分析を可能にするメタ内容的記憶」あるいは情報のほうであり、それこそが現代の「一般意志」に相当する、と東は述べている。そのためにはインターネット、ソーシャルメディアを行きかう情報の統計的分析が欠かせない。政治家、専門家、知識人による「熟議」はもはや無効ではないとしても、「熟議」はもはやかつてのような役割を果たさない。「熟議」は、ウェブ上で収集された匿名の集団的情報を通じて現れた「一般意志」と対照されるべきで、この「一般意志」は政治的議論の物質的な制約条件として働く。このようにして「すべての熟議をアマチュアの呟きに対して開くという」ことを政治の原則とすべきだというのである。

東がこの本で、援用しているのはルソーだけでない。むしろ彼自身の主張の本体は、ローティの「アイロニーの原理」から示唆を受けている。ローティの提案は「人間の連帯を共通の本質によって基礎づける発想、それそのものを批判するため」のものである。「ローティの思想においては、従来は私的領域で処理されていた動物的で身体的な問題こそが公共性の基盤になり、逆にいままでは公的であった精神的な自己完成や自己陶冶こそが私的領域に閉じ込められるという興味深い逆転が起きている(23)」。

フランス革命前の思想家ルソーは「世界中で、もっとも幸福な国民のあいだで、農民の群がカシの木の下で、国家の諸問題を決定し、いつも賢明にふるまっているのを見るとき、他の国民の、洗練されたやり方を軽べつせずにおられようか(24)」と書くことができた。ルソーは、そのような「カシの木の下」の政治の実例を当時のスイスに直接見聞するなかで、「一般意志」を構想し定義しえた。もちろん彼はただ楽天的だったわけではない。まずは厳密に法的次元において、社会契約によって実現されるはずの共和制を基礎づける法的一般性を、彼は考えている。法はもちろん個々の意志を越えて〈一般的に〉遵守されなければならないのだから、確かに個々の意志のコミュニケーションなどによって左右されるものではない。「一般意志」を、現代のソーシャルメディアのパフォーマンスに組み入れるのは、かなり性急な短絡的連想にちがいないが、「従来は私的領域で処理されていた動物的で身体的な問題こそが公共性の基盤になる」という指摘は、確かにひとつの問題提起である。コンピュータによる情報操作が、「動物的で身体的」な次元に直結するという意外にみえる指摘も、考えてみる余地がある。

東浩紀は、ポストモダン思想研究から始めてそれよりも、もう少し次元をしぼり、日本的なオタク文化、メディア、消費の現象にみられる社会システムの変動を解読するような本を書いてきた。東のゲームやアニメへの関心や、ソーシャルメディアの擁護は、シニカルであるどころが、ある種のファシネーションや肯定性とともにある。もちろん「大きな物語」や「熟議」の終わりを指摘し、その文脈でローティのアイロニーを援用しているように、それ以前の社会的価値に対する積極的シニシズムを展開することが、彼のモチーフでもあった。そのことはこの世界の新しいシステムを理解し、図式化し、それに積極的にコミットしようとする姿勢とともにあって、東の立場は、システムに対して基本的に受容的である。システムにおいて抵抗し脱落する線分は、しばしば古いタイプの主体性、左翼、攻撃性に分類される。じつは、そのような線分の振幅を正

(23) 同、二三六—二三七ページ。
(24) ルソー『社会契約論』桑原武夫／前川貞次郎訳、岩波文庫、一四四ページ。

確に読みとり感知することは決してやさしくない。オタク文化さえも、ある種の感知しがたいマイノリティの動きを含んでいるとともに、ほとんど現代における「一般意志」の表現でもあるにちがいない。そのような「一般意志」は、一見穏やかに進行する「全体主義」に半身を浸しているのだ。

ある意味で、そのような思想は従来の政治に対するクールな終焉の宣言にもなっているが、東は独自の憲法改正案まで提案する、ある種の思想的プロデューサーでもあり、マクロな政治に関しても決してただシニカルに対応しているわけではない。しかし「熟議」とともに、「公共性」の概念も視野から遠ざけ、もはや政治の砂漠にほかならないシステムのなかで生きのびるための知恵を考案するのに忙しいようだ。

シニカルな状況に対するシニカルな連鎖反応という事態をみきわめるために、様々なタイプのシニシズムについて、なお考えてみる必要がある。

# 第3章　国家の外の生

祖国すなわち国 nation ではない。祖国とはせいぜいおびやかされた国、不幸な目にあい、傷つき、あるいは動揺する国でありうるだけだ。／〔一九四〇年ドイツ侵攻の際の〕大避難のとき、最初の何週間か、多くの人々にとって確かにフランスは祖国であった。続く五年間は、ずっとわずかなフランス人にとってだけ祖国であり続けた。／危険がすぎ、あるいはその演劇性が崩壊してしまえば、国は再びもっと精妙な統治の歯車の部品にもどってしまう。

（ジャン・ジュネ「シャルトルのカテドラル《俯瞰図》」）

## 1　なぜ、どのように国家を問題にするのか

国家とは何か、と考えはじめると、なぜ国家について考えようとするのか同時に問わざるをえない。いたるところで、〈国民主権〉を前提とするはずの国家が、分厚い制度や機関としてあり、実はあいかわらず国民から遠いところに、そびえたつようにしてある。国家とは〈私たち〉であり、〈私たち〉のものであり、〈私たち〉の思考、意志、力が形成する政体であり、公共性であるはずだが、実感としては、そんなふうに存在していない。むしろ統治（政府、行政）の機関から、立法、司法の機関そして「軍隊」ではないと言われる「自衛隊」まで、たくさんの官庁の建築や、そこに出入りする公務員や、「国」の行方をリードするという政治家たちの集団が、まず「国家」のイメージとして浮かんでくる。そのような機関、制度を構成する人間たちの活動が国家であり、それは少なくとも名目上は、隅々まで法的に規定されている。カール・シュミットの書物（『憲

法論』）には、国家を、何よりもまず法的規範によって定義する明瞭な記述が見える。「国家は厳重にコントロールされた、社会の従僕とみられる。国家は完結した法規範の体系の下におかれ、あるいは単純にこの規範体系と同一視せられ、したがって国家は規範または手続き以外のなにものでもない[1]」。

もちろん法が国家の実体なのではなく、国家はあくまで人間の集団（人民）であり、その集団の〈統一された〉状態である。「国家は人民の特定の状態、しかも政治的統一の状態である。国家形体はこの統一体の特殊な形成の様式である。国家のあらゆる概念規定の主体は人民である。国家は状態であり、しかも人民の状態である[2]」。

しかし国家とは、単にそのような国の制度を構成する、比較的イメージしやすいヒトやモノの集合ではなく、それを全体として規定する法的体系そのものでもない。確かに、はるかそれ以上のものを意味するようなのだ（ちなみにフランシス・フクヤマ『政治の起源』は、政治の三大要素として、「国家」、「法」、「説明責任」をかかげて包括的な政治の世界史を試みているが、その「国家」とは、端的に、整備された〈官僚制度〉を示すにすぎず、ナショナリズムのような観念とはあくまで分離して考察している）。

たとえば、〈日本〉という固有名のついたひとつの集合体（国）は、ある種の歴史的観念とともに浮かび上がってきて、（「国体」のようなものとして）ほとんど幻想的レベルにまで膨れ上がっ

（1）カール・シュミット『憲法論』阿部照哉／村上義弘訳、みすず書房、一五三ページ。
（2）同、二四〇ページ

ている。しかし「幻想的」ということはまさに、それほど考えられたものではなく、内実もないかもしれないことを含意している。地図の上の日本列島に、あたかも長い間同じ系統に属する集団が、同じ自意識をもって存在したかのような仮構が無前提に受け入れられ、根拠があいまいなままに〈自己同一性〉の観念を構成している。特に国籍法が、いまも〈血縁〉を原理としていることもあって、〈日本人〉の概念は、単にこの列島に生まれ住んできたものというよりも、血縁性に結ばれた有機的な連続性の実感を保ち続けている。実は教科書的知識の水準でも、歴史の過程を遡って考えてみれば、まず日本という固有名が何を示すかということさえも、少しも自明ではない。しばしばそれは現代の意識や歴史的観念を、あいまいなままに、あいまいな過去の表象に投影したものでしかない。国家をめぐる同一性の観念は、必ず〈歴史〉を参照するが、このとき〈歴史〉も、同一性の観念も、無数の断片をつぎはぎした器用仕事的、モザイク的工作の成果でしかない。

このことに関する議論はすでにおびただしく行われてきて決着がついているはずなのに、実は収拾がつかないので、いま私はこの議論に改めて参入しようとは思わない。とにかく国家とは、具体的に国立、国定、国有などの制度を超えて、幻想的に肥大した有機的な自己同一性の観念にうらうちされている。なぜか人間は、長いあいだ神を必要としてきたように、そのような幻想としての国家をいまも必要とするようだが、それがほんとうに必要なものかわからない。観念（表象）と現実的機構の混淆である「それ」が何か、慣行どおりの枠組みを逸脱して考え続けなければならない。国家とは何よりもまず政治的なもので、その定義はさしあたって政治学の課題であるように見えるが、政治学の枠組みからも離れて問わなければならないことがあるのだ。

制度にもモノにもヒトにも還元できない国家があるとすれば、確かに政治的次元を超えて国家を問わなければならないのだ。その「還元不可能なもの」とは、幻想とかイデオロギーとか、あるいはヘーゲルのように（絶対）理性の形態というべきなのか。それらはどれも観念や思考の領域にあるが、単に観念・思考とはみなされず、ほとんど実体であるかのようにみなされている。物を神と見なすことは、まさに物神化と呼ばれるが、観念を実体とみなすことは、物象化と呼ばれる。じつは両方とも、異様なことだとはいえ、この世界にありふれている現象なのだ。幻想、イデオロギー、理性、これらの言葉もすっかり使いまわされて意味を失いかけている。そしてまた、やはり観念や思考や感情のレベルにあるが、あまりにも不確定で無形なので、そういう言葉（幻想、イデオロギー、理性）にはおさまらないミクロな観念や思考や感情の果てしない振動と広がりがある。

前に引用したように、吉本隆明は、「国家は国民のすべてを足もとまで包み込んでいる袋みたいなもの」という観念を、日本を含むアジア的な共通の国家観としていたが、いわゆるナショナリズムにとって、国家とはいたるところで、制度やヒトやモノ以上のものであり続けていて、もちろんナショナリズム自体が世界的な現象であり続けている。ナショナリズムにとって国家は、単なる機構や制度以上の観念に分厚く包まれている。それを「幻想」あるいは「共同幻想」と呼ぶことは、すでに批判的にこの観念を見つめることである。この観念的実体はなにかしら有機的な感情を帯び、ときにはオーラに包まれている。国家は一つの身体（国体）と感じられる。その有機性が、実はどんなものであり、どんなふうに作用するかを考えてみるという課題が、いつもあるはずだ。国家を批判し、これに抵抗するものの側にも、個人であれ集団であれ、あるパッションやアイデンティティがあるなら、そこにも有機的な感情が形成されるはずだ。有機的な感情はそれ自体、善でも悪でもないが、これを批判的に（無機的に）見つめなければ、有機的感情どうしの諍いを乗り越えることはできない。

## 2　暴力装置の主体

たとえば国家を「暴力装置」として定義することは、いまもしばしば踏襲されるが、すでに古典的なアプローチといえる。マックス・ウェーバーの、もう少しつまびらかな定義をふりかえってみよう。「国家とは、ある一定の領域の内部で――この「領域」という点が特徴なのだが――正当な物理的暴力行使の独占を（実効的に）要求する人間共同体である」[3]。これは吉本隆明が表明したような、それに属する人間集団をすっぽり包む国家という概念とは、もちろん対照的な、ほぼ実践的な定義である。

国家とは、近代国際法の歴史（ウェストファリア体制）に照らせば、戦争を行いうる唯一の主体であり、国家が暴力装置を独占することは、主権国家の大前提であった。これに「国家は特殊な権力組織であり、ある階級を抑圧するための暴力組織である」というレーニン『国家と革命』の定義を付け加えるなら、ますます国家のイメージは、権力や暴力の集中的特権的装置であるというところにきわまる。しかしほんとうは何も説明したことにはならない。「暴力」も「権力」も、あらかじめ定義された既知のもののようにこれらの言葉は語っている。もしそうならば、国家は単にそれらを集中的に所有しているにすぎないことになる。しかし国家が、それらを所有しているならば、その所有者としての国家が何かという問いが、当然新たに発生することになる。「権力」と「暴力」は、すでに同じものではなく、これに関しても様々に問うことができる。国家の暴力とは、すでに特殊な暴力であり、むしろ権力と呼ばれるだろう。権力は、確かに暴力を行使するのであり、それは個々人の精神にも肉体、生命にも及びうる力の行使である。暴力と権力のちがいは、すでに国家とは何かという問いに、ほとんど同時にかかわるのである。

要するに国家が「暴力装置」であると定義しても、まだその国家とは何かという問いは残っている。国家が単に何らかの〈装置〉そのものでないとすれば、その装置を運用する国家という〈主体〉は何かという問いが残るからだ。もし国家とは、ある〈装置〉そのものでしかなく、それ以上でも以下でもないとすれば、こういう問いそのものが無意味である。しかし国家の暴力の特異性を考えてみるだけでも、すでに国家は単なる暴力装置に還元できない。その「還元できないもの」について考えるという課題は、やはりなくならないのだ。国家は何ら神秘化し、精神化すべき実体ではないにちがいない。しかし現に神秘化され、精神化されて、そのような精神や神秘が、あたかも国家の実体をなしているかのように機能しているとすれば、この〈実体化〉についても、そしてその〈暴力〉の作用や連鎖に関しても考える余地がある。定義するには単純化してかかるべきなのに、やはり単純化することはできない。それなら国家の複雑化した実体と過程について、ただ複雑に考えるのではなく、問いに的確に答えるための突破口を見つけなければならない。

（3）マックス・ウェーバー『職業としての政治』脇圭平訳、岩波文庫、九ページ。

3　クラストルの（反）国家論

ピエール・クラストルの『国家に抗する社会』（一九七四年）は、人類学的立場から国家とは何かについて考察した重要な論考で、その後にはこれに触発された研究も数々存在する。そして人類学は、実は意外なほど政治の問題を考えてこなかったことを痛感させる。文化人類学という名称は、あたかも政治ではなく文化を研究するという排除の姿勢を含んでいたかのようなのだ。人類学は、しばしば無前提に、政治がないかのような社会を研究対象にしてきたのだが、もちろんこの対象は人類学自身がつくりあげたものにすぎなかった。そして仮に「政治がないかのようであった」とすれば、その理由を考えるという、それ自体政治的な課題が確かにあったはずだ。

「原始的」、「萌芽的」、「生まれつつある」、「ほとんど発達していない」とされる社会は、ただ生きのびるための「生存経済」を営むだけで、そこには経済的ストックがなく、農業がなく、国家も政治もなく、権力さえもないとされてきた。もちろんそのような見方は、「未開」とみなした社会を研究しようとする西洋の研究者たちの強固な主観に支えられていたのだ。この点に関して、クラストルはあえて「コペルニクス的転回が問われている」と、かなり大げさに書いた。政治人類学は、未開社会の研究に「地動説」を導入し、「パースペクティヴ」を逆転し、政治権力とは何か、つまり社会とは何かを改めて問わなくてはならない。そして未開社会には権力がないわけではなく、むしろそこには「非強制的権力」がある、というようにクラストルは思考を転換したのである。政治、国家をもつ社会の特徴とは「強制的権力」であり、もうひとつの特徴とは、絶えざる革新、闘争つまり「歴史」であるにちがいない。しかしクラストルの探求は、決して国家も権力もない自然状態のユートピアにむかうものではなかった。「コペルニクス的転回」と言いながら、彼がうながしているのは、国家をめぐる人類学者の思考の根深い習慣を破壊しようとする思考実験である。その問題提起はまず、「非強制的権力」という、国家の権力とはまったく異なるタイプの権力の特性を定義することに集中していた。

クラストルは主として、南アメリカの先住民のうちでも、マヤ、アステカ、インカのような帝国の統制の外にあった、主に森林地帯に住む数々の部族たちのすでに膨大な人類学的研究の成果を参照しつつ、とりわけ「首長」の役割について再考している。

そこで首長は集団を強制的に支配するものではなく、集団の緊張をやわらげ、対立を調停し、平和をもたらすものである。命令を下すものではなく、言葉によって調停するものであり、その言葉は「法の力」をもたない。そのためしばしば戦時の権威的リーダーとは区別される。あるいは戦時以外には首長が存在しない例さえもある。戦争を勝利に導いたリーダーは、その功績によって「首長」と認知されることがあるかもしれない。しかし、戦争は決して部族の最高の目的ではなく、過度に戦争を欲するリーダーは支持されないだろう。アパッチの首長ジェロニモは、復讐のための戦争をよく指揮してメキシコ軍を破った。ジェロニモの戦争には終わりがなく、さらに部族を次の戦争にむけて鼓舞しようとするが、部族の大多数は彼に背をむけてしまう。彼はわずか数人で戦うしかなくなる。戦争が生み出す強制的状態が拒否されたのである。

戦争と国家の関係は、それ自体として別に複雑な問題を提起しうるが、少なくとも「国家に抗する社会」は、国家も戦争も、強制的権力を生起させるという理由で排斥するようなシステムを形成している。

首長は、収奪するどころか、むしろ贈与するものであり、つねに贈与しなければ地位を失ってしまうような存在である。彼は物を贈与するだけではなく、巧みに物語りし、調停するものであり、弁舌の能力にすぐれている。つまり言葉を贈与するものでもある。

あらゆる意味で、首長の権力は、強制力をもたないものであり、もし強制力をもつとすれば解任されるべき存在である。すると首長はもっぱら、平和をもたらし、財を与え、言葉（メッセージ）を贈り、というふうに一方的に贈与するかのようにみえるが、あたかもその代償であるかのように、しばしば首長にだけ一夫多妻が認められている。しかし首長は一方的に財を贈り、言葉を与えるだけである。仮に多くの妻を贈与されても、次に自分から新たに同数の女性を送り出すという形で女性を循環させるわけではない。そういう意味で、首長は交換や互酬の連環のまったく外部におかれている。これらの「記号」（財、メッセージ、女性）は、交換価値として出現することはなく、その流通は互酬性によるものではなく、「それぞれ交通《コミュニカシオン》の宇宙の外部へと脱落してゆくのである[4]」とクラストルは書いている。首長の「権力」は、交換の外部に排除されている。つまりその権力と交換の関係は否定的なものであり、こうして政治の領域は、集団の外にしめだされているがゆえに、政治として機能しえない。

それならなぜ、このような権力と集団の対抗的関係が成立したのだろうか。それはある秘められた目的や神秘的意志によるものか、それとも「偶然の迂回路」とでもいうべき現象、あるいはむしろ「錯誤」のようなものか。それとも「社会学的志向性」と言ったものが、そこに認められるのか。それは「幻想から生まれた非合理な成果」か、それともある「内在的合理性」をもつ「選択」とみなすべきなのか。クラストルはここで難しい問いを提出している。そして首長が強制的権力を体現することが、なぜ一貫して拒絶されるのか、できるだけ厳密に答えようとしている。「権力と交換の関係は否定的なものではあっても、そこには、こうした権力のもつ問題系《プロブレマティック》が、まさに社会構造の最も深いレベルすなわち社会の諸次元の無意識的構成の場において生成することが示されている」[5]。そのような社会の生成は無意識的に進行するが、「すべてはこれらの社会が、自らの政治領域を、ある直観に従って構成したかのようである」[6]。そのような「国家なき社会」は、無意識的、直観的に、国家に抗するシステムを形成している。このシステムを「文化」と呼ぶならば、この「文化」はすでに自然状態を拒否し、同時に権力状態を拒否している。権力は、あたかも「自然の再出現」が拒否されるように拒否される、とクラストルはいうのだ。この「文化」にとって自然も権力も等しく、うとましいものである。自然と権力のちょうど中間にあって、危うい均衡を保つことが、この社会そして文化にとっては死活の問題である。この社会は「この問いを提起し、しかも、その巧妙な解法によって我々の目をみはらせる」ともクラストルは書くのだ。

　この危うい均衡は容易に破られるものでもあり、国家・権力はいたるところに、あたかもそれが人類史の一般的な必然的過程でもあるかのように登場する。「権力はその本質からして強制力であること。政治機能のもつ統一へと向かう活動は、社会を基礎として社会に合致して行使されるのではなく、統制不可能な〈彼岸《オ・ドゥ・ラ》〉から、社会に対して行使されること[7]」を指摘するとき、ク

(4) ピエール・クラストル『国家に抗する社会』渡辺公三訳、水声社、五四ページ。
(5) 同、五六ページ。
(6) 同、五七ページ。

ラストルの「転回」は、さらに難しい次元に入っている。国家は、「国家に抗する社会」において、無意識によって、直観によって、「巧妙な解法」によって、厳密に抵抗を受け、拒否される。ところが、それは「統制不可能な〈彼岸《オ・ドゥ・ラ》〉」(un au-delà incontrôlable) からやってくるものでもある。これはニーチェの、国家の出現を描くあの不気味な言葉を連想させるではないか。「彼らは運命のごとくやって来る、そこに理由もなければ条理も斟酌も口実もない。彼らの臨むや電光のごとくであり、あまりにも怖るべく、あまりに不意にして、あまりにも圧服的で、あまりにも〈異様〉であるがために、憎むことさえもできないのだ。彼らがなすところは本能的に形式を創造すること、形式を刻みつけることである」。それは「生きた支配形体」を成立させ、そのうちでは、「もろもろの部分と機能はその限界を定められながらも関係づけられていて、およそ全体にたいして〈意味〉をもたないようなものは何ひとつ席を占めることが許されない[8]」。

「統制不可能な〈彼岸〉から行使される」ものについて語るとき、クラストルの問い自体が、奇妙な次元に足を踏み入れている。首長が「強制的権力」を抑制するという「巧妙な解法」は、そもそもそれが抑制しようとしている強制的権力を知っているのか、知らないのか。それは直観されているが、体験されてはいないようだ。無意識はそれが何か知って予防線を張っているが、それは既知の現実ではなく、まだ知られざるものである。そして国家(強制的権力)は彼岸から、電光のように、運命のようにやってくる。それはどこから来るのか、外部から来るのか、実は内部から来るのか。

　繰り返すが、クラストルは、国家がない社会ではなく、国家に抗する社会を思考しているのである。そこに抵抗があるならば、抵抗の対象があるはずなのだ。ところがそのような対象は、抵抗によって、あたかも存在しないかのような状態になっている。そのような抵抗という「巧妙な解法」は、確かに一つのシステムのごときものを構成していると考えられる。クラストルの観察は十分繊細で、その抵抗のシステムを、様々な選択や排除という実定的な行動様式として記述している。「国家の出現の条件を明確にすることは不可能だとしても、逆に、その出現しない条件を解明することはできる」(9)という提案は、周到に実現されている。

たとえば語るものとしての役割をもつ首長の言葉が、いかに無力であるか、クラストルは説明している。その言葉は権力でも権利でもなく、義務であり、しかも無力である、という。「首長は声高に、期待された語りを行なう」(10)。しかし「首長の言葉は、耳を傾けられるべく発せられるのではない。首長の語りに注意を払う者はひとりもいない」(11)。このことによっても首長の権力は抑制される。首長は語らねばならないが、その語り自体は効力をもってはならない。効果があるとしても、決してそれは強制力をもたない。「たかだか権力の濫用を夢見るという程度に正気を失った首長、首長ぶりたがる首長さえも、人々から見放される」(12)。こういうところで、クラストルはからずも、権力とは「夢見られる」ものであり、首長も含めて、それが何か知っていることを暗示している。その意味では(強制的)権力とは、決して〈彼岸〉にあるのではなく、すぐ

(7)同。
(8)『ニーチェ全集11　道徳の系譜』信太正三訳、ちくま学芸文庫、四六六ページ。
(9)クラストル、前掲書、二五五ページ。
(10)同、一九〇ページ。
(11)同、一九一ページ。
(12)同、一九二ページ。

そこに、あたかも内在し先在（そして潜在）するように、いつでも待ち構えているようなものでもある。

またとりわけ、財のストックが一定の段階に達することによって強制的権力が登場するという歴史的進化論的観点を、この反国家論は原理的に退けている。とはいえ人口密集や人口増加と国家との関係についても、一定の考慮を示している。そもそも西欧の研究者たちはしばしば先住民の人口を、まるで意図的であるかのように少なく見積もってきた。植民者たちのもたらした暴力と疫病による膨大な死者をなかったものにしようとする傾向と、このことは連動してきたかのようだ。人口集中こそが、国家を発生させるという推理にたつなら、人口が稀少で、分散しているところには、国家が成立するはずもない。しかし、これに対しても、むしろ国家という集中的形態があってはじめて人口に集中がおきる、というふうに反論することができるはずだ。要するに西洋の民族学者が国家の存在も、国家という問題も見ないところに、クラストルは国家をたえず問題にする世界を見ていたのだ。

クラストルは『国家に抗する社会』の後半で、「密林の予言者」について語っている。アメリカ先住民の「予言者」たちこそ、ヨーロッパの植民者たちがもたらそうとする「国家」をいかに排除するかを構想し、国家を斥ける「真の故地」を追求する思想家だったと言える。彼らは「一なるもの」つまり統一、中心、集中の災厄と戦う賢者たちである。クラストルは、この「密林の予言者」たちの、いわばユートピア的予言についてふれている。彼らは大規模な民族移動を行ってでも、また民族にとって自殺的な危機を冒してでも、国家という災厄を払いのけて理想の地にたどりつこうとするのだ。しかしまさにその予言者たちの「語り」のなかに、首長の義務を越えた権力がひそかに胚胎し、専制君主の可能性が芽生える。かつてキリスト自身も、そのように〈反国家〉の予言者でありながら、その強力な予言が、やがて長く生きのびる強大な〈国家理性〉の胚珠ともなったのだ。

それにしても国家の発生を、ただ語りのタイプから説明することは難しい。むしろ語り、言葉のタイプ、交換、特に首長の様々な役割に関して、どこか一点にでも強制的権力を抑制するシステムに破れ目が生じると、点から点へと共振がおきて、中心化、全体化、集中、横断の動きが波及していくと考えられる。やはり国家は反国家的社会の外部にすでに実在しただけでなく、内にも外にも、いたるところに潜在していたかのようだ。

## 4 『千のプラトー』の国家論

ドゥルーズとガタリ（以下D＝Gと表記する）は、クラストルを高く評価して、二冊の大著でつぶさにとりあげながらその功績を広く知らしめることになったが、ただその論を肯定するだけに終わってはいない。「国家は、経済力や政治力の進歩によって説明できないように、戦争の結果としても説明できない。ここからピエール・クラストルは、反国家的社会すなわち原始社会と、彼が怪物的と呼ぶ国家的社会のあいだの裂け目を深く掘り下げていくことになるのだが、その結果、なぜ国家的社会が形成されたのか理解しがたくなってしまったのだ」。「彼らは国家の形成を妨げるメカニズムをもっていたのに、いったいなぜ国家は勝利したのか？　ピエール・クラストルはこの問題を掘り下げすぎて、解決する手だてを失ってしまったように思われる」[13]。確かにクラストルの問題提起は画期的で、鋭利であるが、あるところから「反国家社会」のブラック・ホールに入ってしまう印象がある。

原始社会を、「一つの自立した実体」あるいは「自然状態」とみなす傾向が、クラストルにはあったと、D＝Gは書いている。「ただ彼によれば、この自然状態は純粋な観念ではなく、十全に社会的な現実であったし、またこの進化は発展ではなく、突然変異なのであった。その理由は、一方では、国家は一挙に完成した姿で出現したからであり、他方では、反国家的社会は国家を退けその出現を妨げる計画的なメカニズムをそなえているからであった。これら二つの命題は正しいが、それらの連関が欠けているとわれわれは考える」[14]。クラストルは、進化や進歩の観念によって国家の発生を説明することを強く批判しているが、いつも反国家社会の後に国家が発生するという順序は否定していない。その意味ではまだ進化の観念を保存しているのだ。

D＝Gは、むしろ国家は「人類の最も遠い時代まで遡るもの」で、原始社会さえも、たえず国家と接触してきたと考える。したがって「国家を規定しているのは、すべてか無か（国家的社会かさもなければ反国家的社会か）の法則ではなく、内部と外部の法則である」。逆にいえば、国家はたえず外部と関わりながら、内部として国家自身を形成してきたのであり、「反国家的社会」もそのような外部の一部であった。「一部」と言わなければならないのは、それぞれの時点で、国家を上回る世界的組織が、たとえば普遍宗教のような形で存在してきたのであって、これもやはり国家に対する「外部」を形成してきたからである。つまり国家も、国家に抗する社会も、国家を超越するかのような世界的組織も、それぞれ「相互作用の場」で共存し競合し、それぞれにとって内部や外部を形成してきた、と彼らは言うのである。

『千のプラトー』のこのような世界機械のパースペクティヴに照らすなら、クラストルの「国家に抗する社会」の思考は、あくまで孤立した共同体自体のメカニズムを、何も欠いてはいない積極的な行動様式として説明することに終始しているように見えた。そういう意味では彼らの問題意識は確かにクラストルのそれとはずれていた。私としてはむしろクラストルのよく的を絞った問題提起と、強制的権力としての国家を斥けるメカニズムの観察から、まさに陰画として浮かび上がる国家の形成に注目したい。歴史的過程としての国家とその外部のあいだに何が起きてきたかという問いは、もうひとつの本質的な問いであり、実はクラストルの考えと何ら矛盾するところはないと思う。「原始社会」によって排除される国家の「零度」を想起しながら、国家とは何かを考えることをうながしている点では、クラストルのアプローチに過不足はないのだ。

D＝G『千のプラトー』13章は、「捕獲装置」に関して語っている。捕獲されるものとは、土地、労働、貨幣であり、この「装置」とは国家そのものにほかならない。国家こそがそのような「装置」を形成し、あるいは保有して、捕獲を実行するともいえるが、そのような捕獲の過程が、まさに国家をもたらし国家の実質となるともいえる。ここでも国家は鶏なのか、それとも卵なのか、というふうに問いは循環する（国家が暴力を生むのか、暴力が国家を生むのか？）。その前の章で二人の著者は「戦争機械」を扱っており、やはりクラストルを引用しながら、戦争とは、国家

（13）ドゥルーズ／ガタリ『千のプラトー』下、河出文庫、二八―二九ページ。
（14）同、二九ページ。

の行為であるどころか、むしろ国家の形成を妨げるという見方を提案している。「クラストルは、国家形成を妨げる最も確実なメカニズムとして原始社会における戦争を規定している。というのも、戦争は諸集団の分散性と切片性を維持するからであり、また、戦士は戦功を蓄積する過程に引きずり込まれる結果、威信に満ちた、しかし権力には無縁な孤独あるいは死に導かれるからである」[15]。『記紀』におけるスサノオ、ヤマトタケル、あるいは源義経たちは、みな国家の形成や拡大にとって必要とされながら、最後にはうとまれ排除される「戦争機械」であった。「戦争は国家を不可能にする」。この逆説から一歩進んで、「戦争は一つの社会状態が、国家を退け妨げる様相であると考えるべきである」とD＝Gは、戦争機械を、あくまで国家装置の外部にあって、国家ばかりか（奇妙なことに）戦争さえも斥ける外部性の機械として定義し、これを「遊牧空間」へ、「冶金術」へ、「マイナー科学」へと連結していった。

当然ながら、これは国家をすなわち暴力装置として、「物理的暴力行使の独占」として定義する見方とはあいいれない。国家が軍隊をもち、警察を統率し、非合法な行為を制圧し、監禁し死刑をおこなうという点で暴力装置を備え、暴力を行使することは明らかでも、確かに「国家の暴力」とは、ある特殊な暴力であり、少なくとも、その特殊性は国家を規定するものとして見過ごせない要素である。国家の暴力は最悪の残酷な暴力でありうるが、国家の内部に取り込まれた暴力が、そのような暴力になることは、暴力それ自体によってではなく、あくまで国家の作用として説明するしかない。国家をただ「暴力装置」として定義する発想は、国家の本質について、なぜどのように国家が暴力を捕獲するかについて、そのような国家が何であるかについて、「国家の暴力の非常に特殊な性格[16]」について、ほとんど何も説明していない。

たとえば萱野稔人の『国家とはなにか』は、やはりウェーバーの「ある一定の領域の内部で、正当な物理的暴力行使の独占を要求する人間共同体」という定義に依拠しながら論考をはじめている。そしてとりわけ国民国家論（たとえばベネディクト・アンダーソンなど）がさかんに主張してきた「フィクション」としての国家という見方に批判をむけて、あくまで国家の本体を暴力装置として見る「リアリズム」を強調しているように見える（そもそもヘーゲルにとって、国家とは理念・理性であるが、単にフィクションではなく、現実化する「理性」なのである。もちろんそのような理性は、戦争も暴力の行使も排除しない）。しかし最後に萱野は、ドゥルーズとガタリの「捕獲装置」の思索を引用しながら、資本主義と合体した国家の「捕獲」作用について述べている。じつは「捕獲」と「暴力」は、たとえ相補的な関係にあるとしても、決して同じ次元にはない。萱野は、暴力装置としての国家という議論にかなり異質な問題を混入させてしまったことになる（戦争が、戦闘と組織化をもたらし、やがて国家をもたらすようになるというフランシス・フクヤマの図式も、戦争を国家の本質的な事業とみなしているが、戦争（機械）自体の暴力と、国家（装置）に固有の暴力とは同じものではなく、もともと異質なもので、国家はたえず戦争機械の暴力を馴致し統合しようとする）。

「捕獲装置」とは、とりわけ土地、労働、貨幣（税）に関するもので、すなわち資本主義的装置のことでもあるが、しかしD＝Gは必ずしも『資本論』の議論をやりなおそうとしたわけでは

(15) 同、二五ページ。
(16) 同、一九八ページ。

なかった。捕獲は経済的過程でもありうるに違いないが、やはり第一には経済的過程に対して外部にある国家の作用なのだ。D＝Gはそもそも、国家を暴力行使や、フィクション（幻想）や、経済的蓄積（ストック）などに一元的に還元しようとはしていない。やはり人類学の成果を意識しながら、原始社会が遠ざけようとした「国家」とは何であったのか、クラストルの言う「強制的権力」とは別の用語で定義している。「原始社会には権力の形成がなかったわけではないのである。それどころかたくさんの権力があった。だがこれらの形成物が一緒になって上位の点で共振することも、共通の点に極化作用をもたらすこともないようにしている複数のメカニズムがあり、まさにこれによって、潜在的な中心が結晶化し存立性をえることは妨げられている」[17]。ここで国家は、様々な中心のあいだの「共振作用」としてとらえられている。これでもまだ国家は十全に定義されたことにならないが、少なくともそれは多数の要素の「共振」であって、一つか二つの要素に還元できないことは、はっきり主張されている。「捕獲装置」さえも、土地や労働や貨幣を、ある重要な特異点として捕獲するのであって、ただそれだけが国家の本質を定義するわけではない。そもそも、国家に「本質」のようなものがあるかどうか、それさえも疑ってみてよいのだ。

「捕獲装置」の章でD＝Gは、ますます資本主義に等しいものとなる「捕獲」のシステムとして国家を論じている。しかし資本主義のおよぼす脱コード化・脱領土化は、もはや国家装置が追いつけないほど加速されるように見える。「所有は直截に経済的なものとなり、国家や、明確に政治と法による統治はもはや必要でなくなる。経済は実際、世界的な公理系を作り……」[18]。しかし国家もまた決して消滅するどころではなく、「形態を変え、新しい意味を担うようになる」。そして「それは国家をこえる世界的公理系の実現モデルにほかならない[19]」。

「公理系」という、イメージしにくい用語をもちだして、D＝Gは独自の抽象的次元にふみこんでいった。「性質を特定されないまま、多様な分野で同時に無媒介的に実現される純粋に機能的な要素や関係を、公理系は直接的に取り扱う[20]」。これはすでに現代の国家そのものの定義になっている。「共振」という言葉こそ使われていないが、「多様な分野で同時に無媒介的に実現される」とは、まさに「共振」がおきるということである。そして国家とは、まさにそのような抽象的作用なのだ。この作用は、決して暴力装置としては説明できない。むしろ暴力もそのような共振のなかに組み込まれて、恐るべき残虐なものになりうるのだ。

D＝Gの国家装置論は、その意味では、国家を暴力装置としてとらえてきた発想の対極にある。国家装置と戦争機械はもともと互いに外部にあって、もちろん国家装置にとっては戦争機械を捕獲し、手なづけ、統合することが大きな課題になる。そして戦争機械さえも、その第一の課題は、戦争行為そのものではなく、「戦争は一つの社会状態が、国家を退け妨げる様相であると考えるべきである」と言うように、国家と異なる「一つの社会状態」であって、「戦争機械」はしばしば厭戦的でさえありうる。その意味では、国家は二重に「戦争」から隔てられているが、その国家が行使する戦争は、戦争機械の行う戦争よりも、はるかに冷酷・残酷なものになりうる。あた

（17）同、一七二ページ。
（18）同、二〇九ページ。
（19）同、二一一ページ。
（20）同、二一〇ページ。

かもそれは国家理性にとって「例外状態」のように見えるが、この「例外」も、やはり国家の本体に組み込まれているにちがいないのだ。

「国家に抗する社会」は、まるで亡霊のような国家を幻視し直観するようにして、しばしば戦争機械の生態に触発されながら、ある「社会状態」を持続し、国家的、強制的権力を排除しようとする。その戦争機械を排除し、超越する国家は、同時に戦争機械を中心にとりこみ、新しい戦争装置に変身する。捕獲装置と戦争機械は、アクロバティックなダンスを繰り広げる二人のダンサーのようなもので、遠ざけ合い、絡み合い、上になり下になり、ときに相手を放り投げては緊密に合体する。そこには戦争とも暴力とも異なる抗争とパフォーマンスが繰り広げられる。

そして原子爆弾が登場してからの戦争は、まったくその暴力の性格そのものを変えてしまった。暴力の規模は、まったくナンセンスなレベルにまで拡大して、人類と地球にとっての脅威になっている。果てしなく拡大しておいて、こんどはいかに抑制するかが、もうひとつの大きなまさに「死活」の課題になっている。そして人間の戦争は、単に暴力の効果を競いあうものではなく、本質的に情報戦であり、敵の動静を把握することが、これも「死活」の課題である。国家の暴力は、情報という非暴力の暴力といつでも合体している。情報の操作によって、少ない暴力で正確に敵を把握し、追い詰め、あらかじめ排除すること。その意味でも、現代の国家の核心は暴力ではなく、あくまで情報の支配であり、スマートに支配することなのだ（エドワード・スノーデンによるアメリカの諜報活動の暴露）。

そのように資本主義の戦略と、国家の支配（管理）と、戦争の暴力のあいだは、シームレスにつながっている。それは確かに新たな「公理系」として構築されている普遍的装置であって、ほんとうに注目すべきこと、一番やっかいな問題はそこにあるにちがいない。漠然とし抽象的に見えるこの「公理系」へのアプローチは、還元的な方法では達成しがたい。しかしいたるところに特異点や、集中的な結節点が存在するので、ひとつの事件や犯罪、違法行為がその特異点を表出することがある。ひとつの表現、作品、思想が、それを抽出してみせることもある。極度に抽象的にみえる方法は、むしろ特異点や結節点に注意をむけるためのものであり、図式や体系によって認識を方向づけ決定するためのものではない。マクロなシステムと、ミクロな流れの地図を抽象したところには、必ずしも大小や、中心－周縁の力関係に還元できない、分類も決定も不可能な新しい振動があらわれる。マイノリティとか逃走線、外部性といった用語で、D＝Gはそれを抽出しようとしていた。

「捕獲装置」の章で指摘されたことで、もう一つ忘れられないのは、機械状隷従（asservissement machinique）と社会的服従（assujetissement social）という、いわば二つの支配に対応する隷従－服従の概念である。古代の帝国では、人間は国家に組み込まれた機械の歯車という様相を呈していたとすれば、王政や封建制を通過し、民主制と資本制に組み込まれるようになった人間は、あくまで私的個人つまり主体として、社会的統制のなかに組み込まれている。主体 sujet とは、支配下におかれるものであり、語としても、もともとそのような意味をもっている。もちろん『社会契約論』（ルソー）の規定によれば、支配するもの（主権）は、支配されるもの（人民）と、同じ主体でなくてはならない。ここでD＝Gは、何ひとつ新しいことをいっているわけではないが、近代の新しい支配（捕獲装置）は「主体」を通過したと述べ、そこで人々は「主体的に」服従すると言い直している。もちろん「自発的隷従」ということにもこれは重なる。「国民主権」とは「自発的隷従」のことでもありうるのだ。

そしてさらに踏み込んで、新しい資本主義と公理系のシステムは、この社会的・主体的服従に新たな「機械状隷従」を注入する、あるいはそこに新たな機械状の主体的隷従が生まれるとD＝Gは言う。これはドゥルーズが他で示唆した「管理社会」の現象のことでもある。これはまた近代的な主体が、まさに主体性を通過して、新たな服従－隷従に〈主体的〉に組み込まれるという示唆でもある。私たちの国家は、一方では、あいかわらず暴力装置であり続け、いたるところで可視・不可視の暴力を行使し続けているに違いないが、他方では、そのような服従－隷従を通過する暴力は、すでにウェーバーが視野においていたような暴力とはまったく異なり、異なる危険として存在している。

この提案に応えて考えてみるなら、近代の思想の課題は、しばしば社会的・主体的服従への抵抗と批判ということであったとすれば、現代の思想の課題とは、社会的服従さえも組み込んだ新たな機械的隷従を標的とすることになる。しかし今度は「隷従」を促進するような思想も次々出現し、むしろそのほうがますます効果的になり巧妙になっている。思想もメディアも、知覚も感情もまきこんでいくような「隷従」のシステムは、やはりむきだしの暴力的な外観を呈しないかたちで力を行使するのだ。こうして主体化の体制も技術も、次々革新されていく。だからそれに対抗しうる主体化の方法が考案されなければならない。後期のフーコーが問題にしていた「自己への配慮」もこのことにかかわるにちがいないのだ。

## 5　廃絶のプログラム

　国家とは〈暴力装置〉にほかならないという議論を展開した現代の古典的書物としては、レーニンの『国家と革命』が浮かんでくる。しかしこの本でそれ以上に記憶に残ることは、その国家がなくなる過程についてのプログラムをレーニンが真剣に考えていたという点である。〈国家に抗する社会〉を再検討するなら、いまあたかも普遍的事実であるかのように見える〈国家とともにある社会〉は、どのように変化しうるか、当然ながら思考実験してみなければならない。国家の廃絶を構想したレーニンは、どのような社会を考えたのか、なぜ国家は廃絶されなければならないと考えたのか、どのような過程を通じて国家の消滅が可能になると考えたのか。

　レーニンは、エンゲルスを引用しながら、国家とは何かを考える出発点にしている。「国家は決して外部から社会におしつけられた権力ではない。同様にそれは、ヘーゲルの主張するように、『人倫的理念の現実性』でも『理性の形象および現実性』でもない。それはむしろ、特定の発展段階における社会の産物である。それは、この社会が自己自身との解決しがたい矛盾にまきこまれ、みずからはらいのける力のない、和解しがたい対立に分裂したことの告白である〔……〕社会から生まれながら、しかも社会のうえに立ち、社会からみずからをますます疎外してゆくこの権力が、国家である」[21]。レーニンは、エンゲルスのこの見方を少し言いかえて国家を定義しなお

（21）レーニン『国家と革命』宇高基輔訳、岩波文庫、一七ページ（エンゲルス『家族・私有財産および国家の起源』からの引用である）。

している。「国家は、階級対立の非和解性の産物であり、その現われである」。レーニンの政敵たちは、たとえマルクスを評価するものたちでも、むしろ「国家は諸階級の和解の機関である」と考えている。しかしマルクス＝エンゲルスの思想にしたがえば、被抑圧階級の解放は暴力革命なしには不可能であり、国家を廃絶することなしには不可能である、とレーニンは書いている。[22]

マルクスからレーニンに受けつがれた国家論の基本的図式を、あえて蒸し返すのは、ここまでむしろそのような図式を批判する思想を検討しながら私が考えてきたことをリセットするためではない。しかし、ある階級の所有する抑圧装置、暴力装置という国家の定義それ自体よりも、レーニンのように、実際にひとつの革命を導き、その渦中にあった人物が、「国家を廃絶する」という過程について、どこまで緻密に考えられたか、どういう論理を設けたか、ということに私の関心はむかう。「ところで、ひとたび人民の多数者自身が自分の抑圧者〔すなわちブルジョアジー〕を抑圧することになると、抑圧のための「特殊権力」はもはや必要ではなくなる！　この意味で、国家は死滅しはじめる」[23]。

しかし国家の廃絶を即座に実現することは不可能だし、即座に実現してはならない、ともレーニンは考えた。マルクスの残したパリ・コミューンの分析を検討しながら、レーニンは革命後の「中央集権制度」の必要を説いて、無政府主義（連邦主義）を批判している。「国家に対する小市民的な「迷信」で一杯になっている人々だけが、ブルジョア的機構の絶滅を中央集権制度の絶滅だと思い違いすることができるのである！」[24]。彼のいう「日和見主義者」は、議会主義的民主国家を廃絶することなど夢にも思わないし、かたや「無政府主義者」にとっては、国家はすぐにも廃絶すべきものである。両方ともまちがっている、とレーニンは、マルクスの教訓に忠実に考えようとした。しかし、そのマルクスも考えていないことがあった。「マルクスは、社会主義と政治闘争との全歴史から、国家は消滅するにちがいない、国家の消滅の過渡的形態（国家から非国家への移行）は「支配階級に組織されたプロレタリアート」であろう、という結論をひきだした。だがマルクスは、この将来の政治的諸形態を発見しようとはしなかった[25]」。それにしてもパリ・コミューンはその最初の試みであり、最初の「過渡的形態」であり、ロシア革命こそが、それを継承しなければならない……。

レーニンは革命の年に発表した『国家と革命』で、暴力も服従もない社会を本気で考えていた。エンゲルスの「新しい自由な社会状態のなかで成長してきた一世代が、国家のがらくたをすっかりかたづけてしまえるときが来るであろう」という言葉を、どうやら大まじめに受け取り、国家が廃絶され、各人が能力に応じて働き、欲望に応じて受けとるという社会を、革命の、まぎれもない目標としてかかげている。そういう理想的な目標を視野に置きながらも、革命を成功に導く類まれな戦術家・戦略家でもあり、同時に哲学的理論家であったにちがいないレーニンを讃える見方がある。一方には、そのあと監視、殺人、収容の強大な全体主義的装置と化すスターリンのまぎれもない「国家」の出現に対して、当然レーニンは責任を免れないと考える見方がある。そして確かにレーニンはその

(22) レーニン、同、一九ページ。
(23) 同、六四ページ。
(24) 同、七八ページ。
(25) 同、八一ページ。

両面を含む、ひとりの個人以上の歴史的生なのだ。しかしここでは、とにかくレーニンの国家廃絶の構想だけをもう少しつぶさにみてみよう。

たとえば『国家と革命』の第四章「共産主義社会の高度の段階」でレーニンは、「国家の完全な死滅の経済的基礎は、精神労働と肉体労働の対立が消滅するほどに、したがって現代の社会的不平等のもっとも重要な源泉の一つが消滅するほどに、共産主義が高度の発展をとげることである」[26]と書いている。革命後の共産主義の第一段階では、生産手段が公有され、「等量の労働に、等量の生産物を」分配するような「平等」が実現される。もはや資本家はいなくなり、階級もない。しかしそれでもまだ国家は廃絶されていないし、むしろ必要でさえある（国家の廃絶のためには、強力な国家が必要である！）。資本主義的支配の「母斑」が、まだいたるところに残っているからである。ここでもレーニンにとって次のマルクスの教えは決定的である。「共産主義の高度の段階で、すなわち、分業のもとへの個人の奴隷的従属が消滅し、それとともにまた精神労働と肉体労働との対立が消滅したのち、労働がたんに生きるための手段たることをやめて、それ自体第一の生活欲求となったのち、個人の全面的な発展にともなって生産力も増大して、共同体的富のすべての泉があふれるほど湧き出るようになったのち――そのときはじめて、ブルジョア的権利の狭い視野を完全にふみこえることができ、社会はその旗にこう書くことができるであろう、『各人はその能力に応じて、各人にはその欲望に応じて！』」（マルクスの『ゴータ綱領批判』からの引用である[27]）。いうまでもなく、この第一段階のはるか手前の地点で、革命は暗転し、想定されなかった別の道へと迷い込んでしまった。やがて国家を廃絶するという国家が硬直し肥大し、手の付けられない暴力装置となった。

レーニン自身は、いわば革命後のプロジェクトを構想しながら、「国家死滅の期日やそれの具体的形態の問題はまったく未解決のままにのこしておいて差し支えない。なぜなら、このような問題を解決するための材料がないからである[28]」と率直に書いている。そしてあくまで「第一段階」についての構想に踏みとどまっている。この第一段階で「民主主義」の役割は何だろうか。「民主主義は形式的な平等を意味するにすぎない[29]」。つまりそれは労働の平等、賃金の平等が実現された第一段階から、国家の廃棄と、ほんとうの平等にむかうための準備段階にすぎない。「民主主義とは国家形態であり、国家の一変種である」と書くレーニンにとって、もちろん民主主義さえも、国家の廃棄に至る過程ではまさに「揚棄」されなければならないが、まずブルジョア的国家機構（常備軍、警察、官僚制）を一掃し、より民主主義的な国家機構でおきかえることが課題であると言う。「すべての人が統治に参加すること」という目標を、決してレーニンは視野から失っていない。

第一段階にとって必要なものは、民主主義であり、そして「計算と統制」である。「すべての市民が、一つの全人民的国家的「シンジケート」の勤務員及び労働者となる。必要なことは、彼らが仕事の基準を正しく守って、平等に働き、平等の賃金をうけとることだけである[30]」。そのた

（26）同、一三四ページ。
（27）同、一三三―一三四ページ。
（28）同、一三五ページ。
（29）同、一三九ページ。
（30）同、一四一ページ。

めの「計算や統制」は、すでに資本主義が実現してきた能率化や合理化のテクノロジーを利用することによって達成されるはずだ。ここで註の文章において、レーニンはエンゲルスの議論を参照しながら、この第一段階で国家がどのように変容するかについて、重要な指摘をしている。(31)「国家の機能のもっとも主要な部分が、労働者自身によるこのような計算と統御に還元されるようになれば、国家は「政治的国家」たることをやめて、「公的諸機能は、政治的な機能から単純な管理機能に転化する」」。そのときには民主主義も、あるいは政治それ自体さえも使命を終えているかのようである。

レーニンの構想では、国家はいつか廃止されなければならないが、アナーキズムのいうように性急に廃止してはならず、特に革命の第一段階では欠くことができない。民主主義もまた「国家」であり、あくまで「形式的な平等」であって、いつか乗り越えるべきものだが、この段階では大いに必要である。しかし、民主主義も、そして政治それ自体も、革命の手段ではあっても最終目的ではない。レーニンには、さしあたって必要であり、いつか廃棄されなければならない国家の両義性は、はっきり見えている。しかし国家の必要性とは、いつか国家の廃棄に向かうことを前提としているといっても、よく必要をみたすそのような国家自体が廃棄されるに至る道筋も、必然性も見えていない。革命の過程そのものが、そのような困難を原理的に内包していた。レーニンは、そのことをそれほど問題にしていないようなのだ。

あの時代のレーニンが思想闘争に勝利し、革命を牽引したように見えても、革命の歴史的過程自体は、無数の人間たちの意図、欲望、怒り、夢が衝突し、必然と偶然がくんずほぐれつしながら生起するものである(いま歴史において何が必然で偶然なのか、という面倒な議論に入ることはしない)。『国家と革命』に凝縮されたような思想は、もちろんロシア革命の一つの中心を表現するものだったに違いない。しかしこの思想(理性の真理)が、政治的現実(事実の真理)の進行を全面的に決定したわけではない。レーニン自身にとって、統御することも予知することもできない因子が次々あらわれたはずだ。そのような現実に直面しながらレーニンは、この国家論をけんめいに、しかも理想的理念を決して捨てずに考えたに違いない。あれから百年たっても、あいかわらず国家は健在であり、ますます強固であるかに見え、あの「第一段階」から、はるかに後退したように見える。レーニンは国家について真剣に考察したが、暴力装置という前提から出発して、はたしてほんとうに国家について考えるべきことを考えたのだろうか。さしあって理論または哲学のレベルでも、社会主義革命の図式を超えて、現実に国家がいかに存在し、いかに生きのびているかについて、どこまで考えられたのか、という疑問が残るのだ。

「レーニンは、権力の奪取がこれほど容易でその維持がこれほど困難なところは世界のどこにもないと言ったが、このとき彼の念頭にあったのは単にロシア労働者階級の数的な弱さだけではなく、この本来アナーキックな、完全に無構造な状態でもあった(32)」。こんなことを書いたアレントは、よく知られているように、とりわけスターリンの体制とナチズムを、二〇世紀に出現した二つの「全体主義」とみなして、精細な歴史的研究を試みたのだ。そのなかで、レーニンに関する記述は、スターリンに比べてそれほど多くない。しかしレーニンの構想や政策が何をもたらし、

(31) 同。
(32) ハンナ・アーレント『全体主義の起源3』大久保和郎/大島かおり訳、みすず書房、一二五ページ。

何をやり遂げられなかったかに関しても、彼女は簡潔に鋭い考察を残している。「十月革命の驚くほどの容易な勝利は、ツァーリとその中央集権的な官僚制的専制の崩壊がこの国にいかなる種類の政治組織も社会組織も残さなかったという事実に負うている」[33]。つまり革命の前後のロシアには、あたかも「国家」が存在しなかったようだった。そこでレーニンのしようとしたことは、第一に「ロシアの厖大な数の住民に何らかの構造性を与えること」であり、「ただこの目的のためにのみ、彼は自分のマルクシズム的確信に反して、およそつくり出せる限りの社会的、民族的、職業的差異を強化し制度化した。明らかに彼は、この方法によってしか、党は革命によって手にした権力を維持できないと考えていた」[34]。革命は、大土地所有者から土地没収を行なって農民階級を形成し、独立した組合をもつ労働者階級を擁護した。これによってロシアは、共産主義の第一段階に入っていくように見えた。

しかし「レーニンの政策は、経験に学び生活の日々の状況から教えを得る彼の並外れた能力から生じたものであって、それを彼の理論と完全に調和させることはむずかしい。〔中略〕彼自身にとって最大の挫折が訪れたのは、彼がソヴェートという選挙による評議会に集中させようと意図してきた国家の本来の権力が、内戦の圧力のもとで党官僚機構の手に渡ってしまったときだった」[35]。いわゆる「すべての権力をソヴェートへ」というスローガンの内実は、「ソヴェート」（評議会）から党官僚に権力を移譲することであり、実は革命の終息を意味していた。それでも「レーニンが死んだときにはまだ多くの道が開かれていた」とアレントは書いている。その後にやってくる暗黒の時代についてアレントは、ナチズムと比較しながら綿々と歴史的分析を続けるのだが、いまはとりわけレーニンの思想と政策のあいだの葛藤について書かれた数ページだけを振り返ってみる。

国家の廃棄を準備するどころか、革命は、さっそく強大な国家を、しかも社会主義の理念にしたがってそれを構築するという困難な事業にとりくむことになった。レーニン自身は、理念的でありながらも経験主義的で、「自分の過失を公然と認め分析したがる」ような人物でもあった。しかしレーニンは「大衆指導者としての本能を完全に欠いていた」ともアレントは書いている。傑出した（と言われる）人物にありがちなように、矛盾にみちた革命家の性格がうかびあがってくる。ましてロシア革命というウいくつもの歴史的ファクターの混乱の渦中で、新しい国家の形成を指導しながら、その国家の廃絶までレーニンは視野に入れていたのだ。レーニンの国家の思考自体は大変ダイナミックでも、国家廃棄の構想はひきのばされ、立ち迷い、すぐにも党官僚への権力集中というかたちで新たな国家至上主義が孵化していった。レーニン自身も、「形式的な民主主義」や「計算と統制」のようなかたちで、第一段階の国家のプロジェクトを描くだけで、国家（強制的権力）に抗するシステムを提案することができず、ただ国家の廃絶をユートピア的な目標として掲げるしかなかったようなのだ。

ほんとうは国家の廃絶の問題は、「第一段階」のあとにくる未来社会のはるかな目標などではない。国家が存在するかぎり、国家に抗する動きは実在する。その抵抗は、人類学が示唆したような「国家に抗する」行動やシステムの問題として、あるいはアレントが独立期のアメリカに見

(33) 同、二五ページ。
(34) 同、二六ページ。
(35) 同、二六―二七ページ。

ていたような強制的集中的な権力に対抗する自由や公共性として、現に存在したものである。そのような抵抗を視野に入れないかぎり、いつか国家を廃絶するという目標のために、当分は国家を許容し、むしろ強化しようとする動きが永続することになりかねない。一国の、第一段階の革命だからこそ、そのためには容赦のない圧政も収容所も許容されると、これについてもシニカルな、卑劣な説明が繰り返されてきた。しかし新しく古い強制的権力の兆候は、どこにでもあると普遍化することはできない。もしどこにでもあって警戒も批判もされないなら、国家の廃絶などありえない。確かに国家はある条件、ある状況の中で特異的に発生するもので、別の条件、状況では避けられ、拒否されうるものでもあったからだ。そして国家の廃絶が難しいなら、なおさら国家を抑制し、それに「抗する」動きが、たえず持続されなければならない。

ロシア革命後の一世紀に関する評価は当然ながら大きく分かれる。「収容所列島」の巨大な惨禍が明らかになり、ソヴィエト連邦が崩壊した後では「ロシア革命の一〇〇年の歴史を漠然と頭に浮かべるたびにこみあげてくるのは、これほどの犠牲を払ってまでなぜ革命を行う必要があったのか、という思いである。痛苦の思いは、当然のことながら、革命の「誕生」とその維持のために無益な血を流し、犠牲となった人々への悼みに繫がっている。勢い、レーニンがいなければ、という思いにかられることもある」[36]というようなロシア文学者の見方は、広く共有されているものである。革命後一世紀にあたってロシア史の専門家が書いた本や雑誌特集でも、左右の通念から距離をとってレーニンの思想と行動を改めて精密に（できるなら、「ミクロ政治」に照らして）検討しようとするような評論にはなかなか出会えない。レーニンは、国家の廃絶を真剣に構想し、経済と階級の問題が解消すれば国家は廃絶されると考えた。しかし国家はあくまで政治的過程であり、それを解消する動きがあるとすれば、それもまた別の政治であり、そのような政治を作り出さなければならない、というふうには考えなかったのだ。国家の終焉をはるか遠くに構想しながら、革命の達成のためには「ソヴェート」よりも国家に権力を集中させるしかなく、そのような方向の果てで生産の体制を変革していけば、いつか国家は終焉すると、彼は考えたかもしれない。しかし国家に対抗しうる政治はこの構想の外にあって、反対にひたすら党官僚に指導される強大な国家を建設する方向に進むしかないかのようだった。

確かに「十月革命」へと向かう長い革命前史のなかでは、一九一七年四月に亡命中のスイスから戻ったレーニンが徹底的な社会主義革命を提案し、急転直下、ボルシェビキ革命にむけてロシアの動乱が収束することになった。極端に不安定なロシアの国家は、そのうえ世界大戦に巻き込まれている最中で、統制が難しい混乱状態にあった。

レーニンの思想と実践を精細に考察して評価する論も、数々試みられてきた。例えばネグリ『戦略の工場』は、「スターリンのテルミドールとレーニンの革命とのあいだには、継承関係はない」(37)と断定しながら、レーニンのマルクス主義的実践がいかに適切であったかを、おおむね肯定的に説明している。

ハンナ・アレントにとって、ハンガリー動乱における市民組織であり、ソヴィエト連邦の支配

(36) 亀山郁夫「なぜ、これほどの犠牲を……」、『現代思想』二〇一七年一〇月号、三四ページ。
(37) ネグリ『戦略の工場』中村勝己/遠藤孝/千葉伸明訳、作品社、一二ページ。

への抵抗の拠点となった「評議会」は、ギリシアのポリスやアメリカ独立後の連邦制のように「公共性」の政治のモデルであった。ロシア革命ではその「評議会」(ソヴィエト)が革命をになう自発的細胞として、革命の主体のような役割をはたした。レーニンはその「評議会」についても綿密に考慮して、「すべての権力をソビエトへ」という指令を、革命の成功に向けて誘導したのである。ネグリは、レーニンの「評議会」への対応について多くのページを費やしている。ネグリの主張は、一言でいえば「評議会」の自然発生性は、あくまで「前衛党」によって組織されなければならない、というレーニン自身の考えに集約されるように見える。「しかし革命は徹底的である。それはまだ煉獄を通る旅の途中にある。革命は順を追ってその仕事をなしとげる」[38]とレーニンは書いているのだ。そのあとには、なんという「煉獄」が待っていたことか。むしろすべてのソヴィエトは中央の権力へと解消されることになったのではないか。評議会はやがて自発の潜勢力を失い、新しい体制において、むしろ組合主義や参画主義という調整機能に落ち着いてしまう。それでもレーニンは、評議会を革命における特権的な焦点とみなすことをやめたわけではなかった。

『帝国』では、グローバリゼーションや情報社会そのものに革命のチャンスを見出すというように、一見もっとしなやかな論を展開するようになるネグリだが、七〇年代初めのこのレーニン論では、はるかに厳格にマルクス主義的思弁をレーニンに適用している。レーニンの展望の中にあった権力は、あくまで「国家の権力」であり、ひとたび革命に成功してからは、国家を再建するという、それまでよりはるかに困難な課題に彼は直面しなければならなかった。しかもその革命を脅かす内外の巨大な勢力とも戦わなければならなかった。レーニンは周到に革命を成功に導いたかもしれないが、それ以上に何倍もの大きな難題が待っていて、ほんの少しのきっかけで、革命は逸脱や後退や破局のほうに歩んでしまう可能性があった。どうやら革命とは起こすこと(権力の奪取)よりも、そのあとに持続的に展開させることのほうがはるかに困難なのだ。

しかもレーニンが念頭に置いていた「国家の権力」とはまったく性質の異なる権力に、現代は直面している。ネグリは一九七〇年代の時点での権力の変質を次のように定義した。「こんにち、経済的計画国家の成立以降、権力は頂点というよりもむしろ、ひとつの充満状態(pieno)、すなわち指揮命令の均質で継ぎ目のない拡張であって、市民社会の上にあるのではなくそれを貫いているのです[39]」。資本と国家とが一体になった、継ぎ目のない均質にひろがる権力とは、すでに『帝国』が問題にするようなグローバルなネットワーク状の権力のことでもある。この中心のない果てしない権力に対しては、いたるところにそれとじかに衝突し、抵抗する力(マルチチュード)も次々現れる。見方を変えれば、ロシア革命さえも、レーニンの思想を焦点として実現されたのではなく、崩壊した帝政、世界大戦、ロシアにも浸透した帝国主義、資本主義、様々な抵抗勢力、貴族、ブルジョアジー、軍人、知識人、労働者、農民のあいだで、いくつもの焦点のあいだに分裂や共振がおきることによって生起したことにちがいないのだ。レーニンの思想と実践は、そのようないくつもの渦や波動が干渉しあう広がりに巧みに介入して、新たな運動の引き金になったものにすぎない。革命は解放も、自由も、新しい困難や軋轢も生み、やがて想像を絶する圧政も

(38)同、二〇〇ページ(『レーニン全集』二七巻、邦訳二七〇ページ、「ソヴィエト権力の当面の任務」からの引用)。
(39)同、二一三ページ。

暴力も死者ももたらしたが、これに関しても、レーニンの思想だけがそういう展開に責任があるわけではない。革命を指揮したレーニンはそれを予測することも予防することもできなかった。すでに革命自体に対してもレーニンの思想が決定的に作用しえたわけではない。たくさんの誤解や無知や予測しがたいことがあっても、ひとつの革命が、さまざまな意図や無意識や感情や思惑の爆発や共振によって実現してしまったのだ。

レーニンの思想を革命の教科書のように読んでも、その革命の過程自体がどんなものだったかは、ほとんどわからない。もちろん思想が現実の変化に働きかけることはありうることだが、思想は決して現実に生起することのプログラムにはなりえない。そして今度は現実の生起と思考の運動とのあいだに何が起きたのか、そのこと自体を厳密に考えるという課題が確かにある。レーニンは、マルクス／エンゲルスから、「国家の廃絶」を究極の課題として受け取ったが、ロシアの革命はそのはるか以前のところでとどまるしかなかった。「労働者の国家」は廃絶されるどころか、ますます強化され、独裁自体が目的であるかのように独裁を強めていくことになった。ロシア革命を、ただ巨大な政治的災厄と見なす見方が当然ながら広く流布する一方、世界をゆるがす最初の社会主義の画期的実験としてそこから学ぼうとするような見方も、なお続くのだろう。どちらもまちがってはいない。巨大で複雑な歴史的過程のどこに照準をあてるかによって、ほかにも様々な真実（「事実の真理」）が見えてくるだろう。

ネグリのレーニン論は、革命後のロシアの殺人的な独裁体制について、ほとんどレーニンの革命の外部にあるものとして切り捨てている感がある。これには背筋の寒くなる思いがすることがある。あれほどの犠牲を払うところまで行った革命と、革命後と、その過程でロシアの人々が何を生きたかということ、どのような政治が進行したのか、あのとき国家とは何だったのか、政治の観念と出来事の間に何が起きたかということに私の関心はむかう。レーニンに関しては、さしあたって、彼の残した本を読み、ロシア革命について読みながら考えることしかできない。革命の歴史を精密に記述した本も、レーニンの思想を詳しく、あるいは巧みに読解する本もたくさんあるが、私の問いに答えてくれるものにはなかなか出会えない。

# 第4章　憲法とアンティゴネー

「なんて惨め、地上にも冥界にも家がなく、生者とも死者とも暮らせない」
（ソフォクレス『アンティゴネー』）

## 1　憲法のジレンマ

「日本国憲法はモザイク模様なのである」[1]。まず憲法学者のこの指摘を明白な歴史的前提として考えるしかない。「憲法制定過程とは決して国家対国家の対決という図式によって解明されるものではなく、国家をこえた憲法観、法思想の対決という図式によって、はじめて解明されうるものであろう」という主張が、その実質的内容である。当然ながら、憲法観や法思想の背後には、さらに様々な政治的意図や力関係が歴史的要因として渦巻いていた。日本とアメリカ合衆国の間の駆け引きだけでなく、連合国のあいだで、すでに冷戦を予想した激しいせめぎあいがあった。法的次元は、もちろん力関係の次元と一致しない。法を決定するのも、解釈するのも少なからず法的次元の外部の力関係であり、力関係の思考である（力関係とは必ずしも「暴力」を意味しない）。新しい憲法を制定する過程は、かなりすさまじい力関係のドラマであった。法をめぐるこれほどのドラマ、駆け引きは、当然ながら、法と一社会との新たな関係としても生きられたにちがいない。新憲法が「革命」を意味していたかどうか、憲法学者のあいだにも様々な意見があったが、いずれにしても戦後日本の社会は、この憲法によって、その法的効果を通じて、一気に、根底から変化したにちがいないのである。

まず私の考察の前提として、何冊かの憲法成立史の記述を、整理してみよう。

敗戦国日本が自主的に憲法をつくる可能性はあらかじめ極度に制限されていたとしても、極東委員会の『新しい日本国憲法のための基本原則』には「日本国における最終的な統治形態は、日本国民の自由に表明された意志によって確立されるべきであるが、……」という規定があり、すでに日本の降伏を要求したポツダム宣言にも「連合国占領軍は、その目的達成後そして日本人民の自由なる意志に従って、平和的傾向を帯びかつ責任ある政府が樹立されるにおいては、直ちに日本より撤退するものとする。」という条文が含まれていた。

ただしこの極東委員会の原則は、「日本国憲法は主権が国民に存することを認めなければならない」、「日本国民は、天皇制を廃止するか、またはより民主的な線にそって天皇制を改革するよう奨励されなければならない」、というように、戦前の「帝国」の政体を根本的に変更することを同時に求めていた。国際法的な原則にしたがえば、占領国が一方的に日本の政体の将来に介入することは許されないが、大戦争を引き起こした政体は根本的に変更されなければならない。連合国も、アメリカ合衆国も、日本も、はじめからこのジレンマのなかにおかれている。しかも連合国にとっては、日本の天皇制こそが戦争の元凶にちがいなかったが、天皇制を温存しなければ戦後日本の統治は困難になる。これがもうひとつの大きなジレンマで、この条件に照らせば、竹を割るように明快な解決などあるはずがなかった。

戦後に連合国のほうは天皇制の廃止に傾いていたが、合衆国は、日本が降伏する前から占領を

（1）古賀彰一『新憲法の誕生』中公文庫、一三ページ。

円滑に進めるために天皇制を温存する計画をねりあげていた。アメリカを代表する駐留軍にすれば、連合国の主導する極東委員会の動きよりもいち早く憲法制定にこぎつけなければ、天皇制を穏やかな形で保存しつつ日本を非武装化し民主化するという課題が果たせない。占領軍は、被占領国の意志をはじめから無視することはできないこともあって、まず日本政府に憲法案の提出を求めた。国務大臣、松本烝治の指揮により作成された「憲法改正要綱」がGHQに提出され、これが新聞にスクープされることになる。この「要綱」を見たマッカーサーは、その改正案をまったく保守的な、うけいれがたいものと判断する。結局、極東委員会の本格的な介入がある前に、GHQが主導して憲法案の作成に乗り出すことになった。

すでに敗戦の年には松本烝治らの政府主導による憲法問題調査委員会の動きのほかに、民間グループの「憲法研究会」をはじめ、社会党や共産党などからも、より〈進歩的〉な憲法案が自主的に提案されていた。特に「憲法研究会」の方向は、GHQによってすぐ翻訳され把握されたうえで、その憲法案にも反映されたといわれる。

いまにいたるまで、新憲法はただ一方的に占領軍におしつけられたものだという断定が、憲法改正論の根強いモチーフになっている。一方では、とりわけ戦後の東久邇宮内閣のあとをついだ首相の幣原喜重郎が、戦争放棄を真剣に考えてマッカーサーにじかに進言していたこと(2)が引き合いに出される。これが憲法九条の主旨に合致していたことを根拠にして、新憲法がまったく他律的に制定されたという見方に反論する立場があるのだ。それ以上に、誰よりもまず昭和天皇が、戦後の九月の帝国議会で読み上げた勅語で「朕ハ終戦ニ伴フ幾多ノ艱苦ヲ克服シ国体ノ精華ヲ発揮シテ信義ヲ世界ニ布キ平和国家ヲ確立シテ……」と述べたことを改めて重視しようとする和田春樹のような見方もある。[3] 戦後すぐにあらわれた、新憲法を模索する国内の法学者や政党のさかんな動きや、戦後初の選挙によって選出された衆議院でおこなわれた討議や、最初の憲法案の一部修正のことも考えるなら、新憲法を単に「おしつけ」とみなすことは確かに正確を欠き、不条理である。新憲法の骨格をなす条文が、マッカーサーの主導するGHQ内の民生局のメンバーによって書かれたことは、まぎれもない事実として認めるしかない。しかしその内容は、ただ排他的にGHQによって作成されたものではなく、様々な形で日本側の意志が反映されて、まさに「モザイク模様」でもあった。特に戦争禁止に関する九条は、パリ不戦条約や戦後の国連憲章の規定とも呼応するところがあり、合衆国の意図をはるかに超越する普遍性も確かに含んでいた。

要するに、憲法成立史の過程だけを粗づかみにして、「おしつけ」か「自主」かを断定し、憲法の行方を論じようとする立場は、その根拠そのものがまったく脆弱であるというしかない。

ルソーは『社会契約論』で、立法するものは、絶対に公平であり、私情を免れていなければならないので、法の制定は外国人に依頼するのがいいとさえ述べている。「もし人々を支配するものが、法を支配してはならないのならば、法を支配するものは、やはり人々を支配してはならないのだから」。「リクルゴスは、その祖国〔スパルタ〕に法を与えたとき、まず王位をすてた。ギリシアの諸都市の大部分では、その法の制定を外国人にゆだねるのが習慣であった。近代イタリアの諸共和国は、しばしばこの慣習をまねした。ジュネーヴの共和国もそうして、うまくいった」[4]。

（2）最近の文献では、塩田純『9条誕生——平和国家はこうして生まれた』岩波書店、笠原十九司「憲法九条は誰が発案したのか——幣原喜重郎と「平野文書」」（『世界』二〇一八年六月号）などを参照することができる。
（3）前掲の塩田純『9条誕生』は特にこのことを重視している（七ページ）。

もちろんルソーの思想を、そのまま戦後の日本に適用しえたはずはない。しかし憲法を再考しようとするなら、そこまで遠くに思考の放物線を伸ばしてみることも必要になる。

マッカーサーという〈外国人〉は、何よりもまずアメリカの国益を代表していたに違いないが、民生局で案文を作成したメンバーは、アメリカという枠組みを少なからず超越する理念（「国家を超えた憲法観」）に動かされてもいた。あるいは当時のアメリカに、そしてすでに世界に、そのように戦争の全面的否定を視野に入れた、ある種の普遍主義も培われていた。日本国憲法には、戦争や権力に関して驚くほど批判的で、理想的な思考が含まれているようにみえる。まさに自民党の改正憲法案（二〇一二年）をめぐるQ＆Aで言われたように、「現行憲法の前文は、全体が翻訳調でつづられており、日本語として違和感があります」などという印象も与えてきたのである。しかしルソーの理念に照らしても、まずこの「異邦性」にこそ注目してもいいのだ。

## 2 「主権」という問題、文学者の告発

改憲論にとって、一番の標的になってきたのは、一切の戦争の放棄と戦力の不保持をうたった第九条であるが、そのことは自衛権さえも禁止しているかに読めて、国の「主権」を制限するものと解することができる。たとえば江藤淳は、一九七〇年代になってから、GHQによる戦後日本の言論統制と検閲のあとを綿密に調べて、アメリカがいかに戦後日本の「言語空間」をゆがめてきたか、という問題提起をおこなった。そして江藤は、まさに「9条は主権制限だ」と断定し

た。江藤は、新憲法案の作成の過程についても厳しい検閲がおこなわれたことに注意をむけた。いわば「表現の自由」をとなえ検閲を禁止する新憲法が作成される過程で、実はそこに甚だしい〈不自由〉と〈検閲〉が隠されていた。そのことを糾弾して、アメリカによる占領の不正と倒錯をけんめいに告発する憂国者文化人の役柄を、江藤は演じた。

江藤の政治的見解は、彼の文学観と批評精神がたどってきた独自の思考の果てにあらわれたものにちがいないから、ただその見解だけを取り出して性急に評価するのは不当なことになりかねない。それにしてもその見解には腑に落ちない点が少なくない。アメリカの占領と新憲法によってもたらされた戦後日本の表面的な〈自由〉の根底には、アメリカによる支配というもっと根本的な〈不自由〉が隠されている、戦後日本の政治も（それどころか日本人の精神も）このジレンマに引き裂かれたままだ、という彼の思いは、いまも無視しがたい問題提起を含んでいる。しかし江藤は、しばしば、あたかも戦前の日本の〈純潔〉が、アメリカの支配によって汚されたかのように語った。GHQによる検閲を告発する憂国的な筆鋒は鋭くみえるが、江藤の批判は、内外に数え切れない屍を重ねた大戦争の惨禍と、大日本帝国の暴虐な支配のあとには少しも及ばない。そもそも「主権」が失われる結果をもたらしたものが何か、誰か、ということにも及ぶことがない。あたかも戦前の言語空間には何の「歪み」もなかったかのように、戦後の言語空間の歪みだけを指摘するという文学者の問題提起を越えて、一直線に江藤は「国の栄辱」を論じる政治的評論家に変身していった。

（4）ルソー『社会契約論』桑原武夫／前川貞次郎訳、岩波文庫。

たとえばイタリアの戦後憲法11条には、「イタリアは他の人民の自由を侵害する手段及び国際紛争を解決する方法としての戦争を否認する。イタリアは、他国と等しい条件の下で、各国の間に平和と正義を確保する制度に必要な主権の制限に同意する」という規定が見える。「他国と等しい条件で」とあるのだから、ほとんど完璧な戦力の不保持を日本だけに課しているかに読みうる九条とはちがって、まさに〈条件付き〉なのだ。しかし少なくとも、「主権の制限」が主権的(主体的)に当該国自身によって規定されることはありうることだ。国連やヨーロッパ連合は、とりわけ戦争に関しては、原則として(もちろん合意により)主権に介入しうるのだ。「主権」の制限に関しては、少なくともそこまで想定して考える必要がある。もちろん何のための主権であり、何のための国家主権なのか、さらに考え直す余地がある。そもそも、戦争の正当性(正戦か否か?)を問わずに、「主権国家」に対して等しく戦争の権利を認めていた近代の国際法は、戦争の正義自体を問うようになる現代の国際法にとってかわられたのだ。その結果、「主権」の規定自体も、根本的に変化しているはずなのだ。

ちなみに、アレントは『暴力について』で「国家の主権、すなわち外交関係における抑制と制限のない権力への要求が同一視されているかぎり、戦争にとって代わるものが現れるとも思われない(5)」と書いて、従来の「主権」の観念を払拭する国家概念を作らなければならないと主張している。確かに「主権」は、政治を再考しようとするとき、もはや自明な概念ではない(6)。江藤淳も、改憲論者たちも、憲法そのものが、占領によって「主権」が剥奪された戦後の状況で、外国の権力によってつくられたことを問題にし続けている。そのなかでも特に九条が、あからさまに自衛権という「主権」の要を奪っていることを彼らは問題にする。もちろん「主権」の概念がもはや絶対でも、無条件でもないからといって、「主権」の問題がなくなるわけではない。「安保条約」によってアメリカの過大な軍事的支配におかれている日本の「主権」を問うという問題はなくならない[7]。江藤は日本による「戦争」と「侵略」についてではなく、ただその結果にほかならないアメリカの「占領」に関してだけ、執念のように考え続けた。法的、理知的な批判を周到に展開したように見えるが、その動機はまったく感情的で感傷的だった。占領をもたらした大戦争の惨禍については、ほとんどふれようとしなかった。「ある意味では戦争中の方が平和よりも始末がよかった。なぜなら、戦争はいつかは終るけれども、こういう先行きの暗い平和はいつ終るかわからないからです[8]」などと、あっさり書くことができたのだ。

民主的、平和的な新憲法は、国民にとって晴天の霹靂のようなもので、暴虐な軍隊、神のような天皇の権力（そして実は天皇を口実にした権力）の廃止、（農地改革による）地主権力や、財閥の解体は、まさに「革命」であり、革命に等しい変化をもたらしたにちがいなかった。それが自由や解放であったなら、それはまず多くの国民には気分、感情の次元で体験されたに違いない。

（5）ハンナ・アーレント『暴力について』山田正行訳、みすず書房、九九ページ。
（6）主権の概念が「各国が対外関係において自らの力によってなしうるすべてをなす権利を意味するのであれば、ドイツの敗戦がそのような教義に終止符を打ったことを期待する」（篠田英朗『ほんとうの憲法』ちくま新書、一九四ページ）。
（7）実は、日本におけるアメリカの軍事基地の問題は、主権の問題でさえないと言える。形式上は日本はアメリカの属国ではなく、主権をもっている。安保条約を理由に、国民に様々な権利剥奪の情況を強制しているのは、あくまで日本政府であり、それを選択してきたのは日本の選挙民の多数なのだ。
（8）江藤淳『国家とはなにか』文藝春秋、八三ページ。

江藤にとって、そういう自由や解放、そして平和はただ「暗く」、いかがわしいもので、これに対する抑鬱的な思いはますます深まっていった。戦争に関しては、それをあたかも崇高な悲劇であるかのように語る感情的立場があり（それはしばしば支配層や軍の指揮者のものだ）、一方に餓死寸前でさまよい、捨て石として無意味で、無慈悲な戦いを強いられた多くの兵たちの立場があり、そして内外の無数の民衆の不幸と死があった。江藤は、自分の政治に関する思考と感情のモチーフが、どこから来ているのか、厳しく問い詰め、内省してはいない。文学者として、なぜ政治について考えるのか、その問いを深くつきつめた節もない。しかしアメリカの占領と、アメリカ的自由に対する怨念のようなもの、そして一民族が外国の支配下におかれるとき、どんな状況が発生するかについて、強迫的な観念だけは研ぎ澄ましていった。

　吉本隆明との対話（一九八二年）のなかで江藤は発言している。「あなたは百年といわれたけれども、うっかりすればこの八〇年代の間にだって、日本がなくなることもあり得ると思っています。それではなくなったらどうなるのか。一億一千七百万人の人間が一人残らず死んでしまうとはちょっと考えられない。そうするとベトナムのボート・ピープルではないけれど、少なくとも数十万人か数百万人ぐらいはどこかへ逃げるだろう。その場合、逃げた人たちはどうなるのだろう。彼らは人間として見られるか、決してそうではないんですね。吉本さん、まず人種として見られるんですよ」[9]。人間を「人種」として外部に排除するような国家の傾向に対して江藤の批判は及ばない。ひたすら自分を国家と同化し、国家を失うことだけを恐れるというのが江藤の立場なのだ。

　このようにして国家（憂国）の問題は、ある時期から、江藤淳の批評の全部をしめないまでも、ひとつのオブセッションのようになっていった。夏目漱石の研究に最後まで執着しながら、明治時代へのノスタルジアを固持し続けた批評家の思考の屈折に関しては、ていねいに追跡してみる必要があるだろう。しかしアメリカ側の資料を綿密に当たってGHQによる検閲のあとを執拗に精査した〈批評〉に比べれば、国家についての思考は、まったくナイーヴで、感傷的で、短絡的にしかみえない。靖国神社参拝の問題に関しては「死者を悼まない人間はいません。これは人間にとって最も厳粛な儀礼だからです」と発言した。[10]ペルーの日本大使公邸人質事件に触れて「いかなる国であれその国が存続していくためには、何らかの暴力装置が内包していなくてはなりません」と述べ、戦前の憲法に記されている「戦ヲ宣シ和ヲ講シ」という権利を復活させるように改憲しなければならないと説いた。[11]そのような姿勢で、一直線に改憲論をとなえる政界文化人になっていった。「死者を悼まない人間はいません」と書いたとき、江藤は、その思いをギリシア悲劇のアンティゴネーに重ねることができた。

アンティゴネーの叔父、テーバイの王クレオンは、アンティゴネーの兄である反逆者ポリュネイケースの埋葬を禁じたのである。この命令に背いてアンティゴネーは兄を埋葬しようとし、自らの命を絶った。この「悲劇」を分析した例は数々ある。しかし国家の知性として、国家に殉じたものたちを埋葬する権利を主張する江藤が、みずからの対極的立場をアンティゴネーに重ねたのは、まったく倒錯的で鼻が白むというしかない。

(9)『吉本隆明・江藤淳全対話』中公文庫、二一二ページ。
(10)江藤淳、前掲書、二九ページ。
(11)同、六九ページ。

アンティゴネーは死んだ肉親を肉親だからこそ埋葬しようとする。その動機はまず家族的、私的な愛情の次元にあるように見える。しかし、どんな死者であれ、すべての死者は埋葬されなければならないという普遍的次元に、この私的次元は貫通している。国家の戦争に殉じたものは、実際には多くが見殺しにされるにしても、形式的には国家によって、国家に殉じた行為を讃えられ、埋葬され、追悼される。クレオンは国家に殉じた死者を埋葬することこそ正義であるかのようにふるまう。しかし兵士も軍人も、あらかじめ国家によって生死を決定される存在であり、予定済みの死者が、死によってさらに国家を聖化し崇高な存在とするのだ。この死者たちは決して死者への愛によって追悼されるのではない。言語空間の歪みに対しては実に鋭敏であった文芸批評家は、〈国家の追悼〉がはらむ本質的な欺瞞性には、ちっとも敏感ではなかった。言語空間の歪みには、ひどく敏感でも、国家が追悼の行為を歪めているかもしれないという権力空間の歪みは一顧だにしなかった。

## 3 誰が、何のために、追悼するか

加藤典洋の『敗戦後論』(一九九七年)を刊行当時に読んだときには、私はまだ憲法の問題についてしっかり考える準備がなかった。この本からは確かに、いくつか考えるべき問題を受けとっていたが、ようやく最近再読して、憲法問題との関連でも再考してみることにした。

実は、この本は憲法自体について、それほど穿った考察をしていたわけではない。同時代の憲法学者の議論にふれるよりも、むしろ戦後すぐに憲法改正案を審議した枢密院の審議委員会での美濃部達吉の姿勢を、加藤はまず評価していた。そもそも帝国憲法を踏襲して改正の手続きに入ること自体に法的矛盾が含まれている（「改正案を審議すること自体に疑義がある」）という美濃部の指摘は実にまっとうであったが、いずれにしても敗戦後の国際的な力関係のなかで、憲法は根本的に変えられるしかなかった。帝国憲法は、天皇制を中核の原理としない根本的な改正などまったく視野においていないのだから、新憲法とのあいだに法的な齟齬をきたすことは必然的だった。それでも新憲法は、帝国憲法（七十三条）による憲法改正という手続きによって、天皇の「御名御璽」によって発布され、国民主権をうたう新憲法の方向とはまったく齟齬する「手続き」によって旧憲法との連続性を擬装することになった。このことの奇妙さについても、たくさんの疑問が述べられてきた。

加藤にとっては、もともと欺瞞的な過程を経て成立した新憲法をめぐる護憲論も改憲論も、両方ともないがしろにしていることがある。双方とも「イデオロギー」でしかないと加藤は批判した。平和憲法は「正確にいえば、押しつけられたのである」[12]と、加藤は断定している。護憲論はこのことを直視しないまま、平和主義と反国家主義をふりかざしてきた。一方、改憲論は、自衛のための戦力保持を主権回復のため必須の条件として主張するが、そのため在日米軍の撤退をもとめるところまでは主権（独立）の要求を徹底しない。その点で改憲論も決定的な矛盾をかかえている。両方とも、「国際社会に働きかける普遍的理念」をもたず、ただ内向きの主張をしてい

（12）加藤典洋『敗戦後論』ちくま学芸文庫、二二一ページ。

るにすぎない、というわけだった。

憲法に関しては、国民投票的手段で「選び直す」必要がある、という提案を加藤はしている。明白に改憲の立場に立つと述べてはいないが、この提案は当然ながら改憲の発議があることを前提としている。「わたしは個人的には、この平和原則をわたし達にとり、貴重なものと考えるから、こういう事態は好ましくないが、しかし、憲法がタテマエ化し、わたし達の中で生きていない現状よりはましである」(13)。これ自体がねじれた言い方だが、憲法を選び直さなければ、憲法成立過程に含まれた戦後の「ねじれ」を回復できない、ということが加藤の提案の骨子だった(ちなみに『戦後入門』では、加藤の立場ははるかに明快で、憲法9条を改正し、アメリカ軍に依存する安全保障体制を見直して真の独立を達成し、国際的レベルの安全保障の問題は全面的に国際連合の方針に委ね、日本の軍隊はあくまで自衛と防災に徹するというふうに収斂している。さしあたって、いまはこの主張にまでは踏み込まない)。

しかし加藤にとってそれ以上に深刻な問題は、戦争の死者とのかかわりであり、無数の死者をどう追悼するかという(またしても)アンティゴネー的問題であった。「戦後日本の外向きの正史」も、あるいは護憲論の平和主義も、「日本がまず謝罪すべき死者として二千万のアジアの死者をあげている」。しかし「三百万の自国の死者、特に兵士として逝った死者たちへの自分たちの哀悼が、この謝罪とどのような関係におかれるかを、明示することはしていないのである」(14)。

自国の三百万の死者は「見殺しにされ」、「日陰者の位置」におかれてきた、と加藤は書いた。靖国神社にまつられた(戦犯も含む)「英霊」たちを賛美し、そもそも日本の戦争自体を肯定しようとする主張は、いまもたえることはない。しかし加藤はその三百万の兵士は「英霊」などではなく、あくまで「汚れた」死者として弔われなければならない、と言う。「その新たな死者の弔い方を編み出さなければ」、戦後日本のねじれた、二重人格的な、分裂した人格は修正されない。かなり直截に「おしつけられた」憲法批判から論じ始めたが、それ以上に、実はこれこそがもっと本質的な問題だと、加藤自身が書いている。加藤のこの提案は、もちろん彼の憲法論もセットで、とりわけ侵略戦争の暴力を批判する立場から批判を浴びることになった。

まず自国の死者たちを追悼しなければならない、という主張は、ただそれだけに耳を傾けるなら、侵略戦争による国外の厖大な犠牲者たちをないがしろにするナショナリズムの肯定にしか聞こえない。たとえば毎年行われる「戦没者追悼式」によって、自国の死者の追悼は続けられている。それでも独自の文脈で〈まず自国の死者を弔う〉ことを主張した加藤の論に対しては、平和主義的左翼からの批判の方が顕著だった。これをいわゆる「自虐的な」史観の批判に同調するものと解する「修正主義的」な立場にとっては、むしろ好都合なものに見えただろう。

しかしほんとうは、加藤はどちらからも批判されうる、奇妙な、微妙な（ねじれた）主張をしていた。三百万のわが国の死者たちをまず追悼すべきだが、この死者たちを清らかな英霊としてではなく、汚れた死者として追悼しなければならない、と彼は言うのだ。あの戦争の「自国」の死者は、非道な戦争を戦わされた兵士も、それにまきぞえになった市民たちも、決して無辜ではないからである（たとえば「自国」の死者に、日本が統治した旧植民地の軍人たちは入るのか、

（13）同、八二ページ。
（14）同、六一ページ。

入らないのか、彼らはアジアの死者たちに分類されるのか、と問いはじめると、たちまち問いは錯綜する。その意味では、そもそもアジアの死者と「日本」の死者という明瞭な分割が成立しない)。

戦後に大陸からの復員者たちをのせた船のぼろぼろの国旗が汚れていたように、この死者たちは汚れている。彼らは汚れて死に、死なされたのである。加藤は戦後の「ねじれ」を修復するためにこのような提案をすると言うが、この提案によれば、追悼とはねじれを、ねじれのままに追悼することである。「その新たな死者の弔い方を編み出さなければ」と加藤は言うのだ。それは靖国神社の「公式参拝」を肯定することではないらしいし、別の追悼施設で、別の形で戦没者追悼の儀式をするという具体的提案も、『敗戦後論』で加藤は特にしていない。

むしろ彼は、大岡昇平の『俘虜記』やとりわけ『レイテ戦記』を主な手がかりにして、「死者にどう対するか」を考察するにとどめている。あるいは吉田満の『戦艦大和の最後』の「敗レテ目覚メル、ソレ以外ニドウシテニホンガ救ワレルカ」と言いつつ死んでいった大尉に思いをはせる。「汚れた死者」を弔うには、すでにそのような追悼を試みた作家たちの敏感な言葉によりそうしかなかった。それ以外に「新たな死者の弔い方」は示されていないのだ。もちろんそれで加藤のそれ自体「ねじれた」提案の意味が失われるわけではない。しかし現実の政治的な儀式やスローガンでは、「汚れた死者」は難詰されるか、または清められ崇高な死者として称揚されるか、どちらかでしかない。

『敗戦後論』は、戦争と憲法をめぐる政治的な立場(文学においては右の江藤淳、左の大江健三郎にそれは代表されていた)を文学の意識に隣接させて、根本的に再考しようする試みだったようだ。憲法問題についても、護憲論と改憲論、両方の〈自己欺瞞〉を批判して、ただ憲法を「選び直す」という慎重な提言だけをした加藤の政治的立場は、穏健なナショナリズムと形容しうるようなものだった。その論調は、われわれの戦後精神の「ねじれ」を解消するには？　というように心理的、カウンセリング的な考察に終始している感触があった。それでも大いに文学に依拠しながら、文学を逸脱する地平にまで問いを広げるような政治的素振りを『敗戦後論』は確かに含んでいた。その意味でこの本の主張は挑発的であり、当然その挑発に反応するものが現れた。しかし加藤の論は、あからさまに政治的に見えた後では、すぐに文学のほうに折り返している。「敗戦後論」のあとのテキスト「戦後後論」では、太宰治やサリンジャーをとりあげて、あくまで文学的考察によって「追悼」の内容を肉付けしたように読める。

それにしても、もうひとつ繰り返し指摘しておかねばならないことは、戦争の死者の追悼は、何よりも国家の行為である、という点である。戦争は、いうまでもなく国家の事業であり、国家の絶対的権利によって、国民を死なせ、あるいは死の危険にさらしても、国家を守ろうとする行為である。この意味で、国民はあらかじめ死に委ねられている。国家とは何かについての様々な定義があり、暴力装置の行使ということが繰り返し問題になるが、いずれにしても、国家とは死を強いる権力でもある。国民の生命を保全するという大義をもつはずの国家は、そのために、その大義に敵対するものと戦い、そのための戦争で兵士を死に委ね、死に追いやる権力をもつ。あえて短絡的にいえば、国家は国民を死なせて（殺して）おいて、追悼する。兵士の犠牲は、確かに国家の損失にちがいないが、追悼によって兵士も国家も、あらためて崇高なオーラをまとう。

特に戦争と死刑には、〈死の権力〉としての国家の可能性が集約されている。戦争の死者を追悼するのは何よりも国家であり、グロテスクな逆説のカタチに表現するなら、兵士や市民に死を強い、死なせておいて、追悼するのである。死の権力と、追悼の儀式とはあくまでも一体である。戦争の暴力による無数の死者たちは、しばしば見捨てられ、死骸がみつからず、もちろん身元確認もならず、埋葬もならず、ほとんど追悼の行為さえも不可能である。もちろん心情の問題としては、死骸も墓もなくても、追悼は実行され、持続される。大岡昇平や、吉田満のような文学者の追悼も、そのような次元にあって、国家の行為としての追悼とは別の、国家よりも私的で、同時に国家をこえた普遍的次元にあったにちがいない。

しかし国家、戦争、〈死の権力〉、追悼という連環を分離して思考することをせずに、追悼の心情を、そのまま国家の儀式と短絡させることは、戦後の「ねじれ」を解消させるどころか、「ねじれ」の根幹にある国家の問題を、むしろ見えなくすることになる。加藤の立論には、国家そのものを問い、追悼と国家の結びつきを問う思考は、ほとんど片鱗も見られなかった。そしてもうひとつ、国家そのものが宗教でないとしても、追悼の儀式は多くの場合、宗教をともない、殉教や救済の観念とともにあり、私的個人の死は、国家と宗教によって二重に収拾されてしまうのである。文学的な追悼は、そのような体制による死者の救済と崇高化とは異なる次元にある。加藤は、戦後日本のねじれを、江藤淳が戦後日本の言語空間の歪みを問題にしたように問題化したが、ねじれや歪みは、宗教・信仰そして国家と、それに収拾される個人の死とのあいだにも発生するのだ。[15]

単行本『敗戦後論』の末尾のテキストは、「語り口の問題」と題されている。これは加藤が「敗戦後論」のあとの批判や論争を受けて書いた文章であり、ハンナ・アレントについての論でもあった。

加藤がまずとりあげたのはアレントとゲルショム・ショーレムの論争である。アレントは『エルサレムのアイヒマン』で、アイヒマンの罪悪が何であったかについて独自の考察を繰り広げ、「悪の凡庸さ」という、あの忘れがたい問題提起をした。しかし加藤が注目したのはそのことではなかった。この文章を発表したとき、アレントはユダヤ人同胞から囂々たる批判を浴びることになったが、それはアレントが、アイヒマンだけではなく、ナチに対するユダヤ人側の「指導者層」(彼らの多くがイスラエルの指導者となった)の協力について、まったく容赦のない告発をしたからだった。[16]

「敗戦後論」を批判した高橋哲哉は、アレントとショーレムの論争を想起して、侵略戦争の罪科を追及し、まずアジアの被害者を追悼しようとする日本の平和主義・護憲論の立場を、アレントの立場と重ねている。侵略戦争ゆえに自国の死者さえもあえて糾弾するならば、その立場は、アレントが、あえてユダヤ人同胞を断罪したことに重なる。しかし、加藤はむしろそれを反転させている。自国の死者を糾弾するような平和主義も、ただ英霊を美化し擁護するナショナリズムもあえて批判する自分の立場を、同胞から囂々たる批判を浴びたアレントのそれに重ねているのだ。「わたしはここにアーレントの思想経験がわたし達の思想の課題に触れる、接点を見る」と

(15) 追悼と宗教、国家のかかわりについては、岩田重則『日本鎮魂考』(青土社)、高橋哲哉『国家と犠牲』(NHKブックス)、高橋哲哉/菱木政晴/森一弘『殉教と殉国と信仰と』(白澤社)などに示唆を受けた点がある。

(16) この「告発」については多くの研究があり、最近では、小森謙一郎『アーレント　最後の言葉』もこれについて多くのページを割いている。

言うのだ[17]。加藤は「汚れた」同胞を救いあげ追悼しようとする論を展開しているが、逆にアレントはあえて同胞を断罪していたわけで、これはかなり倒錯した我田引水に見える（アンティゴネーを引き合いに出した江藤淳も浮かんでくる）。しかしがまんして加藤の論旨を、もう少したどってみよう。

加藤は、アレントの「公共性」の思想を受けとって、自国の死者への追悼を「先に」置き、なお他国の死者への謝罪と哀悼をするという「弔い方の創出」を考えることこそが、「死者との関係を公共化すること」であるという。そして「公共性」を「共同性」に対立させている。靖国の英霊を讃えようとする改憲派（歴史修正主義とも呼べる）は、ただ英霊と「共同的」であり、かたや、誰よりもまず侵略戦争の犠牲になったアジアの死者を追悼しようとする護憲派は、アジアの死者と「共同的」であるにすぎない。繰り返すが、「死者との関係を公共化すること」を実現するような「弔い方」を、『戦後後論』は一度も具体的に提案していない。そして、公共性と国家とは、（アレントにとっても）断じて同じものではなく、厳しく対立するものでもありうる。だからこそ追悼が、公共性の実践として行われるのか、国家の行為として行われるのか、このことは決して看過できないのだ。ありうべき追悼の実践として、加藤は、むしろ文学作品における戦死者たちの追悼の仕方を引用しているだけである。結局加藤が実現したのは、ただ自国の死者をアジアの死者の前にもってきて追悼し、しかも「汚れた」つまり「有罪の」死者として弔うという（ねじれた）精神的姿勢を、文学に再発見すること、そのことに尽きていた。戦後の文学は、戦争体験をどう思想化しえたのか、を問うた評論としてならば、それなりに筋の通った文章だった。しかし「まず自国の死者を追悼する」という主張は、国家の行為としての戦争と追悼の関係を解きほぐすことなしに行われた。

加藤は批判をあびることを覚悟で、かなりラジカルな姿勢で「敗戦後論」を書いたのだろうか。それは江藤淳のGHQ批判のような気負いさえ思わせないわけではない。しかし「死者との関係を公共的にすること、死者との共同性からの自立が、あの分裂の克服、歴史を引き受ける主体の形成のカギなのだ[18]」と力を込めて書いたことは、ひとつの精神的姿勢を提案しているにすぎなかった。国家と戦争と死、そして追悼の連関を癒着させたままで、そのこと自体を彼は問わずにいた。それでも（だからこそ）、この提案は読者を刺激する問題提起になりえた。「公共性」と「共同性」という対立をもちだすことによって、加藤が、日本の左派に対しても右派に対しても、ある閉塞した党派性を批判しようとしていたことはよくわかる。しかし、あらゆる政治運動には党派性がつきまとうという根本的・普遍的な問題があるとしても、それは単に追悼の方式や優先順位を考慮することによって氷解するようなものではありえない。「共同性」を批判するなら、ただちに「公共性」への道が開けるということもありえない。そのまえに少なくとも国家と共同性、そして国家と公共性を厳密に分離して考える必要があった。

アレントの言う「公共性」はギリシアのポリスに、そして独立期のアメリカ革命、あるいはハンガリー動乱における「評議会」に明瞭なモデルがあって、代表制や中央集権を徹底して斥け、差異と自由を注意深く活性化し、持続させるような「活動」とともにあった。もちろんそれは西

(17) 同、二六九ページ。
(18) 同、二六九ページ。

洋だけのものではなく、政治の構成的段階では（戦後日本であれ、明治維新の前後であれ）、いたるところで、いろいろな形をとって出現しえたものだ。これに照らせば、加藤の「汚れた死者」を先に追悼するという、あくまで文学的次元にとどまった提案はいかにもわびしい。文学はまさにそのようなわびしい次元に根拠地をもつしかないが、加藤はそれを逸脱して、政治的な問いを提起したはずなのだ。しかもアレントは、その公共性の思想を晩年は、さらに哲学的に掘り下げ、「公共性」（それは「複数性」とも言いかえられる）を基礎づけようとして、「意志」と「判断」についての思索を周到に進めていった。「理性も欲望も本来の意味では自由ではないことが明らかになります。しかし選択する能力である意志は自由なのです[19]」というような文章は、あらためて公共性を基礎づけようとする思索の方向を鮮明に示していた。

加藤が、日本の戦争、憲法をめぐる思考と運動を「共同性」として批判していることは、確かに無視してはならない問題提起を含んでいる。アレントが一生こだわり続けた「公共性」が重要なヒントになりうることにも、私は同調する。しかしアレントと自分の立場を性急に同一化して、日本の状況に「公共性」の思想をいきなり挿入するよりも、「公共性」の思想そのものと対面し、対決するという課題があったし、いまもあるのではないか。

加藤は、憲法と戦争をめぐって二分されてきた世論の盲点（ねじれ）を突く形で、あのとき、ひとつの切実な問題提起をしたと思う。

しかし自国の「汚れた死者」を最初に追悼するという、それ自体ねじれた提案は、文学によってかろうじて引き受けられたもので、そのような追悼の方式を加藤は提案しなかった。それは実現が難しいことであるばかりか、『敗戦後論』を読むかぎり、制度的な実現はそもそも加藤の関心ではなかった。「自国の死者」を追悼するという提案は、国家の戦争と追悼の、生死をめぐる連環を再考することを要請するのだ。加藤はただ戦後のねじれを解消するという臨床心理的問いを、文学者たちの試みに委ねるしかなかった。しかしそのようにねじれた提案が、戦後のねじれを解消することも実はありえない。歴史の曲折をめぐっては、いつも「ねじれ」は避けられない。アメリカ人は、黒人と先住民に対する暴力を記憶から抹消することはできないだろう。イスラエルは過去のユダヤ人に対する迫害と、みずからがパレスチナ人にもたらした迫害のあいだで、永遠にねじれをかかえるだろう。自由のフランスは、ナチ協力政府とアルジェリア戦争の禍々しい記憶を忘れられないだろう。「私たちはみんなドイツのユダヤ人だ」と叫んだ一九六八年五月パリの行進は、何重にもねじれをかかえていたことになる。戦後日本のアメリカへのあこがれと怨念も、やはりねじれた心境としてあったし、いまもあり続けている。そして歴史のねじれは、しばしば無意識の情念や衝動として噴出することになる。確かに「ねじれ」はまず、「ねじれ」として意識されなければならない。そして「ねじれ」は解消してはならないし、考え続けるしかないものだ。最も敏感な文学者たちは、そのことを作品で示していたのではないか。だからといって、思考それ自体までが、ねじれる必要はない。

加藤がアレントを参照しながら提案した「公共性」はこれらと不可分のもう一つの問題である。それは政治を考えるうえで究極の問題であり、しかもまったく切実な日常の問題でもある。「公共」と「共同」が対立する。そして「公共」と「共同」が「個人」に対立する。もう一言付け加える

（19）ハンナ・アレント『責任と判断』中山元訳、ちくま学芸文庫、二六四ページ。

なら、アレントの思想には、複雑性の意識はあっても、ねじれの印象はほとんどない。公共性、それを破壊する全体主義、政治の砂漠、そこで見棄てられる無国籍者が新たに担うべき公共性、そして意志の自由……。二〇世紀世界の災厄と暴力を思考しながら、その複雑な条件を精緻に考察しながらも、アレントは驚くほど直截に、思考の方向を鮮明に示すことができた。世界のねじれに対するのに、ねじれた思考をもってするのは、精妙な態度だが、「公共性」の思想が必要とするのは、そういう精妙さではない。

## 4　憲法と国家は一体か

憲法学者、古賀彰一の「憲法制定過程とは決して国家対国家の対決という図式によって解明されるものではなく、国家をこえた憲法観、法思想の対決という図式によって、はじめて解明されうるものであろう」という、初めに引用した文章に、もう一度もどってみよう。

「国家をこえた憲法観」という言葉に改めて注意をむけてみる。新憲法はアメリカが作ったのか、日本が作ったのか。アメリカが作ったとして、日本側の意図はどこまで反映されたのか。いまや改憲して自主憲法にしなければならない、という主張も、平和な日本を保持するために憲法を守るという立場も、すでに国家対国家の水準、あるいは国家にすっぽり包まれた国民のありようを前提とした議論なのではないか。憲法を考えるときには、護憲論であれ、改憲論であれ、誰もが思わずして、少なからず国家主義者になっているのではないか。国家の権威を、ほとんど宗教的に称揚するという意味の国家主義ではなく、ここではただ国家の存在を、あらかじめ前提として、それを問わないまま思考するというほどの意味だ。ここにいきなり「国家に抗する社会」や「国家の廃絶」というような思考の次元を介入させようとは思わない。しかし、政治的思考の放物線をできるかぎり伸ばして思考しようとするなら、これらの思考もまた極点として想定しておかねばならない仮説なのだ。

憲法が、国民と国家、国民国家のありよう、政治形態を、それぞれの国において定め、基礎づけるものであるかぎり、「国家をこえた憲法観」など存在するはずがない。それでも憲法を思考し、研究しようとする観点にとっては、たとえばどんな憲法をつくるかと構想するようなときは、どうしても「国家をこえた憲法観」をもたずには、あるいはそれを参照しないでは、憲法を考えることさえできないだろう。そんなときに人は、ある普遍性の場に立って「憲法」を考えざるをえないが、「国家をこえる」にしても、国家があることはまだ自明と考えているだろう。しかし「国家をこえる」とは、国家がなぜ、どのように必要かというところまで、思考の放物線を遠くに伸ばすことを要求する。国家をこえる普遍性を想定するなら、国家に抗する社会や、国家のない社会まで、思考のなかに織り込まなくてはならなくなる。ところが、国民主権とか、国家は国民を代表するとか、国民の信託によるとか、様々に言われようとも、やはり国家は、あたかも国民の上位にあるようにして統治をおこなう制度であり、権威（autorité）として、権力（pouvoir）として存在するのである。それは確かに「強制的権力」という性格をもっているし、もたざるをえない。

たとえば長谷部恭男『憲法とは何か』は冒頭で、「立憲主義」の原理を、私的領域と公的領域を区分すること、としている。「立憲主義がまず用意する手だては、人々の生活領域を私的な領域と公的な領域とに区分することである。私的な生活領域では、各自がそれぞれの信奉する価値観・世界観に沿って生きる自由が保障される。他方、公的な領域では、そうした考え方の違いにかかわらず、社会のすべてのメンバーに共通する利益を発見し、それを実現する方途を冷静に話し合い、決定することが必要となる[20]」。日本国憲法の場合、「公的」と「私的」を分割する、という規定が、そのまま書き込まれているわけではないが、その第三章「国民の権利及び義務」に規定された様々な「自由」は、おおむね私的領域に対応するだろう。興味深いことに、長谷部のこの一節に「国」、「国家」という言葉は出てこない。「公的な領域」がそれにあたるかもしれないが、「公的な領域」がすなわち「国家」ではない。「国家」が公的領域の中心に、あるいは頂点にあると考える立場が当然ありうる。日本国憲法の前文には「主権が国民に存する」こと、「国政は、国民の厳粛な信託によるもの」という言葉が明記されているので、国家を国民の上に位置させるような見方は、あらかじめ抑制されているかに見える。

長谷部はさらに「立憲主義の考え方に立つ憲法は、政治のプロセスがその本来の領分を踏み越えて個々人の良心に任されるべき領域に入り込んだり、政治のプロセスの働き自体を損ねかねない危険な選択をしたりしないよう、あらかじめ選択の幅を制限するというのが、主な役割である[21]」と書いている。ここでは「政治のプロセス」という言葉が「公的な領域」にほぼ等しい意味で使われているようだが、やはり「国家」という言葉は避けられている。つまり極言するなら、ここで憲法学者は、「国家」という言葉を注意深く（あるいは当然のように）避けて、憲法と立憲主義を規定しようとしているように見える。いまのところ、世界のどこにも通用している憲法はないが、終章「国境はなぜあるのか」で、「人々の生まれながらの権利をいかに実効的に保障すべきかという観点からすれば、国境や国籍、国家主権が持つ意味は相対的なものにすぎない」[22]と書いた長谷部は、確かにあらかじめ国家を相対化した見地から憲法を論じている。そしてそもそも「憲法」自体が、すでに国家を相対化する役割をもっていると述べているようなのだ。「憲法」が基礎づける「公共空間」は、決して「国家」に浸食されてはならない、というように。

「立憲主義は、どんな権力であれそれは制限されなければならない、という原理である」[23]。これはやはり憲法学者の樋口陽一が、フランス革命以降の近代立憲主義の原理について言及した言葉である。先の公的／私的の分割と同じく、この「原理」自体は日本国憲法の条文には明記されていない。だからこんな原理など知らないかのようにまったく無視して、憲法改正を論じることもできるのだ。

樋口はドイツの公法学者ウルリヒ・プロイスが「憲法制定権力」について述べたことを引用している。「憲法は、それぞれの人民の national indentity の表明なのか、それとも civil society の政治的自己組織化の行為なのか」[24]。それはプロイスが、ソ連解体のあとの東欧諸国の憲法制定過程について考察した際に言ったことだったが、いま憲法を考えるとき、実は考えずにはすまされない

(20) 長谷部恭男『憲法とは何か』岩波新書、一〇ページ。
(21) 同、一七ページ。
(22) 同、一七三ページ。
(23) 樋口陽一『憲法　近代知の復権へ』平凡社ライブラリー、一〇六ページ。
(24) 同、二五一ページ。

ことにちがいない。「市民社会の自己組織化」を基礎づける行為そのものとしての憲法という概念は、憲法をめぐる議論では、ほんとうは避けることができないものなのだ。しかし改憲論はもちろん、護憲論もそのことを視野に入れることはまれなのだ。

憲法は国家権力に抵抗し、これを抑制するためのもの、という原理に立つ「立憲主義」という考え方も、たしかにひとつの憲法観であって、このような考え方自体が、日本国憲法の原理としてそのなかに明記されているわけではない。それは憲法と法思想の歴史的文脈を背景にして、憲法学者たちが主張してきたことにすぎない。しかし、ここには単に権力に対する抵抗や抑制の原理にとどまらず、憲法をそもそも国家の外部に位置づけ、国家の外部に政治を創設するような観点までが含まれている。決してユートピア的理想ではなく、じつは憲法の理念そのものに、「国家をこえる」社会の展望は内包されてきたといえる。

そして「立権主義」についても考えておかなければならないことがある。アレントは『革命について』で、アメリカの独立革命を評価しながら、ヨーロッパで確立されたきた「立憲的統治」と「自由の創設」としての合衆国の政治を鋭く対比している。すでに制限された君主制の伝統では、立憲主義は、君主による権力の濫用から、市民的自由を保護するためのものである。その意味では、立憲主義とは権力を制限する（市民が権力の濫用から免除される）という意味でネガティヴな性格をもっている。しかしアレントにとって、「自由の創設」をめざす憲法とは、はるかにそれ以上にポジティヴな意味で、権力を作り出すものでなければならない。そのような権力概念は、あらかじめ公共性、自由、そして濫用の抑制を原理として含んでいなければならない。合衆国の創設は、ヨーロッパの君主や教会の権力とはまったく遠い空白のなかで行われたからこそ、そのように権力からの解放としての自由（liberty）以上に、公的自由（freedom）の実現として権力を構想することができた。アレントはこのように権力を自由として構成しようとする発想のなかで、「権力」の分立をとりわけ重視している。権力が悪しき暴力となるのを妨げるのは決して法でも憲法でもなく、いくつもの権力を創出することである、と言うのだ。「徳と理性はたんなる能力《ファカルティ》というよりは力《パワー》であった」[25]。権力の分立は、単に三権分立ではなく、多くの州の分立（連邦）でもあった。アレントは、立憲主義と対照しながら、アメリカという新しい「連邦共和国」として形成された「この複雑で精妙なシステム」について語っている。

## 5　憲法論の視角

ハンナ・アレントの「立憲主義」の考察とも関係するが、国際関係論を専門とする篠田英朗は、国家権力に対する抵抗・抑制としての「立憲主義」も、主権が国民（人民）にあるという思想も、とりわけヨーロッパの大陸で理念として形成されたもので、それが日本のメジャーな（特に東京大学を拠点とする）憲法学の伝統にもなってきたと指摘している[26]。そういう理念的伝統によれば、「国民主権」は現実には決して完全ではありえないが、完全でないからこそ、事実上の主権（国

（25）ハンナ・アレント『革命について』志水速雄訳、ちくま学芸文庫、二三七ページ。
（26）篠田英朗、前掲書。

家−統治権）に抵抗し、これを抑制しなければならない。そしてこの抑制・抵抗こそが、立憲主義の原理でなければならないことになる。しかしそのような「立憲主義」が日本国憲法の原理であるという考えは、憲法研究のアカデミズムの一学派のものにすぎないとして、篠田は批判している。国民主権を保障することに重点をおく立憲主義は、それによって国際間の協調という問題をないがしろにする傾向があるというのだ。

英米法の思想では、特にアメリカ合衆国のケースを参照するなら、もともと連邦制のかたちをとって主権は分散され、しかも統治の権力の源泉は、あくまで各個人でなければならない。つまり、わざわざ憲法によって抑制しなければならないほどの中心化された権力は、原理上想定されていない。英米法的解釈にしたがうなら、権力はあらかじめ抵抗すべきものではなく、契約、信託として、あくまで柔軟に理解すべきものである、と篠田は主張している。実際はこれに矛盾する事態も次々出現して、もはや合衆国は独立当初の原理と体制をそのまま保ってはいないとしても、確かにヨーロッパ大陸の立憲主義的伝統に比べて、特にアメリカの法思想は原理上の大きな差異をもつにちがいない。

篠田は、日本国憲法は、アメリカの法律家たちによって起草されただけでなく、すでに当時の国際法や国連憲章の理念に合致する形で発想されているから、九条さえも、あくまでその理念に照らして理解すべきであるという。したがって戦力の保持が条文では禁止されていようと、自衛の権利は禁止されていないと解釈できるし、また集団的自衛権さえも、国際法や国連憲章は禁じていないから許容範囲である、という解釈が可能だと述べている。英米法、国際法、国連憲章の文脈に日本国憲法をおきなおして、もっと「しなやかに」憲法を解釈し、「しなやかに」権力と対抗するという姿勢を、篠田は提案している。そのためには、戦後日本のメジャーな憲法学者の「共同体」の論理（立憲主義）から脱しなければならないというのだ。

篠田の観点は、憲法に関する「ガラパゴス化した」議論に、風を吹き込むもののようにみえる。しかし憲法を別の文脈で解釈することによって、自衛権ばかりか集団的自衛権にまで一気にレールを敷こうとする主張になっている。それは安全保障に関する国際的規格にあわせて、日本の「ガラパゴス化した」政治を是正していくという方向をくっきりと指示している。ところが、ヴェトナムで、イラクで、非道な破壊的戦争をおこない、世界の警察として機能するどころか、世界に戦争の動機と手段をたえず拡散させてきたアメリカにも、しばしば機能不全に陥ってきた国際法と国連の現実にも、この論はふれていない。英米法が尊重してきたような、権力を分立させて抑制する政治的伝統が定着していない日本に、すぐにもそれを適用しうるかのように論を進めている。また憲法学者たちの議論も含めて、日本国憲法が、いわばどう「解釈され」、「活用され」、「生きられ」てきたかにも、ほとんど思考をむけていない。

井上達夫はアメリカのリベラルな法哲学的伝統に照らして、自衛隊を否定している九条を削除し、憲法の平和主義は保持し、集団的自衛権は否定し、文民統制を徹底するためにこそ徴兵制を実施し、それには良心的兵役拒否を条件とする、というふうにして、やはり戦後日本の「ねじれ」を、リベラルなプラグマティズムによって整合的に是正することを提案している。(27)

(27) 井上達夫『憲法の涙――リベラルのことは嫌いでも、リベラリズムは嫌いにならないでください2』毎日新聞出版。

英米の政治スタイルに照らすなら、またアレントの立憲主義の考察まで参照するなら、憲法をめぐる議論に対してかなり別の理路が発見できるかもしれない。憲法の議論が、ここまで多様化してきたことは喜ぶべきこともかもしれない。自衛隊の存在をめぐって法的整合性を求めることだけに集中しているかに見える近視眼的な改憲論も含めて、これらに様々な政治の方向が接ぎ木されることになる。しかし現在の与党が主導しようとする改憲の方向に、およそ「リベラル」な思考は含まれていない。そのリベラリズムに導かれてきたアメリカの自由自体が、たくさんの危険をかかえ、大きく変質していることも無視するわけにはいかない。国際的な基準に照らして、いまだアメリカの極端な軍事的支配下にある日本の現実を再考する姿勢も、そこには示されていない。それぞれにまったく動機の異なる改憲論が、ただ護憲論の「虚妄」をつくというかたちで「護憲論」の勢いをそぐという効果だけは共有することになる。ほんとうは、これからどういう政治や国際関係をめざすのかという根底の議論が見えなくなっている。いまでも私たちの世界では、様々な物神化がおこなわれているが、「憲法」さえも、そして「改憲」さえも、物神化されうるのだ。

仮におしつけられたにせよ、おしつけられた憲法をどう理解し、どう生かすかという過程は、それ以上の意味をもちうるし、現にもってきた。憲法はもちろん死文であったわけではなく、それをもとに多くの変化や、論争や、違憲裁判が続いてきたこと自体が、憲法の生きられた過程の内実である。誰が生みの親なのか、憲法の〈出生〉を問題にし続ける議論がたえないあいだにも、すでに憲法は生み落とされ、生きられ、もみくちゃにされながらも、生きてきた言葉であるにちがいないのだ。

「合衆国の広域支配への抵抗になってしまう日本国憲法の二枚舌・三枚舌性、植民地支配のなかで従属するように見えながらしかし謀反を企む植民地人のしたたかさ。ここにこそ日本国憲法の多義性の顕現を見なければならない[28]」という酒井直樹の示唆は、憲法が起草され制定されるまでの一年にみたない成立過程の時間より以上に、新憲法によって現れた新たな政治的主体性のほうに(たとえそれが「ねじれ」を含んでいようとも)注目し、新憲法をめぐる解釈、その活用、批判、論争、違憲裁判等によって生きられてきた長い時間のなかに、憲法をおきなおすことを要請している。

そして憲法によってただ国家とそのありようを選ぶのか、それとも憲法を通じて国家の彼方にあるものを見すえるのか、この問いは、はじめから、いつも憲法の言葉のあいだに潜在していたのである。

「憲法は、それぞれの人民の national identity の表明なのか、それとも civil society の政治的自己組織化の行為なのか」というドイツの公法学者の問いにもどってみよう。その問いは、国家 State(政府–統治機関)、国民 nation、そして民族 ethnos の、あたかも当然と思われるかのような連環を解きほぐす思考を求める。国民は、すなわち民族(自然の所与としての国民)ではない。日本国憲法・前文の内容は、日本という民族的なアイデンティティとじかに結合されていないので、原理上は他国にさえも適用しうる普遍性をもっている。ただし象徴天皇に関する規定は、血

(28) 酒井直樹『希望と憲法』以文社、四八ページ。

統にもとずく天皇のアイデンティティとともにあって、これだけがかろうじてnational identityを表現しているかに見える。むしろ原理上は、日本という領土に住む人々が、この憲法と法律のもとで、ひとつの集団と公共性を構成するのであって、あらかじめ「日本人の国」が前提されているわけではない。ひとつの国民が、政治的に（人為的に）構成されるのであって、それは血縁的な自然性を前提としない。血縁性は、憲法よりも下位の国籍法によって規定されているだけである。

GHQの提示した憲法草案は、「我等日本国人民ハ」と始まっているが、その第十三条にはかなり驚くべき条文があった。「一切ノ自然人ハ法律上平等ナリ政治的、経済的又ハ社会的関係ニ於テ人種、信条、性別、社会的身分、階級又ハ国籍起源ノ如何ニ依リ如何ナル差別的待遇モ許容又ハ黙認セラルルコト無カルヘシ」。「自然人」（natural persons）という聞きなれない言葉が、ここに挿入されていたのだ。GHQの提案を最初に検討した法制局の佐藤達夫は、「困った形になった」と考えたが、結局これは変更されることになった。現に成立した憲法第十四条のほうは、「すべて国民は、法の下に平等であつて、人種、信条、性別、社会的身分又は門地により、政治的、経済的又は社会的関係において、差別されない」となっている。「自然人」はもちろん法的用語として用いられていたが、この憲法が起草された段階で、国民をこえて「自然人」として人間一般を視野においていたことを図らずも示しているかに見える。

もちろん血縁的、文化的な同一性の意識（ナショナリズム、パトリオティズム）は戦前から強固に持続して消えがたいとしても、この憲法はひとつの国民という共同体とその成員である自由な個人を法の下に構成するだけで、これはなんら歴史的同一性の意識を前提としない。原理上は、憲法の規定する政治的空間だけがその同一性の根拠なのだ。その政治は、歴史や文化によって精神的に支えられるかもしれない。しかし、その政治と、歴史・文化は、無前提に一体化されてはいない。政治に属するものは、あくまで政治として思考されなければならないのだ。

もちろんこのことは日本国憲法の原理的方向にすぎず、象徴天皇はそこに確かに異質性を注入していることになる。そして「日本人」という固有の歴史的連続性や主体性をそれに接続することが、排除されているわけではない。しかし日本国憲法の原理的方向は、「civil society の政治的自己組織化の行為」といわれるものに限りなく近い。「それぞれの人民の national indentity の表明」は象徴天皇制によってかろうじておこなわれているだけだ。

民族 ethnos（自然の所与としての国民）という集団性には、demos という言葉で指示されるような自由な個人の共同体が対比されることになる。ドイツの公法学者は「ethnos という測りがたい力を demos という責任ある権威に転化することが、まさしく憲法の原理なのである[29]」というように、「国家をこえる」憲法の方向性をはっきり示している。ところが ethnos は、しばしば文化、歴史、伝統と同一視され、これがそのまま国家、国民と一体と見なされて、国家の「内容」とみなされることになる。demos の政治はその外部にはじき出されるかもしれない。このとき実は政治を排除する政治が、「文化」として行われることになる。政治の問題が文化の問題として吸収され抹消されてしまう。文学者たちも、しばしば国家に文化を、精神を注入することに熱心になってしまう。文学者たちの「政治」はこの国でしばしば意外な影響力をもってきたのだ。

（29）樋口陽一、前掲書、二五二ページ。

「追悼」（そして「埋葬」）というアンティゴネー的問題として、江藤淳は「死者を悼まない人間はいません」と書いた。たとえ国家への反逆者であっても、兄ポリュネイケースは埋葬されなければならない、そういうアンティゴネーの法は「神々の、書かれざる、あやまりなき法」（ヘーゲル）として、実は国家の法に背反し、それを超越している。もちろんそれが悲劇である理由は、国家の法にしたがって兄の亡骸は無残にさらされ、そのあとを追うアンティゴネーも、死なければならないということだ。神々の法は、国家の法によってのりこえられなければならない。しかし姉妹と兄弟との関係は、親子や夫婦の関係とちがって、意識的で現実的な「共同体精神」に接近するとヘーゲルは考えた。「姉妹の兄弟にたいする義務こそ最高の義務である」[30]。アンティゴネーの死は、それゆえ肉親の情愛を超えて、国家の法でも、神々の法でもない「共同体精神」のほうを向いているともいえる。アンティゴネーの悲劇は、決して国家の死者、自国の死者などとして回収されはしないし、また家族の愛を絶対化しているわけでもない。しかし死者の追悼の問題は、いまでもたちまち国家の思考に短絡される。江藤淳は、このことについては何も考えずに、国家に命を捧げた兵士の〈追悼〉という問題を、アンティゴネーと兄の悲劇に重ねてしまった。その国家とは、〈死の権力〉であり、戦争を行い、国民に死をせまり、殺し、そして追悼する。しかしアンティゴネーの悲劇の思考は、どうやら国家の外部に視野を開いていた。

（30）ヘーゲル『精神現象学』長谷川宏訳、三〇九ページ。

# 第5章　民衆のいない民主主義

読まれる言葉の背後には、書かれる前の言葉と同じように、聴かれることも語られることもない声が既に刻まれています。

（ブランショ『終わりなき対話』）

## 1　民衆はいないのか

「民衆 peuple が欠けている」。「民衆は欠けているもの、現存しないもの」。「民衆はもはや存在しない。あるいはまだ存在しない……」。それゆえ「一つの民衆の発見に貢献すること」。これらはある時期から、ジル・ドゥルーズの思索に、オブセッションのように、あるいはリフレーンのように繰り返し現れた観念であった。文学、音楽、絵画そして映画について考察するときも同じことを問題にしたが、たとえば映画について、「古典的映画において、民衆は、たとえ抑圧され、騙され、支配されていても、たとえ盲目で無意識であっても現存している」（『時間イメージ』[1]）と彼は書いている。つまり、決して「民衆」は、いつも欠けていたわけではなかった。

現代の政治的映画作家にとって、そのような「民衆」は欠けている。どうやら、かつて「民衆」は存在したらしい。しかし「プロレタリアート」として団結し、進化し、意識化され、抵抗し、革命をおこすこともあった「民衆」はもはや存在しない。「もし民衆が欠けているとすれば、もし意識、進化、革命がもはやないとすれば、転換の図式そのものが不可能になる。もはやプロレタリアートによる、団結し、統一された民衆による権力の奪取はないだろう」とドゥルーズは書いた[2]。そのような民衆は、たとえ抑圧され収奪されるだけで、「進化」などしていない状態でも、かつて映画において、もろもろの芸術においても表現されてきた。「プロレタリアート」はすでに一定の政治的理念に照らして定義された「民衆」にちがいないが、そのような定義を与えられる以前の「現実」でもあって、かつてのアメリカやソヴィエトの映画においても確かにそれは表現されていた。エイゼンスタインやジョン・フォードの民衆は、すでに戦い抵抗する自覚的民衆だが、一方には、例えばチャップリンが発見し、創造したような、弱く、貧しく、優しい、滑稽な民衆というものも確かにあった。

どうやら現代には、そのような「大衆芸術」としての映画も、そこに現存していたはずの民衆も「欠けている」。西洋外の「第三世界」の映画作家たちにとっても、古典的映画と古典的民衆はやはり欠けており、新たに発見しなければならない何かである。アラン・レネやストローブ夫妻のような西洋現代の政治的作家もまた、そのような「欠如」に直面し、そのこと自体を思考するための映画を作ることになる。たとえば、それよりはるか前の時代に、「軍隊」そのものであるようなワーグナーの民衆を斥けて、ドビュッシーは「私が求めている群衆は、もっとばらばらに分かれ、もっと自由で漠とした、いわく言い難いものだ。一見したところ無機的でありながら、しかし深いところに秩序を秘めたものだ」と述べたりした（ドビュッシーの言葉[3]）。

（1）ジル・ドゥルーズ『時間イメージ』宇野邦一／石原陽一郎／江澤健一郎／大原理志／岡村民夫訳、法政大学出版局、二九九ページ。
（2）同、三〇四ページ。
（3）ドゥルーズ／ガタリ『千のプラトー』中、河出文庫、四三七ページ。

ドゥルーズは、民衆が確かに現前し、表現されているかに見えたアメリカ映画やソヴィエト映画においても、「民衆は、現働的である前に現実的であり、抽象的ではなく理念的なものとして、そこ現存していた」と微妙な言い方をしている。それはプルーストが、知覚の潜在的記憶について書いた言葉を参照したもので、映画において「民衆」は単に見えるものとして表象されたのではなく、「潜在性」として、現実的な理念であり、理念的な現実なのである。それは「現働化」されていないが「現実的」である。むしろ「潜在性」であるがゆえに、「潜在性」として「現実的」なのだ。古典的映画においても、そのような民衆は、映画（とりわけモンタージュ）によって発見されなければならず、発見されたものであり、ただ単に映像化され表象されたわけではなかった。そして現代の映画にとって、民衆はさらに潜在化し、とらえがたいもの、まさにドビュッシーが「もっと自由で漠とした、いわく言い難いもの」、「無機的でありながら、しかし深いところに秩序を秘めたもの」と形容しているような集団に変質しているかもしれない。これはもちろん、映画にとって本質的問題である以上に、現代の「民衆」の存在が、そのありようが、深い変容を被ってきたという歴史的事実にかかわっているにちがいない。

そして哲学、つまり概念の創造にとっても、必要なのは、もはや過去の民衆でも現在の民衆でもなく、「まだ存在しない民衆」である、というところまで民衆はあくまで潜在的な存在とされ、未来のものとされている。「芸術家あるいは哲学者はたしかに、ひとつの民衆を創造することはできないのであって、芸術家あるいは哲学者にできることは、全力でひとつの民衆を呼び求めることだけであり、ひとつの民衆は、いくつかのおぞましい受苦の中でしか創造されえないのである(4)」。民衆とは、何かしら捉えがたいもの、果てしないものとなった。それにしても「おぞましい受苦」(des souffrances abominables)とは！　哲学や芸術の創造さえも、やはり「想像しがたい量の受苦」を含んでいる。そのような「受苦」とともにある「民衆」は現代の消費や情報に翻弄される人々の群れには、必ずしも対応しない。

それなら、かつて存在していた民衆はどこに消えてしまったのか。分散し変容してしまったのか。〈国民〉や〈市民〉なら存在するとしても、あるいはいたるところに〈群衆〉の姿はあるとしても、〈民衆〉といえるような集団、共同性はもはや存在しえないのか。それでもまだ哲学や芸術が民衆を呼び求めるなら、まして政治にとって「民衆が欠けている」ことは、政治の存在理由にかかわり、政治こそは民衆を求め、また何らかの民衆が、ある政治を求めていることを意味しているのではないか。「民衆が欠けている」とは、政治をめぐっても、ある歴史的断絶が起きたことを示し、「民衆に関する」ばかりか、思考それ自体の本質的転換を要求する言葉のようでもある。

もちろん「民衆」の変質や分解は、様々な仕方で、いたる場面で指摘されてきた。「人口」を形成する農民や工場労働者の数が、特に経済発展が進んだ国々では著しく減少してしまった。いわゆるグローバル資本主義（とりわけ技術革新・非正規雇用）の進行にともなって、「中間層」といわれる人口さえも急速に分断され解体されてきた。民衆の実体を思い浮かべることは、ますます難しくなっている。都市の人口の流動性はきわめて高く、企業や職種や自治体のような単位が集団の有機的な枠組みを与えることが難しくなっている。「私はひとりの民衆、民衆のひとりだ」といえるような主体的意識も、アイデンティティも、まったく希薄になっている。職種や所得や

（4）ドゥルーズ『哲学とは何か』財津理訳、河出文庫、一八九ページ。

財産によって、客観的に国民を分類することはできても、それはあくまでも統計による分類であり、数として把握された階層にすぎず、〈民衆〉の定義にはつながらない。

たとえば吉本隆明はかつて「日本のナショナリズム」についての評論（一九六四年）で、「歴史の動因でありながら、歴史の記述のなかには決して登場することのない貌が無数にある」[5]「生涯のうちに、じぶんの職場と家をつなぐ生活圏を離れることもできないし、離れようともしないで、どんな支配に対しても無関心に無自覚にゆれるように生活し、死ぬ」[6]というように、「大衆」を実在するものとして明確に定義することができた。

核家族への分散をさらに超えて、個人に分散し、つねに競争にさらされ、個人の単位で、たえず情報を送受信する人々は、砂粒のように分散した個人からなるたえず浮動する集団であり、市民、大衆、民衆、人民のような言葉のどれをとってつけても、よくあてはまらない群れである。共同体そのものが稀少化し、あくまで流動的、仮構的なかたちで、たえず組成されては溶解している。団結や連帯のような有機的な意識が成立しにくく、そのような集団はどれも決して〈アイデンティティ〉など与えてはくれない。

このような個人の群れからなる社会は、生誕のときから、医療、福祉、教育、安全を通じて生を細かく配慮する〈管理社会〉であり、様々な情報デバイスによって、いたるところで、恒常的にその管理や配慮が及んでいる。いたるところに、恒常的に、意外なコミュニケーションやつながりも生まれるが、同時に、いたるところに恒常的に、操作や制御が及ぶことになる。個人は顧客・消費者として、たえず嗜好や選択を調査され、統計化され数値化される対象になっている。消費の動向ばかりか、欲望や趣味、健康状態や行動形態にいたるまで、細かい調査がたえまなくおこなわれている。このような群れたちは、自由な〈主体〉であるよりは、はるかに制御され、欲望させられ、選択させられる〈客体〉である。完璧に統御された機械の集合のような群れを、もはや「民衆」と呼ぶことはできないだろう。それぞれに異なる欲望と自由、その衝突や葛藤、それらのざわめきと共振の、多くは不可視の波や渦があって、はじめて「民衆」のような何かが存在し、共同体を形成し、それがさらに意識的な、思考された団体になり、活性を高めるときには、まさに「公共性」といわれるようなものとして実現されるはずだ。仮に、すべてが可視化され情報化され透明になり、私的空間が消滅したような状態を想定すれば、そこではすべてが〈公共性〉であるにちがいないが、〈公共性〉の意味自体がまったく別のものになっている、というしかない。

ところでこれは今のところ一般的傾向として考えられる極端な状態にすぎず、もちろん現実には、旧態依然とした共同体や民衆の残骸のようなものさえも存続しながら、このような管理社会・消費社会・情報社会とともに解体や変質が進んで、古いタイプの民衆と新しいタイプの民衆が混淆し、せめぎあっているにちがいない。そしてあの「もっと自由で漠とした、いわく言い難いものの」、「無機的でありながら、しかし深いところに秩序を秘めたもの」と形容されたような民衆も、やはり様々な形をとって変化しながら存在しているにちがいないのだ。

アントニオ・ネグリとマイケル・ハートが提案した「マルチチュード」の概念は、すでに「人民」でも「大衆」でも「労働者階級」でもない集団として定義されているようだった。これにとっ

（5）『吉本隆明全集撰3』大和書房、一五五ページ。
（6）同、二〇五ページ。

ては「差異」という言葉が中心的意味をもっていた。「人民 peuple」は、もちろん「民衆」と訳してもいい言葉だが、訳書では「人民」が採用されていた。「人民は、伝統的に統一的な概念として構成されてきたものである。いうまでもなく、人びとの集まり《ポピュレーション》はあらゆる種類の差異を特徴とするが、人民という概念はそうした多様性を統一性へと縮減し、人びとの集まりを単一の同一性とみなす。「人民」とは一なるものなのだ。これとは対照的に、マルチチュードは多なるものである。マルチチュードは、単一の同一性には決して縮減できない無数の内的差異から成る。その差異は、異なる文化・人種・民族性・ジェンダー・性的指向性、異なる労働形態、異なる生活様式、異なる世界観、異なる欲望など多岐にわたる。マルチチュードとは、これらすべての特異な差異から成る多数多様性にほかならない[7]」。

　ネグリとハートは、いきなり「包括的で開かれた概念」として、「多様な社会的生産の担い手すべてを潜勢的に含んでいる」集合として、この概念を提案している。それが「無数の内的差異」からなるという規定は、まったく本質的で、民衆を考える思考にとっても前提としなければならないものだ。ただし民衆が欠けているように、それ以上にマルチチュードは欠けている。それは欠けており、まだ存在せず、発見しなければならないという点では、民衆と同じ集団なのだ。ネグリとハートはすでに、民衆（人民）とマルチチュードは同じものではないという。確かにマルチチュードは、国家も民族も超えた包括的な（差異の）集合を指していて、民衆の概念さえはるかに超えるものを指示している。そしてそのための政治的公共性（ザ・コモン）を彼らは構想している。そこに示される方向自体に、ほとんど異存はないが、さしあたって、「民衆が欠けている」という、あの問題提起のトーン（音調）から、ドゥルーズのあのリフレーン（リトルネロ）から聞こえてくるものに、まず耳をすましておこう。

## 2　不可能な民主主義

今、現代の政治の行方を焦点としながら、〈民衆〉の存在、実在、非在、潜在について考え始めたことは、もちろん〈民主主義〉に深くかかわる。〈民主主義〉とは政治制度、政治形態の問題にとどまらず、その根底では、〈民衆〉が、つまり共同性として存在する人間の様態そのものが問われることになる。〈民衆〉なしの民主主義など考えられないし、ほとんど意味がないともいえる。そして「民衆が欠けている」という問題は、確かに「民主主義」の危機と連動している。

カール・シュミットが一九二三年に書いた『現代議会主義の精神史的状況』は、比較的短い論文だが、議会主義と民主主義についていまや前提であり常識とみなされている事柄を考え直すための本質的な指摘を、少なからず含んでいる。「一九世紀については、政治上および国家理論上の思想の歴史が、ひとつの単純な標語でもって概観されうる。すなわち、民主主義の凱旋行列ということである」[8]。シュミットは端的に、一九世紀こそは民主主義の世紀であり、民主主義が自明性と明証性をもって席巻した時代であった、と論を始めているのだ。「神の摂理」さえも民主

（7）ネグリ／ハート『マルチチュード』幾島幸子訳、水嶋一憲／市田良彦監修、日本放送出版協会、一九―二〇ページ。
（8）カール・シュミット『現代議会主義の精神史的状況　他一篇』樋口陽一訳、岩波文庫、一五ページ。

主義の側にあった。社会主義さえも、民主主義の「相続人」とみなされた。民主主義の隆盛が陰り始めるのは、その主要な敵である君主主義が衰退し、「すべての政治的方向が民主主義を利用できたとき」のことで、その結果、民主主義は「単にひとつの組織形態にすぎぬ」というところまで信用を落としていった、とシュミットは言うのである。王や君主という敵がいなくなった世界の民主主義は、単なる「組織形態」に落ち着いてしまう。それが「単なる形式」にすぎないなら、それには形式以上のどんな価値があるのか……。

実は、民主主義（デモクラシー）という言葉自体に、根本的な、避けがたいアポリアが含まれている。それは「デモス」による支配を、あるいは集団の成員「全員」による政治を意味している。しかし民衆が、ある集合、階級、階層を意味する特定の集団を意味するならば、決してそれは「全員」を意味してはいない。むしろ支配されている集団と、支配する集団との抗争が予定されていて、被支配者が支配者を圧倒し、新たな支配をおこなうという事態が想定されている。支配されているものが支配するとは、すでに矛盾であり、もし民主主義とは、特定の集団による支配を拒否する（全員による支配）体制ならば、民衆という主体による支配もあってはならないことになる。あらゆる支配を拒むという体制が支配することになる。しかし、その場合も支配は決してなくなることはなく、別の形で支配が行なわれることになりうる。

確かに民主主義が、階級闘争を導く運動として勝利をおさめるにしたがって、しばしばそれは形骸化していった。つまり民衆を支配する宿敵を失った民主主義は、動機を失ううちに、他のもっと厄介な敵たちの攻撃に出会った、とも言いかえられよう。飢えたもの、奪われたもの、抑えつけられてきた民衆は決して「欠けている」どころではなく、むしろ自分たちに「欠けている」富や権利や幸福をめざして団結した。団結する理由が、あらかじめ存在して、戦いの意志と情熱をかきたてた。「革命」を欲する民衆は、そういう情熱的な意志的主体でありえた。革命と民主主義は、そういう情熱的な主体形成とともに進行したにちがいないが、制度としての民主主義は、とりわけ敵を倒したあとには、そういう民衆も主体も情熱も、情熱に動かされた理性も分解させていったようなのだ。

「民主主義は、軍国主義的でも平和主義的でもありうるし、進歩的でも、反動的でも、絶対主義的でも自由主義的でも、集権的でも分権的でもありうる。そしてさらに、すべてはさまざまの時期ごとにさまざまであり、だからと言って民主主義的であることをやめるわけではない」[9]。反動的でもあり絶対主義的でもある民主主義とは、すでにグロテスクなアイロニーであり、自己矛盾である。つまり民主主義は、敵が見えなくなり、民衆という主体を喪失するにつれて、ほとんど制度=形式と化してしまった。独裁や無政府状態のような危機に遭遇するたびに、民主主義は息を吹き返し、あらたに活性化することもあったにちがいない。そもそも、民主主義は、ある敵に収奪され貶められた民衆という主体の強い動機なしには、つまりもともと危機なしには成立しえない〈活動〉であったが、もちろん危機は次々様相を変えて民主主義を襲い、民主主義そのものも危機に陥る。

「一般意志」による政治とは、すなわち国家と国民、治者と被治者の完全な一致を実現することでなければならないが、選挙によって実現されるはずのこの一致、同一化はあくまで形式的な

(9) 同、二〇ページ。

ものである。多数者の意志によって選出された候補者も、その意思も、必ずしも「一般意志」と一致するわけではない。多数者は誤ることがあり、むしろ少数者の意志のほうが一般意志に合致しているかもしれない。フランス革命においてすでに発生したように、一部の急進的民主主義者が、きわめて排他的にむしろ貴族制に似た支配を行なうこともありうる。まさに「民主主義を排除するために民主主義が利用されるという危険が存在する[10]」。

要するに多数者は多数者の名において、また少数者さえも「一般意志」の名において、民主主義的支配をおこなうことができる。国民の多数の意志が一般意志を形成するとしても、巧妙な宣伝や教育によって、少数者が「多数の意志」を作為的に形成することもできる。シュミットは、こうして「独裁は民主主義の対立物ではない」という主張を警鐘のように記しているが、彼自身が独裁に接近していったことは、広く知られている事実である。

シュミットは「一九世紀に民主主義と議会主義とが同義として受けとられるほど、両者は互いに結びつきあっていた」と指摘している。しかし「近代議会主義と呼ばれているものなしにも民主主義は存在しうるし、民主主義なしにも議会主義は存在しうる」と、両者の一体性がアプリオリであり絶対的であるかのような見方を分解し、相対化している。シュミット独自の「決断」を重んじる発想は、そこに性急に「独裁」の可能性を導入するのだが、彼の考察は、民主主義も、議会主義も、脆弱な「擬制」でありうることを前提に、これらを再考する糸口を与えてくれる。

シュミットは、議会主義と民主主義との一体性は自明ではないと言いながら、民主主義と自由主義の「するどい対立」について書いている。「自由」と「民主」が対立するという発想は、この二つを政党名として、二つの間の緊張関係を想像だにしないような惰性が定着している〈政治風土〉においては、繰り返し立ち止まって再考する必要がある。「権力の多元性、立法権と執行権の内容上の対立、国家権力の全部が一点に集中してよいという思想の拒否、これらすべては、実は、民主主義的な同一性の観念に対する反対物である」[11]。つまり自由主義は、多数決原理によってもたらされる民主主義の同質性や集中性、つまり多数の支配がもたらしうる差異や対立の排除に真っ向から、するどく対立する原理なのだ。

「意見の自由な闘争から真理が、競争からおのずとあらわれる調和として生ずる」。「真理は意見の永遠の競争の単なる函数となるのである。それは、真理にとって、最終的な結果を断念することである」。自由主義とは「永遠の競争」、「永遠の対話」でなければならない[12]……。シュミットのこの見方に照らすなら、ハンナ・アレントの「公共性」の思想は、民主主義的であるよりも、自由主義的であったと言えよう。「たったひとりの人間であれ自分の意見を表明する可能性をうばわれるかもしれないと考えただけでも、この実証主義者は、説明しがたい不安のなかにおかれるのであった」と、ジョン・スチュアート・ミルの「自由主義」について、シュミットは触れている。言論・出版の自由、公開性（アカウンタビリティ）の原則は、民主主義というよりは、自由主義に属する。民主主義では、ひとたびそれが多数の民衆の意志であるということになれば、（原理上は）その代表者が一元的に、異なる意見を無視し、公開性さえも無視して、政治をおこなっ

（10）同、二五ページ。
（11）同、三九ページ。
（12）同、三七ページ。

てもよいことになる。現実には、自由主義と民主主義はするどく対立することなどなく、たがいに抑制的な関係をもって共存し、〈均衡〉しうるかもしれない。しかし対立が先鋭になれば、民主主義は一元化し、もはや民主主義でさえない独裁に道を開く可能性がある。

立法権と執行権を分立させ、均衡させるという発想は、むしろ自由主義的で、この意味での「権力分立」は、人権宣言以来の「憲法」の原則だった（「権力の保障が確保されず、権力分立が定められていないすべての社会は、憲法を有しない」）。あるいはアメリカの『フェデラリスト』は、執行権は最良の政治家ひとりに集中させ（決断の一元性）、立法権は多数の議論に委ねるという形で、この均衡をはかろうとした。カントやヘーゲルに至るまで自明と見なされていたこの原則は、「今日ではあまり理解されていない」と、二〇世紀はじめにシュミットは書いている。民主主義と自由主義の「するどい対立」について、手短に本質的な歴史的考察をするシュミットのモチーフは、ここではあくまで、同一化、等質性にむかおうとする民主主義に対立する自由主義的な伝統を擁護することであるように見える。自由主義的な「均衡」とは、「合理的なるものと不合理的なものとのあいだの均衡[13]」をはかることである、という発想は政治哲学にとって永遠の課題を指示している。

ところで、民主主義を批判し、自由主義を評価するように見える初めの二章のあとで、シュミットは、まさにそれらを脅かす「独裁」について語り始める。第一の独裁は、すでにロシア革命を経験した世界におけるマルクス主義＝科学的社会主義がもたらすもので、これはまた新たな合理性の政治を標榜するものだ。しかし「自分自身に絶対的な確信をもつ直接的な合理主義から生まれた独裁」は、これがはじめてではない。啓蒙主義、ジャコバン主義、ナポレオンの統治などの前例が、歴然としてある。それにしてもシュミットが民主主義に対するアンチテーゼとして賞揚したかに思える「自由主義」は、マルクス主義の観点からは、「議会主義的思考のブルジョア自由主義」と言いかえられるしかない。

「敵」を正確に分析しようとするシュミットの分析は、ここでも目覚ましい。マルクス主義は、新しい合理主義的独裁にむかうだけではなく、その科学主義は、内在的な有機的力によって自らを革新していくような過程として人類史をとらえる思考である。つまりマルクス主義的独裁は、歴史の弁証法のなかに組み込まれている。命令も決断も、「あの世界精神の蠕動作用のなかで消化される[14]」。「すなわち、時宜に適さぬものを排除し、あやまった錯覚を排除するだけのために、独裁は可能となるであろう。独裁は、副次的かつ付随的なものとなろう[15]」。このような科学的独裁は、決して「専制支配」ではない、ということになる。

「世界精神は、最初はつねに少数の頭脳の中でのみ、その意識性のときどきの程度に応じて理解される[16]。……」。ヘーゲルからマルクスへと受け継がれた歴史の弁証法は、かつての啓蒙主義的合理主義をも「止揚する」ことによって、新しい「独裁」の権利をみずからに与えることになった。シュミットは、むしろマルクスの偉業をたたえるかのようにドラマティックに語っている。「マルクスは、ブルジョアを一つの世界史的な存在へとひき上げた[17]」。ブルジョアは「絶対的に非人

(13)同、五四ページ。
(14)同、七一ページ。
(15)同、七二ページ。
(16)同、七五ページ。

間的なものでなければならない」。だからこそプロレタリアートとブルジョアの対立は絶対的なものとなる、というふうに。

シュミットは、啓蒙主義的な合理主義（ジャコバン主義的な絶対的合理主義と自由主義的な相対的合理主義）を、ヘーゲルを経た歴史弁証法に接続し、マルクス主義的な「直接的な暴力行使」や「独裁」を、その延長線上の展開として説明している。すでに多岐にわたっていた社会主義的な動向の現実な展開について洞察するよりも、どのようにしてそれが絶対的合理主義として新しい独裁をもたらし、民主主義も自由主義も破壊するかについて、ここではあくまで理念的に考察しているのだ。

もうひとつの「独裁」として、シュミットがマルクス主義に対比しているのは、「非合理主義的」な傾向で、主としてアナルコ・サンディカリズムに体現されたような独裁である。それはロシアにおいてはマルクス主義（ボルシェヴィキ）と結合することもあったが、むしろ「非合理主義の哲学」にもとづく、ほとんど独裁とは言えないような直接行動の傾向である。それは「本能と直観への新しい信念」であり非合理主義的性格をもっている。

ジョルジュ・ソレル『暴力論』は、プルードンやバクーニンのアナーキズム以外に、ベルクソンの直観と生命の哲学に強い影響を受けていた。そもそもアナーキズムは、国家に、民主主義に、あらゆる集権主義と統一性に、そして啓蒙主義、知性、科学にも反対して、「生の個別的な豊かさ」を擁護しようとする。だからこそ、少しも革命的には見えないベルクソンの「生の飛躍」の思想が、『暴力論』に援用されることになった。

このような思想にとって、統一性や集権制を抑制して、差異を尊重しようとする自由主義とは、あくまで相対的で、相対主義的理性を原則とするものにすぎない。ところがソレルの自発主義、生命主義は、むしろ神話に、神話的熱狂に依拠しようとした。「推論あるいは合目的な考慮からではなく、真の生の本能の深みから、偉大な熱狂、偉大な精神的決断および偉大な神話が生ずる。熱狂した大衆は、大衆のエネルギーを駆りたて、殉教への力や暴力行使の勇気を大衆に与えるところの神話像を、直接的な直観からつくり出す。このようにしてのみ、ひとつの民族あるいはひとつの階級が、世界史の動力源となる[18]」。それは決してユートピア主義ではない。ユートピアは合理主義的精神の産物にすぎない、とソレルは主張したのである。「人間の生がもっている価値的なるものは、理屈からはでてこない」、「熱狂は、大衆自身からこなければならない[19]」。ここでもシュミットは、こんどはソレルにほとんど共感するようにして、その思想を簡潔に力強く要約して見せる。アナーキズムはもちろん独裁の反対概念であり、ソレルはプロレタリア独裁にも反対するのだ。それなのに、その非合理主義、直接行動主義、生命主義を、どうしてシュミットは新しい（非合理主義的）「独裁」と定義するのか。

無政府主義的な直接主義は、ロシアではマルクス主義と結びついて革命をもたらしたかもしれない。しかしマルクス主義者でもあったソレルは、階級闘争の勝利よりも、「民族的なるもののエネルギー」の勝利に強い印象をもっていた、とシュミットは述べている。神話、民族そして人種、血統の観念は、やがてファシズムと結合する。「われわれは一つの神話を創造した」（ムッソ

(17) 同、八〇ページ。
(18) 同、九二ページ。
(19) 同、九七ページ。

リーニ)。「無政府主義者の著作家たちが権威と一体性とへの敵対性から神話の意義を発見したとき、かれらは、そうなることを欲せずにではあるが、新しい権威、秩序と規律と階序性への新しい感情の基礎づけに貢献したのであった」(シュミット)[20]。独裁に真っ向から反逆するかに見えた思想さえも、このようにして新しい独裁の形成に寄与しえた。要するに議会主義を脅かすいくつかの独裁の脅威について精妙に考察しながら、シュミットはむしろ独裁の思考を磨いていったようなのだ。シュミットの思想では、主権、独裁、「友と敵」についての思考の方が、むしろよく知られている。しかし「パルチザンの理論」について考えたときもまさにそうであったように、敵の思考を批判する際に、シュミットは恐るべき敵の思考にいつも異様に敏感だった。

「議会主義と現代の大衆民主主義との対立」というもうひとつの論考の最後で、シュミットは、民主主義の末期的状態について書いている。「個々の市民それぞれが最も深い秘密と完全な孤立のなかで、それゆえ私的なるものおよび無責任なるものの領域からふみ出すことなしに、「秘密装置」のもとで「監視されずに」(……)彼の票を投じ、ついで個々の投票すべてが記録され、算術的な多数が計算される、というふうな仕方でしか国民はみずからの意思を表明しえぬ[21]」。そのように社会契約からも一般意志からも遠い、もはや秘密の「投票システム」でしかない、索漠とした民主主義のありさまに触れているのだ。ボルシェヴィズムとファシズムという二つの独裁形態だけが民主主義を脅かしているのではなく、大衆民主主義となり、一元化、同一化をますます強めていった民主主義の主体とは、孤独な私人の集まりでしかなく、もはや民衆でさえもない。すでにそのような情況が、いまから一世紀前の民主主義のものであったこと、民主主義も自由主義もともに衰退させる要因は、いくつもの独裁の脅威からくるだけではなく、それら自身の内部にもあったこと、このことがファシズムのすぐ間近にいた法学者によってするどく指摘されていたことは、ひどく気にかかるのである。

## 3　民主主義が憎悪される

民主主義の最大のパラドックスは、普通選挙、議会政治、立法権と執行権の分離（憲法）のような制度的要件をみたしているかに見える民主主義という制度が、たえず、いつでも脅かされるということ、たとえ制度および法として持続していても、事実上は寡頭制的になっていたり、じつは多数の民衆の意志（それが何か知ること自体が実は難しい）を裏切るような力関係によって決定されているかもしれないということである。つまり民主主義が、民主主義の名において、民主主義を排除するように作用するような事態が起きることである。シュミットが書いたように「民主主義は、軍国主義的でも平和主義的でもありうるし、進歩的でも、反動的でも、絶対主義的でも自由主義的でも、集権的でも分権的でもありうる。そしてさらに、すべてはさまざまの時期ごとにさまざまであり、だからと言って民主主義的であることをやめるわけではない。[22]」というような混乱が、たえずめぐってくるということである。

(20) 同、一〇七ページ。
(21) 同、一五三ページ。
(22) 同、二〇ページ。

したがって、民主主義への強い抵抗や憎悪さえも、単に反民主主義的な保守や反動の立場からだけでなく、民主主義を信奉し、擁護する人々の側からさえも生まれうる。民主主義に対する批判も、あくまで民主主義の機能不全を批判しているのか、そもそも民主主義の本体そのものを批判しているのか、じつは批判する側でも意見の両義性がときほぐせないでいることがある。いわゆる「ポピュリズム」に対する批判は、確かに民主主義のある傾向に対する批判である。もちろん「付和雷同」と形容されうるような現象と、「民主主義」とは注意深く区別する必要がある。しかし「民主主義」が、秘密投票の単なる算術的多数によって支えられるかぎり、「ポピュリズム」も「付和雷同」も避けることができない。

たとえば、民主主義も、そもそも政治そのものも、政治の観念や制度とともにある分割または分担（パルタージュ）を変動させることなしにはありえない！　ジャック・ランシエールは、そのように政治に関する静的な思考を転換してみることをうながしている。以前には語り、考える資格を持つとは考えられていなかった奴隷が、語り、考えるようになる。家族と家事にしかかかわらないはずの女性が、家の外で活動することを主張するようになる。そのようにしてパルタージュが変更される。そこにこそ、政治があり、民主主義があるのであって、もしパルタージュの変動がないなら、そこには（ギリシアならば）ただポリスという制度が存在するにすぎない。しかし民主主義とはそのような「変動」のことであって、単なる制度の名称ではない、とランシエールは言いたいのだ。分割、分担、そして区分に抗うこと、つまり「脱領分」、「脱領土化」なしの民主主義はない、と言うのだ。

プラトンは、『法律』で、ポリスの統治に携わるための資格のリストをつくっており、七つの資格を考慮している。そのうち四つは、出生による違いである。子供に対する親の権力、年少者に対する年長者の権力、奴隷に対する主人の権力、卑小なものに対する高貴なものの権力という四つの権力は、出生の順序と出自にもとづくものである。ついで強いものが弱いものに、学識あるものが無学なものに対して持つ権力があって、この二つは、前の四つに比べて、家族や社会の関係に媒介されていないので、自然な権力と呼ばれる。ポリスにおいて「統治するのは、年長者や高貴な生まれのものではまったくなく、端的に優れたものである」。統治の原理は、あとの二つの原理（自然な権力）を優先するようになり、「ここから政治ははじまる」。

しかしこれら六つの資格にプラトンは第七の資格を付け加えている。それはもはや資格でないような資格であり、くじ引きによって得られる資格、いわば神に選ばれたものの資格であり、資格自身に反するような資格、資格がないことと同義の資格である。「ここにスキャンダルがある」とランシエールは書いている。出生によってすぐれているわけでもなく、自然から力や才能をさずかったものでもなく、みずから統治することを望みもしなかったものを、くじ引きで選んで統治させること。これを最後の「資格」としてプラトンは確かにリストに入れている。いまではどんな国でも（たとえば無作為抽出による裁判員選考などをのぞけば）、民主主義とくじ引きをセットと考えることはない。しかしギリシアのポリスは、実際にこれを真剣に考慮し、実践に移したこともあった。「民主主義という言葉が意味するのは、まず無原理《アナーキー》な「統治」であり、あらゆる統治の資格の不在以外に何の根拠もない統治である」[23]。くじ引きとは、「無原理」を原理とする統

（23）ジャック・ランシエール『民主主義への憎悪』松葉祥一訳、インスクリプト、五八ページ。

治なのである。

たとえばジャン・クロード・ミルネールの論争的な書物『ヨーロッパの民主主義の犯罪的傾向』(原著は二〇〇三年に発行)は、あからさまな民主主義批判の図式を、反ユダヤ主義を想起しながら提案していたのだ。ミルネールによれば、民主主義とは、家族関係や性差に至るまで、伝統的なコードを粉砕してきた「無制約性」という社会原理に導かれるものだ。それゆえ血統や相続の原理という「制約性」に忠実な人間であるユダヤ人に対して、攻撃や排除の暴力が及ぶことになった。そこから演繹して、ジェノサイドをもたらしたガス室とは、まさに民主主義社会の原理と同質だ、とミルネールは挑発的に断定しているのだ[24]。この主張に触れたランシエール自身の意図は、必ずしもそれに反論することではないらしい(ミルネールの分析にはもう少し繊細な思索も含まれている)。むしろ彼は、ほぼ二〇世紀末から二一世紀初めの時期に「民主主義」という言葉の意味がこうむった深い変化とはなにかを、ミルネールのような極端な批判も念頭において再考しようとしているようなのだ。

民主主義の「無制約性」、そしてランシエールがギリシアに見ているような「無原理性」、これらはまったく同じことではない。ランシエールはむしろ、民主主義のこの原理的「無原理性」(スキャンダル)を、民主主義が忘却してしまったことを批判している。一方ミルネールは民主主義の「無制約性」はますます膨張して、反ユダヤ主義となり、ナチズムになり、現代も席巻している最悪の事態であるかのように語っているのだから、二人の語る民主主義は決して同じものではない。しかしどちらも民主主義が大きな危機をはらんでいることを問題にしている点だけは共通している。

ランシエールがもうひとつ指摘しているのは、「コンセンサス民主主義」である。それはほとんど政治性を失い、経済のメカニズムに吸収されて、情報、コミュニケーション、サービス、消費などの循環のなかに組み込まれ、制限され、散逸してしまったかのような民主主義である。すでにシュミットは「議会主義」の危機を考察しながら、それが経済における民主主義（ギルド社会主義）のほうにシフトしていったことも、ひとつの危機として指摘していたのである。そしてそのようにして管理や調節のメカニズムとして経済の方に吸収された〈民主主義〉から、新たな全体化作用が政治のほうに逆流して、民主主義そのものを変質させるようになる。「無原理」であるどころか、全面的に経済的原理であるような民主主義は、逆に新たな政治、統治、権力を形成しているにちがいないのである。

しかしランシエールの民主主義論は、「憎悪」であるどころか、次のような再定義をへてデモクラシーの熱い再評価にいたる。「デモクラシーとは、まさに政治の象徴的な創設なのです。政治とは、本質においては、統治することではありません。政治とは、この統治することの自明性を中断することであり、ある集団が自分たちに固有な資質を名目にして統治を行う能力を失墜させることなのです。政治とは、厳密に理解すれば、統治することのあらゆる正当性の解体をそれ自身のうちに含む統治形式なのです[25]……」。

統治の自明性や正当性を中断し再考すること、これは現在の政権や政治家が夢にも思わず、仮

(24)同、一八ページ。
(25)同、一五〇ページ。

に誰かが思ったとしたら、ぜがひでも排斥しようとする発想にちがいない。(もっとも現今の政治は、しばしば統治の不全や無能を蔽い隠し、取り繕うことに異様な努力を傾注しているという面もある)。ランシエールの発想は、過去に何度も繰り返されてきた、組織も統制もされない自発的な異議申し立てや反乱のアナーキーな系譜に焦点を合わせているように思える。

たとえばそれは、日本の代表的な民主主義論者の、もう少し穏健に見える次のような指摘とも、まったく異質なものではない。「「人民の支配」ということが理論的に矛盾を含み、そのままの形では実現できないとしても、決して民主主義が無意味なのではなく、むしろそのギャップのゆえにこそ、たえず民主化せねばならないという結論が出て来るわけである。そしてこのためには民主主義を既成の制度として、あるいは固定的なたてまえとしないで、不断に民主化してゆく過程として考える訓練をすることが重要であろう[26]」(丸山真男)。

そして民主主義批判は続く。世界の広場に集まった〈民衆〉の集会に多数決原理が適用され、何かが決定される。それは民主主義を要求し、民主主義の手続きを踏襲する。しかし広場に蜂起した民衆の情熱は、たちまち組織されて冷め、別のものに変質していく。そこに集中し合流し表出した生の力量は、じつは新しい政治を形成しつつあったのに、むしろ民主主義がそれを簒奪することになる。そしてこの変動が、しばしば別の独裁に道を開くことがある。「是が非でも状況を制御したい、そのためには状況を破壊しても仕方がないと民主主義者たちに思わせているものは、状況に身を委ねることへの恐怖にほかならない。かかる不安に形式と構造を付与する手続きの総体、これこそが民主主義である。民主主義を非難する必要はない。不安を攻撃してみてもはじまらないだろう。何がどのように語られ、とりわけ何がそこで伏せられているのか、表情や沈黙のうちに何が読みとれるか——注意をあらゆる側面にゆきわたらせることによってのみ、われわれは民主主義的作法への執着から自由になれる。注意を相互に充満させること、共なる世界に対する注意を最高度に研ぎ澄ませることによって、民主主義がアトム化した個人たちのあいだで維持している真空を消滅させてしまわなければならない。論証からなる機械仕掛けの体制にかえて、現存するものに開かれた感性的な真理の体制をうちたてること、それが賭け金である」[27]。この「委員会」は、民主主義を超える民主主義を提案している。

　民主主義は、世界中でまだ必要とされ、要求され、少しでも実現されるとたちまち変質してしまうようなものであり、目的であったことが、たちまち手段と化してしまう。要するに、民主主義は、あまりに「統治のパラダイム」にとらわれていて、アトム化した個人のあいだのモノローグを、かろうじて組織し構造化する手段にしかなっていない。

　民主主義は、民主主義それ自体によって、あるいはその名による政治、その名を騙る政治によって破壊され、簒奪される。そもそも民衆が存在しないのだ。民主主義の主体は、もはや民衆ではなくなっている。国民に数えられる（国民と想定された）、管理し管理される集団の相対的な幸福と安全を維持することしか視野にいれようとしない民主主義だけがよく機能するように見えるが、もちろんこれもたびたび機能不全に陥る。法でも権利でもないもの（力関係と呼ぶべきか）によって政治はおこなわれている。それゆえ法、権利、そして政治からさえも離脱しなければな

（26）『丸山真男集8』、「民主主義の歴史的背景」、岩波書店、八九ページ。
（27）不可視委員会『われわれの友へ』ＨＡＰＡＸ訳、夜光社、六三ページ。

らない、という発想が必然的に登場する。反動的な寡頭制、貴族制、そして独裁ではないとしても新たな集中的形態をめざす発想が当然出現しうるが、そのような発想が真に有効であるかどうか、この世界の混乱を解決しうるかどうかも明瞭になったことはない。ここまで進化し、知的に、合理的に、効率的になったはずの世界が、その分だけ、あるいはそれを上回るほど暗愚になり、誤謬と誤算だらけで、破滅の手前にあるという予感はなくならない。あらゆる知力や資源を投入し、ふりしぼってきた事業が、巨大な危険、矛盾、葛藤を培い、ある日、想定できませんでした、という破局的事態に遭遇する。たとえ想定できたとしても、防げない。想定できても、防ごうとしない。そういう事態も次々発生する。

管理社会には限界がない。危機管理と、ひとはいう。そして管理そのものに由来する危機を、はてしなく広げていく。完全な統治という夢のようなシステムの実現……もはやいかなる規則も境界も免れた純粋状態の統治(28)。

民主主義は、まだないのか。もはやないのか。幻想にすぎないのか。それでもまだ要求すべきものか。すでに根こそぎになっているのか。民主主義は、過去の制度の残骸でしかないのか。その残骸は、まったく別の目的に、別の方向に使用されているにすぎないのか。永遠の矛盾、アポリア、幻想、理想、欲望、口実、ルアー、じつは独裁、じつは寡頭制、じつは管理社会、じつはアナーキー、祝祭、狂乱、停滞、砂漠……。

(28)同、六九ページ。

# 第6章　最悪の政治

「このまま政治的に正しい行動を続けていたら、われわれの国は地獄に落ちるだろう」（スティーヴン・レビッキー／ダニエル・ジブラット『民主主義の死に方』濱野大道訳に引用されたドナルド・トランプの発言）

## 1　思考実験として

最悪の政治を想定してみよう。史上最悪、世界最悪の実例を、歴史の中にさがしてみることもできようけれど、さしあたって思考実験としてである。ある時、ある場所の、たとえば現代日本の政治は最悪だと言うことができるかどうか。最悪だという答えもありうる。そもそも「最悪」（残酷、非情、欺瞞、偽善、愚劣、腐敗、エゴイズム等々？）の正確な指標などないし、政治の悪さ加減を量的に計測することはなかなか難しいので、最悪と感じたものにとっては確かに最悪にちがいない、と言うしかない。とにかく、最悪でないとしても、自分にとってひどく悪いこと、耐え難く感じられることを「最悪だ！」と呼んでいることはよくある。ところが皮肉にも（！）同じ政治を最良と感じる人々だってありうるのだ。立場の違い、見方の違い、感覚の違い、立場も見方も感覚も違えば、何が見えてくるかも違ってくる。それぞれのモナドには窓がない。それぞれのモナドにとって異なる世界の表象がある。それでもまだライプニッツは「予定調和」について語ることができた。

最悪の政治とは、実は政治の名において、もはや政治ではないことばかりが行われているような事態ではないか。当然、改めて「政治」を定義し直すことが必要になる。ある集団の「安寧秩序」以上のことをめざし、ギリシアのポリスのような活動的公共性こそが政治であるとするなら、「最悪の政治」などあるはずがなく、ただ真正の政治と、名ばかりの偽りの政治があるにすぎないだろう。

それにしても最悪の政治としては、ファシズム、全体主義、恐怖政治、独裁、圧政、軍政、専制、神の名による強権政治、寡頭政治、腐敗と暴力のはびこる政治、等々が、すぐに浮かんでくる。

最悪の政治とは、最悪の世界に等しいだろうか？　必ずしもそうではない。政治が劣悪でも、何とか生活の安定が保たれていることがある。どうやら政治が世界のすべてを規定するわけではないからである。最悪の政治のもとでも、幸福に生きることができるかもしれない。そして最悪の政治を行う人間たちさえも、みずからは幸福、快適に生きようとして、それゆえに他者にとっては最悪で、自分たちにとっては最良の政治を行うかもしれないのである。

最悪の政治がもたらすものは何か（それが一部の集団に対するものか、全体に対するものか、という問題が必ずある）。死、破壊、病、飢餓、貧困、そして恐怖、不安、抑圧、隷従、自由の剥奪、腐敗、停滞、思考停止、等々である。そしてそのための手段としての暴力、拷問、監禁、監視、脅威、洗脳、嘘、宣伝、デマゴギー、プロパガンダなどである。

この巨大化した世界では、最悪の政治とは、たとえ〈独裁〉政治であっても、たったひとりの個人によることは不可能で、国家という組織形態なしには、ほとんどありえない。国家は、権力の集中的形態であり、排他性を前提としている。主権は排他的である。平等や共存が建前でも、国家は何よりも国家自身を重んじ守ろうとする。だからこそ、国家の廃絶とは、あるいはその抑制や開放とは、政治を考えようとするなら、必ず視野に入れねばすまない課題なのだ。

しかし国家だけが、国家の政治だけが、最悪であったり、最良であったりするわけではない。私は即座に、最悪の経済や、最良の経済を同時に思い浮かべている。国家に劣らない比重をもって、経済的な（富による）支配が存在して、私たちの世界では、その支配に国家がほとんど従属しているようにさえ見える。いずれにしても、国家と企業、銀行が連携して、最悪と最良のあいだを揺れる支配や政治をおこなっているという現実が確かにある。

ところで支配について語るなら、もちろん支配と被支配者がいなければならない。いま主権とは人民であるという社会契約の原則を持ち出そうとは思わないが、民主主義を標榜し、(建前上は)この原則にしたがう世界で支配者は、少なからず被支配者でもあり、したがって被支配者が支配をおこなっているはずなのである。確かにこのことは建前であり、原理であるにすぎず、現実にはあらゆる形で権力の集中が起き、支配–被支配の関係が次々リサイクルされている。しかも二〇世紀後半に盛んに提案されるようになった権力論によれば、権力は決して特定の個人にも、政府のような機関にも集中しているのではなく、実際は無数の焦点に分散しているからこそ、統御が難しく、実体がみきわめがたい。確かに今日の社会的権力の行使を、特定の人間の人格や能力に還元することは難しい。その権力が社会的な広がりをもつなら、それを行使する組織も、ある分散した広がりをもつような協働を必要とする。権力は、いまも特定の場所や個人に集中していることは事実にちがいないが、それが無数の焦点に拡散していることも、やはり同時に事実なのである。

支配の欲望も、力関係も確実に存在し、持続している。しかし、ある程度まで、支配するものは支配されるものでもある。この支配に、じつは主体はいないかのようである。この世界に最悪の政治があるときも、そこに必ずしも最悪の支配者、最悪の政治家が存在するわけではない。たとえ存在したとしても、それを支持する多数の人間がいなければ、彼らはそのような存在として存在しえない。つまり最悪の政治とは、必ずしも最悪の主体による支配ではない。だからこそ最悪でありうるのである。最悪の政治とは、一つのリゾーム（中心も階層もない組織網）のようなもの、最悪のリゾームと言えるが、リゾームにはもちろんもっとましなものもあるにちがいない。

最悪の政治は、ただ露骨に最悪であるわけではなく、それが善意の政治、最良の政治だと、しばしば自称するのだ。もちろんそれが虚言にすぎない場合があり、嘘を言いながらもそれが最良であると信じているものがあり、単に信じるふりをしているものがあり、嘘だと気づかずしたがうもの、嘘と知りつつ、それにしたがう（ふりをする）群れがある。

あなたの言っていることは理想（嘘）で、現実をわきまえるべきだ……。そのように〈現実〉の名における抑圧、管理、（自由・平等・人権の）制限が際限なく繰り返されるが、そのように持ち出された〈現実〉とは、しばしば脅威や危険の〈観念〉にすぎない。しかし、いやというほど反復される〈観念〉は、反復によっていつのまにか〈現実〉と区別がつかない何かになりうる。

管理は無限に拡張されるわけではない。しかしその限界は、ほとんど経済的なものだ。費用対効果の問題ということになる。そもそも効率の悪い管理とは、管理の名に値しない。

ところで最悪の政治にもまだ議論というものが存在するだろうか。政治とは言葉の行為であり、自由に言論を戦わせること、熟議することだ、というまことに古典的な定義が、まだ仮面として、儀式として必要なのか。もちろん最悪の政治は、議論も熟議も斥け、別の政治的言語どころか、「ニュー・スピーク」（ジョージ・オーウェル『一九八四年』）を導入する。文法を単純化し、語彙や、文章の長ささえも制限して、思考を統制するかのような〈新しい〉言語は、現に実現されつつある。新しい歴史が書かれ、新しい言語、コミュニケーションが登場する。議論を制限し節約することは、その目的のひとつだ。暴力的な抑圧、脅威、拷問はなるべく避けるのがいいし、実行するときは、もちろん隠さなければならない。むしろソフトな支配、〈自発的隷従〉が最良であり、有効なのだ。〈自発〉そのものが設計され作り出されるなら、もっと効率的なのだ。支配は意識されないし、支配の側も、自分が支配していることさえ意識しない。そのようにして奇妙な支配が貫徹される。〈管理社会〉はそういう極限的状態にかぎりなく近づいていくが、これが不均衡も危険も暴力も潜在させて、もはや統制できない崩壊の道を歩んでいくことも大いにありうることだ。最悪のあとに、さらなる最悪が待っている。

要するに、最悪の政治は決して最悪とは意識されず、それと意識させないようなメカニズムを含んでいる。したがって最悪の政治は、いつのまにか実現されているが、まさに最悪であることによって、最悪とはみなされないだろう。まだそこまで悪化していない、と誰しも思いたい。最悪の政治など存在しえないはず、してはならないのだ。ところがすでに最悪の政治は、もう実現されている、あるいはドアをノックしている。目に見える暴力が荒れ狂っているわけではなくても、目に見えない腐敗が取り返しのつかないほど蔓延っている。これはサイエンス・フィクションではなく、たぶん被害妄想でもない。

一つの思考実験として書きはじめたが、政治の次元にとどまることなく、結局、思考にとって

〈最悪〉とは何かと考えて見なければならない。最悪は、最悪として現れることも、思考されることもない。このことが最悪である。最悪の管理社会は、決して最悪とみなされないように綿密な管理を徹底するだろう。この逆説から私たちは脱け出ることができない。これが思考にとって避けることのできない与件であるが、思考にとって最悪中の最悪とは、思考を停止すること、思考の死である。もはや最悪も最良も思考されないという事態がありうる。そもそも思考が存在しなくなる世界では、最悪も最良もただ機械的に計量されるばかりで、もはやその指標自体を思考する思考も消滅しているはずだ。

## 2　隷属と服従、規律と管理

ミシェル・フーコーが『監獄の誕生』で解明しようとしたのは、いわゆる「規律社会」のモデルとしての監獄という装置であった。このモデルを、学校、軍隊、工場へと広げ、ついには一社会全体へと普遍化していくような社会システムを、「パノプティコン」（一望監視装置）として彼は精密に描き出そうとした。啓蒙と革命が進行し、そして政治的「自由」が実現されたはずの西洋近代にあって、そういう規律社会が、ほとんど同時進行するようにして整備されていた。それ以前には『狂気の歴史』で、西洋の理性がいかに「非理性」を対象として新しい知と監禁の制度をつくりあげたかを考察し検証したフーコーは、こうして近代の暗部を精密に描き出す一連の研究をなしとげていた。そのような研究は、同時に規律社会や監禁のシステムが、もはや過去のものになったことを示してもいる。たとえばドゥルーズは、ネグリとの対話で、「規律社会」のあとには、新たな「管理社会」が到来している、これはパノプティコンによる監視とまったく異質なものだ、と指摘したのだ[1]。

フーコーの影響もあってか、「監視社会」についての考察も、その後さかんに行われてきた。オーウェルの『一九八四年』に描かれたような監視と洗脳と統制のシステムは、いまも様々なかたちで、世界中で進行しつつあると言える。それはナチズムのドイツや共産主義圏で、すでに高度に実現されていた「社会」のことでもある。実は規律社会・監視社会・管理社会のあいだに明瞭な区別などはなく、それぞれの社会において、様々な手段や技術を用いた管理のシステムが、たえず複合され、再編成され、いっそう精密になり、恒常的になり、効果的になってきただけだと言うこともできる。ほんのちょっと管理のサインを送るだけでいい。上司がご機嫌ななめだ。みんなが私を無視する、そんなふりをする、きっと左遷される、そう思えて仕方がない……。恒常的なパラノイア状態が維持される。

「規律社会」とは、特定の場所（工場・学校・軍隊・監獄）において、主に身体に及ぶ規律のシステムであったが、やがてそれは精神に、脳にまで、精細に恒常的に及ぶようになり、まったく新たな「管理社会」という様相をとるようになったと言える。人間の全活動を単に鋳型にはめるのではなく、しなやかなフィルターにかけるようにして、刻々その網の目を変形し微調整するようなコントロールのシステムが登場したのである。

現代の「民主主義」の危機、変質という事態も、民主主義が管理社会と一体であること、それが管理社会の民主主義であり、民主主義的管理社会であるということを無視しては考えられない。

誰もが政治に介入しうる社会は、誰もが政治によって介入される社会でもありうる。仮に政治を主導すべき民衆（国民）の意志が、一部の人間や階層によってすっかり管理された民衆の意志であるとすれば、もはや民主主義という言葉は空語にすぎない。私たちの社会は、すべてが管理された（最悪の）社会であるわけではないとしても、そもそも「管理社会」とは決してすべてを管理することなく管理するようなシステムであり、管理することとしなくてもいいことを正確に効率的に区別するような経済的システムでもある。たしかにそれは恒常的な「監視社会」でもあるが、管理されない時空さえも、管理によって設計されている。

これは特にメディアや教育やカウンセリングやマーケティングを通じて、たえまなく思考の操作（洗脳）が行なわれる社会でもある。しかし管理社会に「洗脳」があるとしても、決してそれはたった一つの教義や指令という鋳型に全員がはめこまれるというタイプの、あからさまな「洗脳」ではない。「管理社会」の操作は、もっとしなやかでソフトで、多様性さえも尊重する。〈多様な商品〉にむかう〈多様な欲望〉は、資本主義からやってくる指令の対象でもある。いまのところ、この管理社会は資本主義と（その欲望と）共存していくしかない。それどころか、管理の手段と効果はそのまま資本であり商品でもある。マーケティングとコントロールは一体であり、民主主義もその巨大なシステムのなかに組み込まれている。もはや政治という固有の領域など存在しないかのように。民主主義も、その巨大なシステムの手段や装置でしかないかのように。

〈多数決〉が民主主義の重要な原理であるとして、〈多数〉を形成することにおいて、このシス

（1）ジル・ドゥルーズ『記号と事件　1972―1990年の対話』、「管理と生成変化」、宮林寛訳、河出文庫。

テムは実に有能なのだ。〈多数〉の民衆とは、自発的でも意志的でもなく、管理され成形されるもの、最もよく管理され成形されたものとして登場する。もはや監視も規律も必要がなく、自分の意志で考え、自分の欲望で動いていると〈思う〉多数の人々が形成されさえすれば、システムは機能していることになる。絶対多数でなくても、二〇、三〇%の多数派を形成できるなら、残りはむしろ分散させておくのがいい。政治への無関心を促進し、むしろ投票率を下げるための教育や情報操作を、広告会社の助けを借りながら、資金を惜しまずに徹底していく。テレビの視聴率や、製品の市場占有率を高めるための操作とあまり変わるところがない。小選挙区制の効果もあって、そういう操作によって最小限の〈多数派〉を実現できれば、実は腐敗した不人気な一政権さえも維持できてしまう。

ドゥルーズとガタリは『千のプラトー』、「国家装置」の章で、古代の専制における「機械状隷属」(asservissement machinique)と、現代の資本主義が労働者に強いる「社会的服従」(assujetissement social)を対比して考察している。「隷属とは、人間みずからが、上位の統一性による管理と指揮のもとで、人間同士で、あるいは他のもの(動物や道具)とともに合成する機械の構成部品になっている場合に現われる。服従とは、上位の統一性が、動物であろうと道具であろうと機械であろうと、外部のものとなった対象にかかわる主体として人間を構成するときに現われる。このときもはや人間は機械の構成物ではなく、労働者や使用者となり、機械によって利用されるのではなく、機械に服従するのである(2)」。

資本主義において、資本に「服従」するものとは、その内部の歯車にすぎないかのような「奴隷」ではなく、その「外部」にある自由な主体である。資本が服従させる（assujetir）のは、資本の外部の主体（sujet）であり、労働者は主体として資本に組み込まれる。「資本とはすべての人間を主体として構成する主体化の点として作用している」。新しい奴隷ではなく、資本主義的「服従」の主体が次々形成されて、いまにいたっている、と考えられる。

しかし「服従」は、次々形態を変え、精密になり、恒常的になって、もはや「服従」でさえない新しい「隷属」を生み出しているのではないか。「サイバネティクスとコンピュータ」という新しい技術・機械が大きな変化をもたらす。「ここで人間と機械の関係は、もはや使用や活動という用語によってではなく、たがいの内的コミュニケーションから成立する」[3]。そのようなコミュニケーションは、単なる効率的手段ではなく、あらゆる実践や思考それ自体が「コミュニケーション」として作動することになる。ここで技術機械は決定的な要素だが、技術機械は新たな社会的機械の産物でもある。主体化された人間たちの結合が、新たな社会と機械を生み出し、人間を非主体化するという循環が成立する。その結果起きることは、機械的隷属とはまったく違うものであったはずの（近代的）社会的服従から、新たな隷属の形態が生まれるということである。「主体化が少しでも進行すると、われわれは機械状隷属から遠ざかるが、それが大幅に行われるなら、われわれは再び、機械状隷属に連れ戻されると言ってもよい」[4]。主体化は機械状隷属から人を遠ざけるが、主体化が進むことによって、新たな機械状隷属が実現されるようになる。この過程は、

（2）ドゥルーズ／ガタリ『千のプラトー』下、二一五ページ。
（3）同、二一七ページ。
（4）同、二一七ページ。

主体化というよりも、むしろ新たに非主体化が進行することでもある。コミュニケーション、オートメーション、テレビの世界。『千のプラトー』（一九八〇年）にはまだインターネットも、スマートフォンも、通信衛星も登場しないが、新しい隷属の形態はもはやサイエンス・フィクションではなく、すでに切実な考察の対象になっている。「管理社会」という用語はまだ現れていないが、すでにそれに関する考察にも着手している。

フーコーの晩年の研究は、様々なタイプの権力を考察し、とりわけ「統治性」の方式を解明することに向かった。その方式の一つ、キリスト教の発明と言える「牧人〔司牧〕権力」の特徴とは、群れを、あくまでも個人の群れとして、羊の群れを、同時に一匹一匹の羊として、恒常的に統治するということである。それは群れを「個体化する」ような統治である。恒常的な、悪魔的な、最も厳格な統治が発明されたとも、フーコーは述べた。一本一本の繊維を厳密に編み上げるような牧人的統治が、やがて規律社会として再構成されたとも言えよう。それは個人（主体）を統治するシステムでもあって、フーコーの権力論は決して奴隷に対する権力の考察ではない。権力があるところには、権力を及ぼすべき自由な個人が存在することが前提である。

オートメーション、コミュニケーション、そして物質の微細な単位、波動、遺伝子に対する操作からなるテクノロジーは、人間の生命、脳、器官、分子、遺伝子のような要素にまで及ぶようになる。それにつれて、個人（individu）とその活動も、限りなく細分されうる〈可分性〉dividuelとして管理されるようになる（ただし〈可分性〉は、新しい結合や創造や生成の機会にもなりうる）。コントロールは、主体よりもはるかに微細な単位に及ぶことになる。この面でも、社会的服従をはるかに上回る精密な機械的隷属の現象が波及していくことになる。

新しい機械技術はとりわけ情報をめぐって、そしてエネルギーをめぐって異質な次元に入ったということができる。とりわけ原子力の技術は、その威力も破壊力も甚大であるために、その脅威自体をコントロールしようとして権力も資本も知識も集中させせなければならない。軍事力に転用されたときの危険は、比べるものがないので、それは誰にでもアクセス可能な技術であってはならないのだ。本来コントロール可能である手段であるはずの技術が、まったくコントロール不可能な可能性をもつので、それをめぐって動員される権力も資本も法外に集中的なものとなる。その技術的可能性はかろうじてコントロールされていても、その危険があまり大きすぎて、それをコントロールしようとする権力は、グロテスクなほどに秘密主義的になり、この権力自体が、コントロール不可能なものになる。そういう逆説を決して免れないところまで、この技術は新たな種類の危険を内包している。その技術のもたらす暴走の効果だけが危険ではなく、それを防止し管理しようとする体制そのものが、極端に集権化し秘密主義にならざるをえない。原子力は、その意味で、安全や管理や統治に関して、まったく新しい逆説的な危険を作り出したという意味でも、根本的に新しい技術だったのだ。それ自体が、民主主義に逆行する「新しい」政治を要求してきたのだ。

そして翻って、このことは新しい科学技術のみならず、新しい社会機械にも内包される問題であるにちがいない。管理が効果的に精密になればなるほど、そのような〈管理〉の〈管理〉が必要になり、そして困難になっていく。管理は管理しえないものになり、目標を見失って、ときには暴走し、ときにはただ停滞し、崩壊を招く。そのような危険である。

オーウェルの『一九八四年』に描かれた監視社会がどのようなものであったか、ふりかえってみよう。盗聴、監視カメラがいたるところに、住宅のなかにもすえつけてある。私生活も、性愛さえも、権力の方針を外れていないかたえず監視される。恒常的な戦争状態が続いて、たえず国外の敵に対する憎悪をかきたてるキャンペーンが続いている。集中的洗脳の必要ありと認められた人物は拘束され、技術を駆使した拷問が何段階にも実施される。単に苦痛や恐怖をあたえるだけでなく、白を黒と言わせようとする。最後には、他者に対する道徳的感情を一切失わせるような巧妙な拷問が工夫されている。この権力の技術は、確実に思考と感情を変えることができるのである。

管理者側にあるものは、いわば二枚舌と言えるような「二重思考」を身につけていなければならない。「真理省」と言われるような国家組織があって、たえず情報を操作し、歴史を捏造し、真理を加工し、言語そのものをこの「真理」の体制に適合するような「ニュー・スピーク」として、機能的に作り直す作業が進行している。主人公のウィンストンとジュリアは、この体制に疑問をもっているが、革命や抵抗を企てるわけではない。彼らの抵抗とは、ただ権力の目を隠れて愛しあうことにつきるのだ。「禁じられた愛」をとりまく冷酷非情な社会、という物語は、ほとんど通俗的なパターンだが、それにしても、このような状況下で「禁じられた愛」とは究極の逆説でもありうる。自己愛を含むすべての愛がなくなってしまった社会とは、明白に、社会の存立条件を失うことになるからだ。

オーウェルの小説は、監視と拷問のシステムを綿密に構想し、特に思考と感情それ自体を変容させる管理の手法まで考えていたところは目覚ましかった。究極の拷問は、ただ抵抗者を破壊してしまうものではない。それは抵抗者の頭を、鼠の入った籠に突っ込み、ついには「私ではなく、彼女を入れてくれ」と言わせる、といった一見して滑稽な他愛のないものだ。しかしこの拷問は、他者への共感を破壊することという一点に目的をしぼっている。他者への共感をすべて停止させること、これが極限の越えがたい一線であるような管理社会とは、まだ「社会的服従」の段階にあると言えようか。

そして最も効率的な管理、完璧な管理とは、自発的なものにちがいない。「自発的隷従」については、すでに久しい前から語られてきた。モンテーニュの友エティエンヌ・ド・ラ・ボエシ(Etienne de la Boétie)の書物『自発的隷従論』に書いてあったことを思い起こそう。

「信じられないことに、民衆は、隷従するやいなや、自由をあまりにも突然に、あまりにもはなはだしく忘却してしまうので、もはやふたたび目覚めてそれを取りもどすことなどできなくなってしまう。なにしろ、あたかも自由であるかのように、あまりにも自発的に隷従するので、見たところ彼らは、自由を失ったのではなく、隷従状態を勝ち得たのだ、とさえ言いたくなるほどである。／たしかに、人はまず最初に、力によって強制されたり、打ち負かされたりして隷従する。だが、のちに現れる人々は、悔いもなく隷従するし、先人たちが強制されてなしたことを、進んで行うようになる。そういうわけで、軛のもとに生まれ、隷従状態のもとで発育し成長する者たちは、もはや前を見ることもなく、生まれたままの状態で満足し、自分が見いだしたもの以外の善や権利を所有しようなどとはまったく考えず、生まれた状態を自分にとって自然なものと考えるのである(5)」。

ラ・ボエシの文章には、規律社会、監視社会、管理社会として考えられてきたことの要点が、すでに過不足なく書かれている。これにプラトンの名高い「洞窟」の囚われ人の逸話もあわせれば、生まれたときの状態を自分にとって自然な物と考える人間は、当然ながら隷従状態さえも自発的に受け入れ、隷従を自発と見なすことができるようになる。このことは、ほとんど人間の本性であるかのようにみなされてきた。自由の要求は、決して普遍的な、証明された事実ではない。それでもラ・ボエシは、自由を人間の本性として与えられたものと見なし、あくまでその発想から「自発的隷従」を考察している。自由は自然の本性だが、「自然は習慣ほどの力をもたない」。「習慣」と「教育」によって「自然」はいとも簡単に置き換えられてしまう。隷従の欲望は、ほとんど倒錯的なものと言えるが、この「倒錯」を固定し強化する手管を次々手を変え品を変えて洗練してきたのが人間の歴史でもある。

『国家に抗する社会』の著者ピエール・クラストルも、これについて触れている。(6) ボエシの論は、ルネサンスの時代に知られるようになった新世界の先住民の「国家に抗する社会」に関する報告に触発されたものであり、「自発的隷従」とはまさに「国家」によってもたらされたということが、ここに示唆されている、とクラストルは考えたのである。確かに「隷従」とは、単なる倒錯や策略の結果、強制が隷従に転じることによって生じるものではない。クラストルのようにそれをあくまで「国家」と呼ぶかどうかは別として、ひとたび生じて普遍化した強制のシステムは、支配、統治、治安、秩序……などにともなうあらゆる強制を「自発」として内面化し主体化するシステムとして発展してきたと言える。そして「自発」でさえも設計され、作り出されるとすれば、もはや「自発」の余地さえもない。

それにしても、やはり隷属や服従の形態が歴史とともに大きく変容してきたことにも注意をむける必要がある。だからこそ新たに強いられる新たな形態の強制に対抗し、それを破壊しようとする実践も思考も変化しつつ、止んだことがないのだ。

もはや「規律」でも「監禁」でもない社会の「管理」は、恒常的コミュニケーション、アンケート、マーケティング、監禁を必要としない開放的環境、生涯教育などのかたちをとり、福祉、介護、医療、健康のための産業や行政さえもまた管理を強化し恒常化する手段となりうる。企業でも官庁でも学校でもおこなわれる「滑稽極まりない対抗や競合や討議」と、テレビのゲームやヴァラエティー番組とが、模倣しあい競い合っている。先端的資本主義において工場＝生産の場所は決してなくなってしまったわけではなく、次々賃金の安い低開発国に移動し、そこではむしろ規律社会や、あるいは奴隷制さえも保存され再生産されうる。一方で〈先進国〉では農業や漁業さえも、コンピュータを睨み、市場と相場を相手にして、収穫や漁獲の適確なタイミングを狙うことが死活の問題になっている。生産活動はほとんど周辺的次元に押しやられて、製品の販売、流通、宣伝をめぐる活動のほうが優先し、肥大することになる。世界の優秀な企業が、信じがたいような不良品を生み出すのは、おそらく生産ラインよりも、はるかに非生産の領域のほうに関心が集中しているからでもある。「各個人の位置を割り出し、全世界規模の調整をおこなうコンピュータ」というような事態をすでに、一九九〇年の記事「追伸―管理社会について」で、ドゥルーズも指摘している。管理は、端的に「便利」、「安全」、「快適」として受けとられ、享受され、

(5) エティエンヌ・ド・ラ・ボエシ『自発的隷従論』山上浩嗣訳、西谷修監修、ちくま学芸文庫、二〇一三年、三四―三五ページ。
(6) 前掲の『自発的隷従論』には、ピエール・クラストルがこれについて書いたテクスト（「自由、災難、名づけえぬ存在」）が付論として収められている。

享楽されさえする。

『帝国』（ネグリ／ハート）においても指摘されたモグラの世界からヘビの世界への変容は、ドゥルーズの発言の中でも指摘されていた。「規律と言うものは、本位数となる金を含んだ鋳造貨幣と関連づけられるのが常だったのにたいし、管理の方は変動相場制を参照項としてもち、しかもその変動がさまざまな通貨の比率を数字のかたちで前面に出してくるのだ。旧来の通貨がモグラであり、このモグラが監禁環境の動物だとしたら、管理社会の動物はヘビだろう。私たちは前者から後者へ、モグラからヘビへと移行したわけだが、これは私たちが暮らす体制だけでなく、私たちの生き方や私たちと他者との関係にも当てはまることなのである。規律型人間がエネルギーを産む非連続の生産者だったのにたいし、管理型人間は波状運動をする傾向が強く、軌道を描き、連続性の束の上に身を置いている。いたるところで、サーフィンが従来のスポーツにとってかわったからである」[7]。もはや古めかしく響くにちがいないけれど、「波に乗れ！」である。しかしその波は、いまや電磁波や量子波のように見えがたく、しかも恒常的で強力なものになっている。

そういう社会において、一体出口は、抵抗はどこにあるのか。すでにコンピュータのハッカーやウイルスの侵入についてもドゥルーズは触れているが、これについて多くを語ってはいない。「冷酷な体制でも、我慢できる体制でも、その内部では解放と隷属がせめぎあっている」[8]と述べて、管理社会においてさえも、管理と同時に進む逆のポジティヴな現象や可能性があって、決して絶望しないようにすすめているかのようである。しかし晩年のドゥルーズの現代に対するヴィジョンは決して明るくなかった。『シネマ２』では、確かにまだ「世界への信頼」を回復する映画の可能性について語ったが、ネグリとの対話では、管理社会に深く浸食された民主主義について、「あらゆる民主主義国家は、人間の貧困を生産する作業に加担して、骨の髄まで腐っている」[9]と、確かに強い否定を述べているのだ。

## 3　政治にとって嘘とは何か

どうやら政治に嘘はつきものである。だとすれば嘘をつく政治、政治家が、必ずしも異常であるとも最悪であるともかぎらない。しかし、たとえば嘘の口実によって人を拘束し、拷問し、処刑するような権力が、最悪の暴力をふるっておいて、しかもそれを隠蔽しようとする。嘘は言語の行為だが、それが隠蔽する不正や暴力は現実に破壊的作用を及ぼす。事実の組織的な隠蔽や、文書の改竄にまでいたらなくても、嘘は政治につきもののように流通し続けている。すでに嘘と露見していることでも、嘘ではないかのように人々が振舞ってくれさえすればいい。自分の言ったことが実は嘘であったという嘘を言うものも登場する。そのように嘘がリゾーム状に折り重なっていく。そもそも真偽をめぐる〈方向感覚〉が怪しくなっていく。〈事実〉をめぐる基本的な直観が失われてしまう。重大なのはそのことだ。

アレントの『過去と未来の間』に収録された長文のエッセー「真理と政治」（一九六七年）は、

（7）ドゥルーズ『記号と事件』、三六二ページ。
（8）同、三五八ページ。
（9）同、三四六ページ。

いかに嘘が政治の本質にかかわるかを述べていて、再三読み返してみることになった。アレントの論は、政治における嘘の不正を、必ずしも糾弾することからはじめていない。「嘘は政治的行為の兵器庫のうちでは比較的無害な武器だとみなされやすい」[10]。むしろいかに政治における真実をめぐる言語ゲームが、必然的に嘘とともにあるか、あらざるをえないかを彼女は述べている。しかし二〇世紀の全体主義の出現が示すように、異なる政治状況にあっては、嘘の性格も規模も、まったく法外なものになりうることを指摘している。嘘はもはや事実に付随する一部ではなく、嘘にしたがって、事実の全体が再構成されることになる。そのような嘘の体制は「すべてにわたり取り返しがつかなくなる可能性」[11]をもたらし、嘘が真実となり、真実が嘘となる。重大なのは、その結果「われわれが現実の世界において方位を定める感覚が〔……〕破壊される事態である」[12]とアレントは書いている。

アレントは、まず政治における真理、真実が、哲学や科学にとっての真理と根本的に異なることを指摘しながら、論を始めている。政治において問題になるのは「事実の真理」というものであり、諸学の原理となるような理性的真理ではない。そもそも政治は、様々な種類の認識をともなうとしても、認識活動そのものがその目的ではない。その本体は、ある種の認識をともなう実践であり活動であり、ある種の真理にしたがう実践・活動であるとしても、その「正しさ」の判断は、必ずしも真理にしたがって行われるのではない。アレントは政治を「事実と出来事」の領域と定義し、それは絶えず変化する複数の人間たちのあいだにある「事実の真理」にしたがう領域であると述べる。とりわけ哲学者や科学者が単独に提起する理性的真理と、これを明瞭に区別することから始めているのだ。

政治における複数性、公共性の活動は、特に哲学者が提案するような単独者の真理とはまったく対立する「事実の真理」にもとづくしかない。そして「事実の真理」(factual truth)は、異なる人間の解釈による異なる意見(ドクサ)として、あるいは幻想としてさえ、形成されるものであって、たえず変動し、抗争とともにある。それが「公共性」の内実でもあり、アレントにとって政治は、あくまでも「公共性」の領域であるが、その「公共性」は、つねに中心化されて異質なものを排除しようとする「権力」に脅かされる。もちろん意見は複数あっても、真なる事実はひとつであるとも言えるし、あたかも複数の事実が、意見の数だけ存在するとも言いうる。政治的真実はそのような見解の間で揺れている。事実と意見の区別は、いつもかぎりなくあいまいになる。政治権力は、ある種の事実を認めまいとして、それに激しい敵意をむけることがある。「ポスト真実(truth)」とは決して最近の現象ではなく、政治のあるところにはいつもあった現象にちがいない。

こうして「事実の真理」と「理性の真理」を対比することから始めたアレントは、次には、「事実の真理」が必ず複数の「意見」のあいだにあることを述べながら、「事実の真理」と「意見」とをやはり異なるものとして考察している。「事実の真理」は真理である以上、たったひとつの堅固な真理であり、それゆえに専制的ともいえる強制力をもつ。しかしその真理を見出すための、数々の記録、物的証拠、証言もなんとあやふやで頼りにならないことか。その点では、事実の真

(10) アレント『過去と未来の間』斎藤純一/引田隆也訳、みすず書房、三一〇ページ。
(11) 同、三四七ページ。
(12) 同、三五〇―三五一ページ。

理は、理性の真理と同じように不透明で、「光をあてる必要がないのが光の本性であるかのように」、さらなる解明を拒むのだ。意見のほうは、ただ複数の人間の間で対立するのみならず、他者の意見を繰り込みつつ形成されるという意味では「普遍的な相互依存の世界」のなかにある。真理とは違う文脈で、意見もまた決して自明ではない。「意見に関わるときわれわれの思考は、相争うあらゆる種類の見解を、いわば一つの場所から他の場所へ、世界の一方から他方へと駆けめぐり、ようやく最後にこれらの見解の特殊性を超えて何らかの公平な普遍性へと高まる」[13]。意見の対立や不安定性は、にもかかわらず公共性の政治に不可欠で、公共性を鍛え上げる必要なプロセスだと、アレントは考えているのだ。

つまり意見のダイナミズムなしに、アレントのいう「公共性」はありえない。たとえば「万人は平等につくられている」という言明は決して、真理として自明なものではなく、「合意や同意を必要とすること」、平等の政治的重要性とは、意見の次元にあるもので、真理の次元にはない。それは「事実の真理」でさえもない。「事実の真理」は、意見を通じて形成されるしかないが、もちろん「意見」と「真理」はちがう次元にある。アレントが注目しているのは、むしろ「公共性」を形成するのに不可欠な「意見」の競合、対立、相互依存であって、それが決して一つの真実に収斂しないことこそが彼女にとって重要なのだ。

それなら政治において「嘘」とは何か。「事実の真理」の対極にあるのは「意見」ではなく、むしろ「意図的な虚偽ないし嘘」である。嘘を語るものは、「行為の人」であり、「行為者―俳優」(actor)である。「彼が現実と食い違うことをいうのは、物事が現実にそうであるのとは別様になるのを欲するからである」[14]。土砂降りのときでも「太陽が照っている」ということができる人間の能力は、世界を変える能力でもある。ただ「土砂降り」の世界の真実を受け入れているだけなら、政治家は世界を少しも変えることはできないだろう。「嘘を語るわれわれの能力こそ、人間の自由を確認する数少ない、明白で論証可能なデータのひとつなのである」。「たんに事実を語るだけでは、いかなる行為も惹き起こされない」。「真実はこれまで政治的徳の一つとは決して見なされなかった」。このようにアレントは「世界を変える」ことのできる嘘の肯定性についても語ったのである。すでに事実の多様な解釈や評価と、それに対応する意見が錯綜して織りなす主張や論争のなかには、どうしても嘘が含まれることになり、ある種の嘘が決定的な政治的危機や戦争さえ惹き起こすことさえある。アレントは政治における嘘について、奇妙に寛容な立場を示しているのだ。「事実の真理」という場には、どうしても多くの嘘が必然的構成要素のように含まれることは、否定しようもない。

しかし「現代の政治の嘘」は、「外交や国策の歴史にきわめて顕著な伝統的な政治の嘘」に比べれば、まったく異なる特性をもっている、とさらに彼女は付け加えている。「新しい」嘘は、歴史の書き換え、イメージづくりに乗り出す。そして「リアリティの完全な代用品を提供する」ところまでいく。新しいメディア、情報技術が、ますますこのような「嘘」を効果的に浸透させるだろう。アレントの区別では、「伝統的な嘘」はあくまで個別的な事柄にかかわり、しばしば敵に対して向けられるものにすぎず、全体を欺き、自己をも欺くほどの全体性をもってはいなかっ

(13) 同、三二九ページ。
(14) 同、三四一ページ。

た。しかし「現代の嘘」は、他人を欺くだけでなく、自己をも欺き、「もう一つのリアリティを制作する」ことを目指す。「以前の時代には知られていなかったこのような、すべてにわたり取り返しのつかなくなる可能性こそ、現代の事実操作から生じてくる危険である」[15]。オーウェル『一九八四年』の、あの「真理省」のエピソードは、まさに現代の大々的な、全体化し恒常化する嘘の生産活動を描いていた。

次々と嘘が真実と化す事態そのものよりも、いっそう深刻な危険は、それによって、われわれの現実における「方向感覚」が崩壊してしまうことだ、とアレントは指摘するのだ。ここに出現するのは、「むしろ、われわれが現実の世界において方位を定める感覚――真理対虚偽というカテゴリーはこの方位を定めるという目的のために精神がもつ手段の一つである――が破壊される事態である」[16]。「〔嘘によって〕絶えず変化する環境にイメージや話を合わせようとする人びとは、自分が潜在的可能性という果てしなく広がる水平線上を漂い、一つの可能性から別の可能性へと押し流され、自分自身の作りごとのどれ一つにもすがりつけないのに気づくだろう」[17]。「潜在性」とは、ベルクソンのような哲学者にとって、「創造的進化」の原動力にほかならないが、嘘の全体化によって、もはや世界はただ「潜在性」でしかない世界となり、「新しいことを始めるための出発点を奪われる」。もはや真実も嘘もなく、すべてがヴァーチャル・リアリティにすぎない……。それがもたらす現実の暴力や災厄も、テレビの映像のようにヴァーチャルな次元に吸収される。

サイエンス・フィクションの描く、嘘の支配する世界が扉をたたいている。しかしまだ嘘の世界はそこまで跋扈し、全体化していない。まだ「事実の真理」を懸命に追求し保持しようとする人びと、ジャーナリストたち、政治家、官僚の抵抗も続いていて、全面化しようとする「リアリティの代用品」には、たくさんの破れ目があり、事実ではないとしても、嘘に重なる嘘が次々露呈してくる。まだ嘘が全体化するところまで悪化してはいない？　いやそこまで悪化していることの兆候が日々私たちの目撃させられているこの嘘つきたちの政治ではないか。様々な危機を乗り越えるために真剣に政策を練り上げることなど二の次で、ただ危機を隠蔽し、うまく行っているように見せかけ、ぶ厚い嘘の体制を築くことばかりに知恵と税金を投入しているのではないか。少なくとも最悪の政治の予行演習を、私たちは見せつけられているのではないか。それを防ぐため？　警戒するため？　それに慣れるため？　絶望するため？　しかし、虚言、虚偽そのものが最悪の政治の本体ではない、そのような嘘の壁を生産しうる巨大な装置の方が問題なのだ。

「パレーシア」、すべてを率直に言うこと、晩年のフーコーの講義にしばしば現れたあのギリシア語が何と明るく、はるか彼方で響くことか。

## 4　政治の砂漠

アレントは、しばしば哲学的真理と、政治における意見（ドクサ）とをきびしく対立させた。

(15) 同、三四七ページ。
(16) 同、三四九ページ。
(17) 同、三五一ページ。

ヤスパースやハイデッガーにも学んで培った強固な哲学的思考を決して棄てたことはないにちがいないが、とりわけ「全体主義」との厳しい遭遇を通じて、政治思想のほうに傾斜していった彼女の思考は、それでも最晩年（『精神の生活』）にはもういちど哲学と対面することになる。

ソクラテスについて書き始めた文章（『政治の約束』）でアレントは、ギリシアにおける哲学の絶頂期が、奇しくもポリスの政治的生活が終焉に向かっていた時期に現われたことを指摘している。あたかもポリスの深刻な政治的危機こそが、哲学の決定的深化をうながしたかのようである。その状況に注目しながら、ここでも政治と哲学を鋭く対立するものととらえ、あくまでも二つの〈活動〉を異なるものとして、彼女は定義しているのだ。「ソクラテスの断罪は、政治思想史において、イエスの裁判と有罪宣告が宗教史の中で演じているのと同じ分岐点《ターニングポイント》の役割を演じている[18]」と、アレントはかなりドラマティックな説明を与えている。そのとき「思考と活動のあいだにたちどころに深淵が口を開いていた。しかも、それ以来、その深淵は一向に閉じられていないのだ[19]」とさえ彼女は書いているのだ。

ソクラテスは、自身を裁こうとするアテナイの裁判官たちを説得できなかった。「説得」とはあくまでもドクサ（意見）の次元にある実践であり、哲学の「イデア」のように絶対的標準でありうる真理概念に対応する論述ではありえない。政治に対するソクラテスの敗北を見せつけられたプラトンは、ドクサから遠く離れて、絶対的超越的基準にしたがう哲人の政治を構想するようになる。アリストテレスの立場は、少しちがっていた。彼の考えでは、哲学的英知は、ポリスの政治のあくまで外部にあって、その政治に介入する能力などもたず、むしろその外部で、思考の自由（そして正義）を徹底すればいい。一方でアリストテレスは、「友情は正義よりも重要なのである」と考える。「友情」とはたがいに平等な友人同士が、「互いの意見に内在する真実を理解しあうこと」であり、複数性と公共性において成立しうるものだ。政治家の能力とは、「現実の数と多様性〔……〕を可能な限りたくさん理解する能力であるといえよう[20]」と書きながら、アレントは、政治と哲学の領分をはっきり分割し、それぞれの領分における自由を尊重するアリストテレスの姿勢を、プラトンの哲学的政治の構想よりも高く評価しているように見える。

それでも哲学から政治を、政治から哲学を見る視座を決して放棄することのないアレントは、「いかなる政治組織にも所属しないで——言いかえるなら脱政治組織的状況で、または現在私たちが無国籍状態と呼ぶような情況で——どうやって生きてゆくことが可能か?[21]」という問いを、いつも根底に保ちながら政治を考察している。その根底の思考は、政治の外部にある哲学に支えられている。政治のほうは、意見(ドクサ)、複数性、そして「事実の真理」にもとづくというとき、アレントは政治に関しては、あくまでも理念の外の「リアリズム」を強調しているように見えるが、決してそうではない。平等と差異を尊重しながら意見を戦わす活動として公共性と公的自由を実現し持続すること。そのような確固とした基準にもとづく政治の理念を、彼女は決して棄てなかった。そのような公共性は、ギリシアのポリスのある時期に、独立期のアメリカに、あるいはハンガリー動乱のときの「評議会」において実現されたものにすぎない。「公共性」の

(18) ハンナ・アレント『政治の約束』高橋勇夫訳、ちくま学芸文庫、五五ページ。
(19) 同、五四ページ。
(20) 同、七一ページ。
(21) 同、五四ページ。

そのような基準は、リアリズムであるどころか、哲学的理念と同じように、理想的、理念的なものに見える。しかし、とにかくこの理念は、「事実の真理」の複数性にかかわるのであって、哲学の理念のように単独的、超越的ではない。

もちろんこんどは哲学のほうが、彼女の言うとおりに単独的、超越的な思考以外の思考ではありえないかどうか問わなければならない。たとえばカントの『判断力批判』は、「趣味」に関する「判断」の原理を問いながら、むしろ政治的判断の複数性を哲学的に問う道を示唆していたのではないか。晩年のアレントは、そのような角度から、ますます『判断力批判』のカントに接近していったのだ。そもそも現代の哲学は、哲学における単独性（唯我論）、超越性、主体性などの批判を、重要な底流として形成してきたのではないか。

しかしアレントは哲学と政治を、異なる真実に関する思考と活動として鋭く区別することによって、むしろ哲学にも政治にもいくつかの根本的な問いをつきつけることになった。確かに彼女は〈政治におけるリアリズム〉対〈哲学におけるイデアリズム〉という常識や通念とは似て非なる、別の異質な問いをたてていたのである。

政治の実質であるべき公共性、あるいは複数性における「活動」は、たえず危機にさらされ、裏切られる。現代において、政治がまったく非政治化されてしまった究極の例として、アレントはとりわけ「全体主義」と「絶滅戦争」をあげている。二つとも、いわば最悪の政治によって、最悪の政治として、もたらされたものだ。二つとも、自己の体制と国民の生命の保全だけを目的とする手段と化した、生きのびのための政治の結果である。そのような「政治」をもたらした歴史とは何か考察することが、アレントの探求のなかで大きな比重を占めている。アレントにとってそのような「政治」は、他者との共存を、人間のあいだの差異と平等そして自由を目的とする政治の要件をみたしていない。そこに出現するのは「政治の砂漠」なのである。この「砂漠」に対するアレントの批判は多岐にわたる。

生きのびや生命の保全だけを目的とするようになった政治は、すでに政治の砂漠である。政治とは、単に統治と等しいものではない。公共性を創出し、持続することをめざすのではなく、生産と労働そして経済だけを視野に置く政治も、あるいは唯物史観にとっての歴史的必然性に政治を委ねるような立場も、すでに政治の本質的要件を見失っている（アレントのマルクスに対する評価はしばしば否定的に見える）。「家族」という私的空間のモデルは、政治を構成する多様性に対して、排他的な単一性をもたらすという意味で、政治の砂漠でありうる。多様性を許さない唯一性として支配する神は、政治の砂漠をもたらす。たとえ権力の抑制をめざすとしても、法的次元の議論にだけあけくれて、公共性の創出という問いを見失ってしまうような政治も、政治の砂漠に道を開く。人民の主権を唱えながら、それを口実に敵対する党派を抹殺していくような恐怖政治をもたらす革命は、もちろん政治の砂漠そのものである。つまり政治は、いつでも、いたるところで、政治の砂漠に取り囲まれている。そしてプラトンのように政治の次元に哲学者のイデアリズムを注入し、哲学的統治を目指すような方向も、やはり政治の崩壊を招く危険をはらんでいる。『全体主義の起源』に集約されたようなアレントの批判的歴史研究は、人類史にどのようにして破局的な「政治の砂漠」が出現するかを考えぬくことを核心のモチーフにしていたのである。

そしてアレントは、哲学の思考を政治から厳密に区別しようとしたが、ただ「単独的」として哲学的思考を退けようとしたわけではなかった。アレントは「政治哲学」がありうることを決して否定していない。ただ政治哲学は、しばしば「政治に固有の深さ」をとらえそこねるというのだ。したがって哲学のほうもまた、「政治に固有の深さ」に対面して、みずからの「固有の深さ」を見直さなければならないのだ。

政治と哲学を、つねに厳しく対立させる思索を続けながら、アレントは、マルクスの「労働」や「国家」の概念を批判したあとでも、「あらゆる伝統的解釈とは逆に、活動 praxis は、思考の反意語などではまったくなくて、リアルな真の思考の媒体だったのであり、政治は哲学的威厳など微塵も帯びていないと言うのでは決してなくて、本質的に哲学的な唯一の活動力だったのである[22]」などと書いている。マルクスにおける政治と哲学について、「活動」という概念を鍵にして、なお肯定的に考えることもできたのだ。

そもそも哲学の起源とは「驚愕」(タウマゼイン)であって情念の次元にあり、「飛び火から点火されるように明かりが灯される[23]」とき、哲学の思考は出現したのである。だからこそ、その激しい思考は単独性として、その勢いのままに貫徹されてしまいやすい。むしろ哲学は、政治における「複数性」を、その「固有の深さ」を「驚愕」の対象とすべきなのだ。哲学と政治を、それぞれの固有の深さの次元で結びつけようとするこの思考にとって、もちろん二つは本来結びついていたのだ。そういう思考は、哲学者の思考そのものよりも、むしろホメロスによって、勝者(アキレウス)と敗者(ヘクトール)を決して差別しないで讃える公平性の表現によって、すでにまぎれもなく実現されていた。アレントの思考はそのように古代ギリシアとの深い親密性を手放そうとしない。

アレントは、「自己」にかかわるソクラテスの二つの洞察を、詳しく検討している。ひとつは、よく知られているように、神託による「汝自身を知れ」であり、たしかに自己認識の問題である。もうひとつは「独りでいて自分自身と意見が合わないよりは、全世界と意見が合わない方がましである」であり、これはむしろ自己をめぐる道徳の問題であるように思える。アレントはアイヒマン問題をあつかったとき、とりわけこの第二の「洞察」をもとに考えていくのだが、そこから出発して、むしろ政治の「複数性」の原理を演繹していくのだ。「完全に独居して孤独の対話にいそしんでいるときでも、私は複数性から完全に切り離されることはない。というのもその複数性とは、まさに人間の世界のことであり、もっとも一般的な意味で「人間性」と呼ばれるものだからである。この人間性、いや、むしろこの複数性と呼ぼうか、これはすでに、私は一者にして二者である、という事実のうちに暗示されている。(……)人間は、あらゆる地上的存在と同じように複数性において生存するだけではなく、自分自身の内部にこの複数性を暗示するものをも持っている[24]」。

自己と関係し、自己と対話し、自己を認識し、自己を観照すること、自己を配慮することは、ひとりの人間をすでに複数性にし、この複数性は、自己と他者とのあいだの複数性を支え、反対に人々の複数性によって支えられる。ここから展開されるアレントの複数性の思考はいっそう繊細である。「しかし、私が独りでいるときに一緒にいる自己は、それだけでは、他の人々すべて

(22)同、一七九ページ。
(23)同、九三ページ。
(24)同、七八ページ。

が私に対して抱くのと同じような、明確で独自な形とか特徴を持つことはけっしてできない。むしろこの自己は、つねに変わりやすく、少々怪しげな（equivocal）ままであり続けるのである。まさにそうした可変的で曖昧な形で、私が独りでいるとき、この自己は私にとってはすべての人間、すべての人間の人間性を象徴する」。したがって他者に対する私の期待も、「私が共生している自己の変幻自在の可能性によって決定されるのである[25]」。

自分自身を観照し、これと共生する私たちは、たとえ行動をおこさなくても、「人間世界を不断に変化させている」。その意味では、他者はいつも、すでに「自己への配慮」を通じて現れる。自己への配慮とは、すでに自己が自己に対して現れることだが、この現れを通じて、同時に他者も複数性として現れる。晩年のミシェル・フーコーは、一連の権力論の延長上でさかんに「自己への配慮」について語るようになったのだが、そのフーコーもこれを自己認識（汝自身を知れ）とは明らかに異なる問いとして区別し、ソクラテスの言葉（自分のことを配慮しているか？）から独自の自己論を繰り広げることになるのだ（アレントもフーコーも、精神分析や、あるいはレヴィナスのように、自己より前に他者の存在を強調し、あらかじめ他者の存在と視線（顔）を繰り込んだ自己を前提として、他者－自己の関係を思考したわけではない。アレントも、フーコーもそのような形で「他者」を問題にしたことはなかった。むしろアレントは「公共性」、「複数性」という文脈で、そしてフーコーは初期から問題にしていた「外部性」を背景とする権力論の延長で、それらを前提として、自己との対話、自己への配慮を考えるようになった）。

このような思考は、いかに深遠に見えようと、もっぱら単独者の思考であるような超越的な哲学とは相いれないものだ。しかし哲学の内部にも、たえずそのような複数性の思考は出現して、政治に「固有の深さ」と対面しながら、別の思考を追求してきたにちがいないのだ。政治と哲学をいきなり複数性と単独性として尖鋭に対立させたアレントの思索は、いかにも性急で短絡的に見えることもある。しかし、まずそのように問いを提起して、鮮明に「複数性」という問題を浮かび上がらせる。そして、その思索に逆説や陰影を注入しながら、やがてより深い未知の次元に問いを移していく。これがしばしばアレント独自の思考法で、ときには大胆に、性急に、ときには混乱して見えながらも、全体としては結局恐ろしく一貫していた。そして、ときには読者を「驚愕」させること、これもアレントの哲学的態度の端的な表れであった。

「世界は複数のパースペクティヴが存在するときに限って出現する」[26]とアレントのように考えるなら、ただ人間と社会が存在するだけでは「世界」は成立しない。「世界」とは、複数性と公共性を原則として平等な立場から自由と差異を闘わせるような人間の空間でなければならない。そのような空間で、人間の活動は、人間を超越するどんな目的の手段になってもならない。『人間の条件』で、アレントは「世界」の再定義を試みている。そのような「世界」が成立しえない空間に広がるのは「無世界性」の砂漠である。いたるところに、すでに砂漠が広がっている。政治を排除する「全体主義」、「絶滅戦争」の脅威はすぎさったわけではなく、いたるところに砂漠を出現させ、拡散させたのである。

しかし私たちが砂漠に住んでいるとしても、この砂漠が、まだ私たちの内面にあるのではない

(25) 同、七八ページ。
(26) 同、三〇三ページ。

とすれば、まだ私たちは砂漠の住民ではない[27]。この砂漠は様々な効果的装置とともにあって、私たちの内面にまで及び、ついに私たちは砂漠の住人となるかもしれない。「心理学」さえも、まさにそのような目的をもつ装置であるかもしれない。それは私たちを「心理的に」、「無世界性」に馴致させるからである。アレントは「精神分析」について多くを語ってはいないが、この砂漠には、とにかく多くの学、知、情報、テクノロジー、装置が用意されて、アレントの言うところの「心理学」の役割を効果的に果たしている。どうやら私たちはこの「無世界性」の砂漠に、あまりにも住み慣れ始めている。これが〈最悪の政治〉とともに進行しうることである。



（27）同、三四二ページ。

# 第7章　公共性と自由意志——ハンナ・アレントの思想

自由である時代は人類の歴史上これまでつねに比較的短いものだったのである。
（ハンナ・アレント『過去と未来の間』引田隆也／斎藤純一訳、二二九ページ）

## 1　アレントと哲学

政治について考えを進めていくと、結局自分はどのような生を思い描くのか、どのような社会を願望し、そこでどのように生きようとするのか、個人と他者そして集団との関係はなにか、それはどのようにして肯定的な関係として、また否定的な関係として生きられることになるか、どこまでひとりで、あるいは少数の人とともに生きられるのか、と問いはかぎりなく連鎖し、拡張していくことになる。そして少なからず哲学的な問いに触れざるをえない。もちろん政治について語るすべての人が哲学しようとするわけではないし、哲学の助けによって政治的問いに対する説得的な答えが見つかるともかぎらない。むしろ政治の知にとって、たいていの場合、哲学の思考は観念的、抽象的すぎて無効だと扱われてもいる（それでも国の大方針について語るとき、政治家たちも、往々にして少し哲学的な口調で喋っていることがある）。

いわゆる〈政治哲学〉のような領域も、それが学問である以上、大学やアカデミズムの制度的枠組みに規定され、多くの場合は、もっぱらその内部で思考し、問いをたてることになる。それが一つの「哲学」であるならば、じつは「政治」の語彙や表象をいちいち吟味し問い直すように思考することをせまられるはずなのだ。しかし政治哲学の古典を参照しながら立てる問題の項目は、しばしば型にはまっている。確かに政治を思考してゆくと、必然的に政治を越える哲学的問題に遭遇するが、政治と哲学は決して、葛藤なしに共存しあったり補完しあったりすることはない。むしろその葛藤や亀裂にこそ、犀利な思考をむける必要がある。

ハンナ・アレントの場合を考えても、政治と哲学をめぐるこの事情は、決して一筋縄ではなかった。アレントはかなり重厚な哲学的教養をバックボーンにしながら、いつも政治学と哲学の葛藤的な関係を念頭において思索を続けたようだ。政治における「事実の真理」と「哲学の真理」の齟齬を考えること自体が、彼女の思索の強いモチーフになっていた。ときには政治学を明確に哲学と相いれないものとして定義し、むしろ哲学の〈外部〉として、「政治的公共性」について考えぬいたように見える。しかし、やがて政治にかかわる道徳や責任の観念を根本的に考え直すことになり、特に晩年の『精神の生活』においては、「思考」と「意志」、そして「判断」をめぐるかなり壮大な哲学的思索に分け入っていくことになった。あたかも政治学的思考から離れて別の「精神的」次元に入ったように見える。しかし『精神の生活』で未完に終わった「判断」論については、カントの『判断力批判』にふれて、それが「政治的なものと密接に結びついている[1]」と書いている。カントのこの書物は、美学的判断に関するものであったが、アレントはそこに政治的思考を本質的に考える理路を見出していたのだ。このようにアレントにおいて、哲学と政治とは、めざましい生産的な緊張関係を保ち続けたということができる。哲学と政治は決して、一致

（1）ハンナ・アーレント『精神の生活』下、「第二部　意志」佐藤和夫訳、岩波書店、二七九ページ。

することはなく、補完し合うことも、和合することもないが、たえず一方によって試され、触発され、変化をうながされるような関係を持続しうるし、そうしなければならず、そうするしかないのである。

すでに触れてきたように、アレントは、政治的認識とは「事実の真理」（factual truth）をあつかうものだとして、哲学の「理性的真理」（rational truth）とはっきり区別している。『政治とは何か』のような文章でも、政治と哲学を明確に区別している。「政治が成立する場所には、決して哲学に居場所がない……」。そもそも「政治が扱うのは、異なったものの間の連関と相互の共同関係である」。政治はあくまで複数性にかかわり、複数の間の関係の中で、関係性として成立する。哲学はたとえ社会、集団、他者について思考し、あるいは対話を通じて思考することがあっても、その思考はあくまでも単数によって導かれ実践されるしかない、と彼女は断定するように述べている。こういう文章でアレントは、それぞれに複数性、他者性、集団性についても考えてきた哲学自体の多様な立場についてはそれほどつぶさに注意を向けていない。哲学よりもはるかに政治について考察しているとき彼女は、哲学（の単独性）について少し独断的に語っているように見える。とにかく複数性、関係性を扱う政治という領域の、顕著な例外性のほうに、彼女は注意をうながしているのだ。

このような見方にとっては、「政治哲学」というような言葉自体が、すでに二律背反にほかならないことになる。しかし古代ギリシアのポリスにおいて政治と哲学とは、決して無関係に登場したはずがない。ポリスにおける自由、自己、友愛、統治をめぐるおびただしい思索、対話、思弁の継続が、ギリシアの政治にも、哲学にも注いでいって、たがいを触発したにちがいないことは、プラトンの残した対話篇からも容易に想像できる。ときにそれは、ソクラテスの死のように、端的に政治が哲学を排除し抹殺するような深刻な事態さえも惹き起こすことになった。

にもかかわらずアレントはここで、「政治的動物」（ゾーン・ポリティコン）という言葉をあらためて解きほぐすようにして、人間と政治を分離している。政治が生まれるのは「人間たちの間」においてであり、そもそも人間それ自身は本来むしろ「非政治的」だ、とあえて書くのである。そのようにして彼女は、「公共性」という、個的人間には還元しがたい例外的な場として政治を定義する。また複数性と関係性における公共的活動としての政治の「活動」(action) を、職人の「仕事」(work) からも、奴隷の「労働」(labor) からも明瞭に区別したのである。

アレントは、政治の疲弊、衰退、消滅という事態をまざまざと示すような前代未聞の「全体主義」という現象を考察する政治学的歴史の作業を経て、いわば政治が凍りつく零度を見極めたあとで、現代からアメリカ革命に、そして古代ローマからギリシアへと遡及し、そこに貫通する「政治」＝「公共性」の概念を論じてきたのである。それでも最後にはこのような「政治」概念を、なお哲学に照らして深めようとしたことは忘れがたい。

## 2　自己、意志、自由

確かに一方でアレントは、徐々に哲学との絆を再構築していったのである。二十代にアウグスティヌスに関する博士論文を書いた彼女の中で、もちろん哲学が消えてしまうことはありえなかった。未刊に終わった『精神の生活』（「思考」・「意志」）では、ギリシア哲学に遡り、中世哲学についての検討を重ね、ハイデッガーに至るまで、思考と意志とは何かをめぐって、かなり奔放に独自の思索をくりひろげている。その出発点には、「道徳」をめぐる思索があって、おそらくアイヒマン裁判についての考察がその決定的な契機になっていた。アイヒマンのように国家に忠実にふるまって悪を犯した人間は、あるいは国家の悪に巻き込まれた個人は、なぜ、いかに、何を基準に断罪されるべきなのか。現代史において、戦争の暴力も、強制収容所も、〈正義〉をめぐってある新しい状況のなかに入り込んだといえる。もちろんそれは「人道に対する罪」というような新しい犯罪のカテゴリーを規定しなければならなかった現代史の状況のことでもある。

アイヒマンの犯した悪の「凡庸さ」についてアレントは、『エルサレムのアイヒマン』でつぶさな考察をおこなった。しかし、なぜアイヒマンが断罪され処刑されなければならないかについて、彼女はそれほど考えを深めていたわけではない。それにはさらに長い時間がかかったともいえる。アイヒマンのように、一つの政治体制において「強制的同一化」を強いられた官僚の責任を問うための普遍的根拠を定義することは容易ではなかったということだ。こうして「道徳的な混乱のきわみ」と言えるような事態に、現代史は遭遇したのである。あるいは人類史の果てで、ようやく国家の行為としての殺戮について、道徳性が根本的に問われるようになったのである。現代史は、前代未聞の政治体制と戦争と強制収容所の出現に遭遇したが、「誰も道徳の問題にはそれほど注目しませんでした」(2) とアレントは書いた。確かに新たな次元の「道徳という問題」に彼女はぶつかって、それを新たなアポリアとして提出することになった。『責任と判断』に収められた数々のテクストは、端的にその問題の所在を解き明かそうとしている。

アレントがまず出発点にしているのは、悪の性格についての「基準」は、「あくまでも個人的で、いわば主観的な性質のもの[3]」であるという考えである。「罪と無実の概念は、個人に適用されなければ意味をなさないのです」と書くのである[4]。

そのような基準を定めるのに、別に高度の知性や、緻密な思考が必要なわけではない。「これは、自己とともに生きていたいという望みであり、自己と交わりたい、すなわちわたしと自己の間で無言の対話をつづけたいという好みを示すものです[5]」。要するに「自分と仲違いせずに生きていくこと」こそが、そのまま古く新しい道徳的基準になるとアレントは言うのだ。このことについて、彼女はソクラテスを参照している。プラトンの『ゴルギアス』のような対話篇で、ソクラテスは「悪事をするよりは、されるほうがましだ」と主張し、世の多数の人々が自分に反対しても、「私と私自身と不調和であったり、自分に矛盾したことを言うよりもまだましだ」と言っている。

「私は一人なのですが、たんに一人なのではなく、わたしには自己というものがあり、この自己は私の自己として、わたしにかかわりがあるということです。この自己は幻想などではありません。この自己はわたしに語りかけてきて、みずからの意見を語るのです。わたしは自分自身と語りあうのであり、自分自身をたんに意識しているだけではないのです。……ですからほかのすべてのものを考慮に入れる前に、まず自己と意見が一致するように努めるのが望ましいのです[6]」。

(2) ハンナ・アレント『責任と判断』中山元訳、ちくま学芸文庫、三八ページ。
(3) 同、一八一ページ。
(4) 同、四九ページ。
(5) 同、七三ページ。

このようにアレントは、自己と語りあい、自己を配慮することとして道徳の原点を説明している。そのような自己を見失うことこそ、道徳の危機であるということになる。要するにアレントは、フーコーもまた後にソクラテスの「自己への配慮」に注目するように、ここで道徳の基準として「自己への配慮」に光をあてている。そして道徳は、神や社会に強いられるものではなく、その規準は自己との関係のなかに見出されると考えているのだ。

晩年のフーコーはソクラテスにおける「自己への配慮」という問いを、「自分自身を知る」という真理にかかわる問題と、はっきり分離しなければならない、と繰り返し述べていた。そしてこの問題については、著書として発表した『自己への配慮』よりもはるかに講義のなかで、多くの言葉を費やしていた(7)。

もちろん二人の文脈は大きく異なっている。しかし決して無関係ではありえない。フーコーにとって「自己への配慮」は、善悪を決定する道徳的基準につながるよりも、むしろ古典古代に見出された、ある「倫理」に、倫理的態度(エートス)に結びついていったが、アレントのモチーフには、アイヒマンの責任の問題が深く関与していたのである。そして道徳の根拠を、彼女は「〜するなかれ」という神の命令にではなく、むしろ「自分とのつきあい」に見出している。もちろんそれは意外な発想に見える。道徳とは一般に「他者に対する人間の行動を律するもの」であるとみなされていて、その基準は「自己」であるとみなされてはいない。自己を第一に配慮するような姿勢は利己主義、エゴイズムなどとみなされ、むしろ不道徳とみなされてきたのだ。このような発想の転換は、確かにフーコーの「自己への配慮」のモチーフでもあった。

アレントによれば、カントの道徳哲学さえも、ただ自らだけによって触発されることを、とりわけ道徳の基本的原則としている。自らだけによって触発される「意志」こそが「自由」である。そしてアレントの思索は、「意志」の「自由」についての、かなり錯綜した思索にわけいっていくことになった。そもそも「意志」の概念は、古代ギリシアには存在していなかった、と彼女は断言している。「意志」とその自由を問題にするようになったのは、あくまで初期のキリスト教の神学者たちで、「古代ギリシア」は確かに、彼らのようには「意志」を問題にしていなかった。しかも意志の発見は、意志の無力に気づくことでもあり、意志は、意志の分裂とともにあるしかない。意志とは理性と欲望の間を調停する器官である、と定義されことになる。意志は、理性にかなうように、欲望を抑える意志でもある。そして神の命令にしたがって、他者に善をなすように行動することをうながすこともする。しかしその命令には従うことも、従わないこともできるのであって、人はあくまでみずからの意志によって従うのである。意志の調停はいつでも失敗しうる。理性によっても欲望によっても決定されない意志とは無力であり、分裂しうるからである。それでもなお意志は意志しうるからこそ、自由である。

そのような葛藤とともにあることが、意志の本質であり、意志の自由の条件なのだ。精神は精神に命令し、精神は精神に抵抗する。それゆえ意志は意志すると同時に意志しないとも言える。意志しないことをなす場合、私は自由なのか。意志することを意志にしたがってなすとき、はじめて私は自由なのか。意志に従うにせよ、反するにせよ、ひとたび行動し始めたとき人間は自由

（6）同、一四九ページ。
（7）フーコーの「自己への配慮」という主題の探求は、主に『生者たちの統治』（一九七九―一九八〇）から『真理の勇気』（一九八三―一九八四）にいたるコレージュ・ド・フランス講義のなかで展開されている。

なのか。とにかく道徳的な掟も宗教的な掟も、人間が意志をもち、それゆえ自由である、という前提なしには意味をもたない、とアレントは考えたのだ。

神は人間を〈時間〉のなかに、始まりと終わりをもつ単独の存在として創り出した。アウグスティヌスの時間論は、「人間は類的存在であると同時に個体である」という考えと切り離せない。そしてこの「個体性（individuality）は意志に表現されている[8]」とアレントは書いているのだ。一卵性双生児であっても彼（女）らふたりは、意志によって区別される。すべての人間は単独者として生まれ、新たな始まりとなる。この始まりの思考を、アレントは「公共性」について考えるときも引き合いに出し、やはり「始まり」としてあるような「公共性」と「個体性」を、政治の原理的場面にすえようとしていた。その意味では「始まり」の概念は、道徳と政治の次元を貫通するものとして考えられていたのだ。

パウロからアウグスティヌスに至って、しだいに洗練されていった意志をめぐる思索は、アレントの意志論の出発的になっている[9]。初期キリスト教の思想で問われた意志の問題は、とりわけ意志の「命令する機能」（汝なすべし、汝なすべからず）に関するものであった。しかし、やがて近代の哲学でカントが扱うようになるのは、「対立する声を聞き分けて判断することのできる内的器官」であるような「意志」であり、それはとりわけ『判断力批判』で考察されることになる。そこで問題になるのは「趣味」であり、「美的判断」であり、「共通感覚」である。アレントは、これを道徳の原則とはっきり区別しながら、「共同体で生活する複数の人間を考慮する必要がある」と述べて、キリスト教における意志の問題にむしろ対立させている。キリスト教的な愛他主義は、むしろ自己の意志によって他者に善をなすことをめざすのであり、決してそれは人間の複数性そのものを問題にしてはいないからだ。

道徳の問題を、意志という本質に接続して考えるならば、そのような意志としての自己は、あたかも複数性としての人間の場から引きこもっているかのように見えた。そもそもソクラテスのように「自己とのまじわり」を優先させて、社会的実践や行動から引きこもるかのような思考の姿勢は、複数性とともにある活動を本質とするポリス（政治）の場からも引きこもることにちがいなかったのだ。そのようにして「道徳」と「意志」の問題に分け入ったアレントは、その思索の延長で、「思考」から「意志」へ、「意志」から「判断」へと焦点を移しながら、確かにあらためて複数性の次元のなかに回帰していくようだ。どうやら『精神の生活』も、古代から現代にいたる遠い哲学的転回を通じてそのような円環を描き出している。

アレントは、哲学の外部にある〈政治〉という領域の外部性を、公共性、複数性、自由の競合として鮮明に描きだした。しかし一方で全体主義とアイヒマン裁判をめぐる彼女の考察は、必ずしも公共性としての政治の次元には現れない〈道徳〉という問題を再考することに繫がっていった（「誰も道徳の問題にはそれほど注目しませんでした」！）。「道徳」、「責任」、現代の「人類に対する罪」、戦争責任の問題を、従来の宗教と哲学の与える道徳に照らして語ることはもはやできなかった。『善悪の彼岸』（ニーチェ）のような考察が現れた後に、なおこの問いを再考するためには、まず「自己とのまじわり」というように複数性、公共性の次元から引きこもった次元に

（8）ハンナ・アーレント『精神の生活』下、一三三ページ。
（9）これに関しては『精神の生活』の思索以前に書かれた「自由とは何か」（一九五八年）（『過去と未来のあいだ』に所収）を参照することができる。

道徳を基礎づける必要があり、その延長線に意志の問いを再構成する必要があった。つまり公共性の論理だけでは、「人道に対する罪」の問いに立ち向かうことができなかったのだ。

しかし意志から判断の問題に移るとき（『精神の生活』の執筆はそこで中断されたが）、アレントはもう一度複数性としての人間という問題に再会することになった。もちろんこのように異なる問題のあいだを移動したように見えるアレントは、じつはアウグスティヌスについての初期の書物に現われているように、これらの問題をはじめから同時にかかえて進んでいった。そしてアメリカへの亡命を通じて、全体主義・ナチズムを考察し、またアメリカとフランスの革命を対比しながら考察することによって、思索の環を大きく広げていったのである。

## 3　自己の倫理学

そして一方ミシェル・フーコーの描いた円環は、当然ながらアレントのそれとは大きく異なっている。絶対理性の完成にむかう弁証法的な歴史のように、一つの統制的な表象のもとにあった近代の歴史観は、マルクスとマルクス主義さえも継承していたものだ。フーコーは、まったく別の角度からこれを批判的に検討する別の歴史を試み、『狂気の歴史』、『言葉と物』そしてその方法論的省察である『知の考古学』によって、そのような表象の歴史と、歴史の表象に対する批判を深めていった。やがてその批判を「権力」に集中させることになった。刑罰の場所（監獄）には、「規律のシステム」として精密な監視と強制の技術が集約されていた。それに注目することで、従来の政治、法、制度をじつは強固に決定していた力関係のシステムに、フーコーは光をあてることになった。ここから彼は、性欲、性的身体、性的関係に及ぶ権力のシステムの歴史的研究に進み、さらに「統治性」とその装置、テクノロジーへと、やがて性を越えて、生命に、人口にと及ぶ権力のシステムに目をむけることになった。

その果てで、他者の統治ではなく、自己の統治（配慮）というかなり異質に見える問題に、彼は出会った。そして「自己への配慮」を、政治よりもむしろ倫理・道徳の次元において考察し、とりわけ古代ギリシア、ローマ世界の哲学的文献を精細に読み解く作業を続けたのである。何度か彼は、やがてこの問題を現代の事例にむけて問うであろうと構想を述べたが、時事的トピックスについて語ったインタビューや対話のほかには、これを実現する本格的な書物を書かないまま生涯を終えた。

それにしても、それまでの歴史的言説の批判、権力・統治性の歴史的研究から進んで「自己への配慮」を主題とするようになったフーコーの最晩年の思索は、それ自体は平明に見えても、その過程を、それまでの問題提起との関連で考えようとすると、わかりにくいところがある。もちろん彼自身が、このことについてたびたび説明を試みていて、講義でもこう述べたことがある。「とにかく指摘しておきたいことは、われわれの言説をたえず横切る、しかしながらおなじみの、次のような表現にわれわれが与えている意味、あるいはほとんど全面的な意味の欠如に、今日それでも注目するならば、つまりそれは自己に戻る、自己を解放する、自分自身であること、本物であること等々の表現のことですが、今日用いられるこういった表現のうちに見つかる意味や思考の欠如に目を向けるならば、いま自己の倫理学を再構成するためにわざわざ払う努力を誇りに思う余地などないと思います。そしてたぶん自己の倫理学を再構成しようとするこの一連の企みにおいては、多少ともいきづまり、自身の上に停滞してしまったこの一連の努力においては、いまこの自己の倫理学をたえず参照するようにわれわれを強い、しかもそれに何の内容も与えないこの動きにおいては、今日において自己の倫理学を構成することを不可能にする何かがあるのではないかと疑わしくなります。ところが自己の倫理学を構成するということは、おそらく緊急な、根本的な、政治的に不可欠な課題なのです。自己の自己に対する関係においてのみ、政治的権力に対する最初のそして最終的な抵抗の点があるということが結局真実であるならば」[10]（傍点引用者）。

「自己の倫理学」とは、いかにもいかがわしい、空疎で無意味な問題提起に見えるし、それを説得的なかたちで構成することは、きわめて難しい。しかしこれこそ緊急な、根本的、政治的に不可欠な課題であり、それなしに「政治的権力に対する抵抗の点」はみつからないと述べているのだ。

フーコーの晩年の講義からは、ギリシアからローマにかけて、綿々と培われた「自己への配慮」の哲学あるいは文化の系譜が、確かに浮かび上がってくる。キリスト教もこのような「配慮」の伝統を忘却してしまったわけではなく、すみずみまで自己を点検し、精査し、告白するような「ふるまい」と「思考」は（それがまさに『肉の告白』の主題であった）、キリスト教的「牧人権力」のなかに組み込まれ、しかも古代の「配慮」とはすでにかなり異質なものとして「自己への配慮」を継続していたともいえる。「牧人権力」とは、群れを形成するそれぞれの個人を注意深く配慮する「個体化」的権力でもあること、だからこそ前代未聞の厳格な権力でもあることを、フーコーは何度も強調している。

## 4　アウグスティヌスあるいは「世界性」

アレントの思索にしたがえば、他者にほどこすべき善をあくまで優先させるキリスト教にとっては、もはや、「私と私の自己との交わり」[11]は行動基準になりえない。「ここには奇妙なほどの自己の喪失があります」と彼女は述べた。しかし自己の問題は決して消滅してしまったわけではない。使徒パウロに始まり、アウグスティヌス、ドゥンス・スコトゥスにいたる神学的思考は、神の意志と人間の意志の葛藤を考えながら、意志を信仰の基礎として位置づけ、自由意志を構想することによって、あくまで個人の意志として意志を定義している。アレントはキリスト教の権力論など展開していないが、「自己とたえず対話を交わし、自己と話し合う間柄にある」というようなソクラテスの自己論とはちがう発想で、意志をもつ自己を新たに考えようとした中世の哲学者を読み解いているのだ。そしてスコトゥスの思考の独創性には特に注目している。「自分自身の中に憩う活動がありうるという考え方は驚くべきほど独創的であって、西洋思想の歴史の中に類を見ない。スコトゥスが必然よりも偶然を好み、普遍よりも個別的存在を好んだことと同程度

(10) Michel Foucault, *Herméneutique du sujet*, p. 241
(11) アレント『責任と判断』一九一ページ。

に独創的である」[12]。

こうした「自己」、「意志」をめぐるアレントの思索は、確かに政治にかかわる場面での道徳という問いに発したにちがいない。しかし、「意志」の考察を読んでも、ついに書かれなかった「判断」の考察の内容を部分的に表現した『カント政治哲学講義』を読んでも、「意志」と「判断」の哲学的思考が、アレントの政治学にとってどのような位置づけになるのか、依然として、はっきり見えないのである。意志とは精神的能力であり、それゆえ「反省的で自己関係的である」。つまり人間は意志を通じて「自分自身」に引き渡されている[13]。このことについて彼女は、十分論じ切ったかに見える。ところが「哲学的自由、意志の自由は、政治的共同体の外で、一人になった個人としての人々にのみ重要である」と彼女は結論部に書いている[14]。言いかえると「我々が常に我々共通の世界の変革に従事する活動は、私と私自身との対話の中でなされる思考という一人だけの仕事に対して、考えられるかぎり鋭く対立している」[15]。「意志の自由」と、政治的に属する「公的自由」は、異なる次元にあるものとして対立させられている。たとえばマルティン・ブーバーの考えたような「我と汝」の対話さえも、拡張されて政治的領域の模範になりうるようなものではない、とアレントは言う。

ところが一方でアレントは、「『判断力批判』は未だ政治哲学ではないかもしれないが、しかし確かにその不可欠の条件である」とカントに触れながら述べている[16]。そして「『判断力批判』では、自由は意志の術語としてではなく、構想力の術語として描かれる。構想力の力能は、卓越した政治的思考作用であるところのより広汎な様式の思考作用と、非常に密接に連結している。なぜなら構想力は我々が〝他者の精神の中に我々自身を置く〟ことを可能にするからである」とも書いている。[17] 彼女のこのような発言も考慮するならば、『精神の生活』の自己、意志の思索は、やはり政治哲学の外部にあるが、にもかかわらず、その不可欠の条件である、と受け取れるのだ。キリスト教神学は、ギリシア哲学における「自己への配慮」を受け継ぎながら、そこから自由意志の問題を繰り広げて、ギリシア的公共性の外部で「自己への配慮」の思想を深めていった。この「配慮」は、そのように深められ、複雑にされたあとで、もう一度公共性の次元に連結されなければならない。カントの『判断力批判』には、そのような理路にとって鍵がみつかる、とアレントは考えたらしいのだ。

アレントは「自由とは何か」(『過去と未来のあいだ』に収録)においては、まさに政治的公共性との関係において自由を問うているが、同時に政治からひきこもった自由と自由意志について考察している。「自由なしには政治的生活そのものが無意味であろう[18]」と書く彼女にとって、自

(12) アーレント『精神の生活』下、一七五ページ。
(13) 同、二三四ページ。
(14) 同、二三八ページ。
(15) 同、二三九ページ。
(16) ハンナ・アーレント『カント政治哲学の講義』ロナルド・ベイナー編、浜田義文監訳、二一三―二一四ページ(ベイナーの「解釈的試論」に引用されている)。
(17) 同、一五二ページ(やはりベイナーの「解釈的試論」に、アレント一九六一年の論文「自由と政治」からの引用がある)。

由は政治の目的であり、根拠でさえあるに違いない。しかしまた（ギリシアにおいて）「自由が哲学者の心を占めたことはなかった」と彼女は書いているのだ[19]。ギリシア人は「意志」なるものを知らなかったし、問題にもしなかったとアレントはここで言う。この文脈では、「自由」に関してしても同じことが言えただろう。ポリスの政治は、その公共空間とともにある「自由」と、ほとんど共通の広がりをもっていた。したがって「自由」をとりわけ哲学的問題として問う余地がなかったようなのだ。

政治は自由を達成し保持しなければならず、自由のないところに政治はない。それはアレントにとって、ほとんど政治の同義語といってよい公共性、複数性の活動に伴う自由であり、ある「世界性」の実現とともにある自由である。そのように「自由」は、政治の実践にとっては必要条件であり、しかも目的でもある。だからこそギリシアで、その自由は哲学的、理論的意識の俎上にのぼりはしなかった、とアレントは言いたいようだ。ポリスにおける自由は、活動としての政治と一体で、〈欲すること〉と〈為すこと〉のあいだに葛藤などはない。そこで意志の無力や分裂が問われることはなかった、と彼女は書いている。自由と意志を結びつけてことさら問題にするようになるのは、キリスト教の神学者たちなのだ。

むしろパウロ以降のキリスト教の思索に、彼女は「自由意志」の発見を見たのである。そのような自由と意志は、政治から引きこもった内的次元にあった。「内的自由」とは、「内面性への退却」、あるいは「非政治的自由」のことでもある。『精神の生活』の意志論でアレントがまず考察したのは、そのような「内的自由」だったのである。そして別のところで、パウロは「政治とは何の関係もない種類の自由」を発見した、と彼女は書いているのである[20]。こうして中世の神学・

哲学を通じて、「自由」は非政治的なものとして、意志や思考の属性として追求されるようになり、やがて「自由意志」は「主権」のような概念につながっていく。そのような概念は、「公共性」から分離されていた。こうして「他者から独立し、しかも最終的には他者を圧倒する自由意志の理想」は、ルソーの「一般意志」にまで注ぎ込んでいった。自由意志は、そのように油断のならない危険な展開をとげることになる。

それなら政治と密接に関連して、ポリスの公共性とともにあった行為としての自由の観念は消滅してしまったのか。そうではなく政治的行為（パフォーマンス）の本質的属性として、あくまでも公共性と世界性の場面にある自由の系譜も、決してとだえたことはなかった。

意志の哲学者・神学者でもあったアウグスティヌスは、特に『神の国』で、「自由は人間の内的性向ではなく、人間が世界に存在するときの特徴[21]」であり、「行為がそれ自身の世界性をもつ空間、自由がいわば隠れ家の外に出て自らを表すことのできる空間[22]」と切り離せないと考えている。アレントは、とりわけアウグスティヌスに、キリストに由来する意志の哲学と、ほとんどそれと対峙するかのようなギリシアの（そしてローマにも引き継がれた）自由の政治学を、同時に発見していたようなのだ。彼女は『精神の生活』を書いて、決して政治から引きこもった意志と

（18）ハンナ・アーレント『過去と未来のあいだ』引田隆也／斎藤純一訳「自由とは何か」、みすず書房、一九七ページ。
（19）同、一九六ページ。
（20）同、二一三ページ。
（21）同、二二七ページ。
（22）同、二三〇ページ。

自由だけを考察しようとしたわけではなく、すでにこのような考察が、政治とともにある自由や、世界性とともにある行為と接続されなければならないという理路と展望を、はっきり提出していたのだ。

そして「自分と仲違いせずに生きていくこと」、「私と私自身と不調和であったり、自分に矛盾したことを言うよりもまだましだ」という、古く新しい道徳的基準を、ソクラテスを参照しながらアレントは喚起することになった。ここにもやはり分裂する「意志」、そして「自由意志」の問題が提案されている。それはすでに自己と対話し、自己を配慮する意志でもある。そもそもアレントは、ポリスにおける政治的活動の意義を、その活動を〈観照する自己〉と根本的に結びつけている。〈活動する自己〉は、ポリスの観客を必要とし、詩人によって記録されることさえ必要とする。アレントはキリスト教神学者による「意志」の思考を、ポリス的「自由」とむしろ対立させて、そこに政治から引きこもる内面的自由を見たが、その内面的自由は、「主権」として拡大されて、もう一度政治的次元において大きな意味をもつようになったと考えた。そのような「主権」の政治こそは、ポリス的な政治と公共性と自由に対する危険な脅威となる、というふうにかなり飛躍的な発想を展開してもいる。

「自己への配慮」としての意志の葛藤を、「政治的公共性」とどのように共存させ、強制させていくかが、アレントの思想の最後の難題であったかもしれない。

# 第8章　フーコー『肉の告白』を読む

私だけが人間で、他は神様だ。

（ベケット「名づけられないもの」）

真理に基づくことなく、真理の歴史を考えること。

（フーコー講義集成Ⅰ『〈知への意志〉講義』）

これまでの考察のなかで、私はハンナ・アレントの公共性の思想と、ミシェル・フーコーの権力論を、遠くから共鳴させ、対比し、ときに交差させるようにして、私の「省察」の経糸にしてきたように思う。この章では、長いあいだ未刊のままで最近ようやく刊行されたフーコーの『性の歴史』のもう一冊『肉の告白』(*Les aveux de la chair*) を読み解き、それをふまえて、次の第九章では、フーコーの後期の「主体」、「自己」をめぐる探求が、どのようにこれまでの私の「省察」と交わるかを検討してみよう。

## 1　移動の痕跡

はじめに『狂気の歴史』、『臨床医学の誕生』のような本を書き、やがて人文学のあり方に何かしら根底的な転換をせまるほどの影響を広くもたらすようになったミシェル・フーコーは、そうした題名が端的に示していたように、ある新しい歴史を書こうとしたのである。以前にはあまり光をあてられず、多くの哲学者たちも目をむけようとしなかった〈非理性〉や〈病〉や、やがては〈監獄〉のような影の領域に光をあてようとした点で、彼の探求はまず新しかった。二〇世紀の思想にとって記念碑的な書物になる『言葉と物』では、西洋近世・近代に新たな形をとって出現した言語、経済、生物の認識を共通に貫く根本的傾向（エピステーメ）を抽出する犀利な考察を展開して、まったく独自な近代の学問史を提案し、それといっしょに浮上した「人間」の定義を批判的に分析することによって物議をかもしだすことになった。そのような文脈にてらすなら、「人間」は、ある「エピステーメ」の体制に所属するものにすぎず、それが始まるところに出現し、それが終わるところでは消滅するしかないものだった。もちろん「人間」の定義が、長い歴史を通じて恒常的に一定したものである、などということはありえない。その定義がいつでも変化し、混乱と動揺の中にあることを前提に、私たちは「人間」を考え続けるしかない。

新しい歴史とは、歴史の新しい主題の設け方、新しい書き方、古文書の言葉に対する異種のアプローチ、新しい批判的視点などを同時に意味していたにちがいない。『知の考古学』という精密な方法論的省察の書が、端的にこのことに触れていた。つまりフーコーは自身の探求を定義するにあたって、「歴史」に対して距離を設けるために、あえて「考古学」と言わねばならなかった。それはいわば「史料」となる古文書を、遺跡で発見される物品のように、「ものを言わない」ものとして解釈し考察するかのような作業であった。つまり史料の言葉が端的に意味するものから遠くに、批判的距離を設ける洞察を試みることになった。しかもフーコーが扱うのは決して狂気や病気そのものではなく、あくまでもこれらに関する言葉（言説）であり「知」なのである。長いあいだ光を当てられることの少なかった次元や領域に関する知を、〈考古学的〉に扱うということは、このようなフーコーの根本的モチーフとともにあって、歴史としても、哲学的な歴史あるいは歴史哲学としても、異質な新しい姿勢と方法をうちだしていた。

当然ながらその影響は広く波及し、多岐にわたったが、一番端的なわかりやすい影響は、フーコーの書物によって浮かび上がった〈影〉の領域の歴史を、歴史研究の新たな主題として受け取り、応用することであった。フーコーがそれを〈歴史〉とその思考、その言葉への根本的な〈批判〉として実践したこと、この反歴史的な立場自体はしばしば省みられなかった。もちろんそういう影響を間違った受容などと言う必要はない。確かにフーコーの記述と思考の精密さと、その転換の根本性があったからこそ、そのような影響も波及していったにちがいないのである。

それにしても、私はまだその歴史の根本的批判が、何ゆえの、何をめざす批判であったのかに触れていない。もちろんフーコー自身が、そのことに繰り返し触れながら、ときにはかなり謎めいた不思議な紆余曲折を経て、何度か思索の方向を変えていった。フーコーは思想の方法と目標において、まったく独創的であったが、その変化の仕方も、同じくらい独創的であった。講義録における次のような言葉を念頭において、私はこのことも再考してみたい。「私の問題、というよりはむしろ私が自覚している理論的作業の唯一の可能性は、私がさっきいた場所にはもはやいないという運動の痕跡を、できるだけ明瞭な企てに沿って、残していくことにあると思います。そのようなわけで、こうした移行点を指摘するという絶えざる欲求というか、必要性というか、欲望が生じてしまうのです。このような移行点においては、移動のひとつひとつが、曲線の総体と言ったら言い過ぎならば、少なくともそれを読む方法や、知解可能な点においてそれを捉える方法を変更してしまう危険があるのです(1)」。

フーコーが、自ら意志して発表した最後の著作は、『性の歴史』を構成する第二巻『快楽の活用』と第三巻『自己への配慮』（ともに一九八四年刊行）ということになる。同じく『性の歴史』を構成するはずのもう一冊が、第四巻『肉の告白』（*Les aveux de la chair*）として、ほぼ完成した原稿の形で残されていたことは周知の事実であったが、フーコーの遺志にしたがって、これは未刊のままになっていた。死後三〇年以上を経て、ようやく二〇一八年二月にそれが刊行の運びになった。

そもそもフーコーは「死後の出版はなし」と固い遺志を表明して死んだのである。「カフカに対してマックス・ブロートがやったようなことをしないように」とも言い残した。それを厳密に守るなら、フーコー自身が生前に発表した著書以外には一切出版はならないことになる。しかしフーコーが雑誌や論集などに発表した文章、講演、インタビュー、対談の記録などは、〈すでに発表されたもの〉という条件で集成され、日本語訳では『フーコー思考集成』（原書は *Dis et écrits*, I-IV, Gallimard, 1994）として刊行され、コレージュ・ド・フランスの講義録もまた、海賊版が流通し始めたこともあって、すべて刊行された。フーコーの著作権はフーコーの姉と弟にわたり、その後は甥で哲学者のアンリ＝ポール・フリュショ（Henri-Paul Fruchaud）に移り、フーコーの長年の伴侶であったダニエル・ドゥフェールが遺言執行人の立場にある。フーコーが託していた『肉の告白』の草稿は、ガリマール出版社によってタイプ原稿になり、彼は死ぬ前の数か月間これに手を入れていたといわれる。当然ながら、「遺稿」の中では、その存在が知られていた最

（1）『ミシェル・フーコー講義集成IX』、『生者たちの統治』廣瀬浩司訳、筑摩書房、八七―八八ページ。

も重要な未発表作品であり、長い間刊行が待望されていたものだ（ただしフーコーの残した草稿は三万七千枚あるといわれるので、これからも何が発見されるかわからない）。著作権者のフリュショも、その意義を認めて承諾したので、ついに『肉の告白』は日の目をみることになった。(2)

フーコーがこの原稿をガリマール社にわたしたのは一九八二年のことだが、その出版を急ぐことはなく、結局死の直前に『性の歴史』の第一巻『知への意志』の続編として発表されたのは、むしろ『肉の告白』のあとに書かれた二冊からなる書物で、それは古代ギリシア・ローマにおける「快楽」と「自己」という問題に捧げられた考察であった。このような順序の変更じたいにどれほど深い意味があったかわからない。とにかくフーコーの最後の長期にわたった〈性の歴史〉の研究は、少なからず紆余曲折を経ることになり、しかも病にたおれ、途上で中断されたのである。しかし一九八四年の新刊に挿入された栞には、確かに『肉の告白』が第四巻として予告されていたのだ。栞の文章中の簡潔な説明によれば、この第四巻は、「キリスト教の最初の世紀における肉の経験と、この経験において欲望の解釈学と、欲望を純化しようとする解明が、どのような役割を果たすか考察するであろう」。

一九七六年『性の歴史』第一巻『知への意志』を刊行したときには、続刊予定として、他の五巻の題名まで、彼は裏表紙に記していたのである（2『肉と身体』、3『子供たちの十字軍』、4『女性、母、ヒステリー者』、5『倒錯者たち』、6『人口と人種』）。そんなプログラム通りに本を書くことにはうんざりした、というようなことも後にフーコーは漏らしているが、その後に練り直される主な探求の軌跡は、今日ではコレージュ・ド・フランスにおける全講義が書物の形になっているので、つぶさに追うことができる。一九七六年以降に彼が続けた思索は、決して「性の歴史」の持続と展開に限られていない。それ以前の『監獄の誕生』で始まり、『知への意志』においてより広汎な文脈で提示された新しい権力論の展望と、『知への意志』ではごく素描的な考察にとどまっていた生、生命をめぐる新しい権力の形成という主題を、むしろ「統治性」、統治のテクノロジーとして考察するほうに進んだ。とりわけヨーロッパの近世、近代の文献を読み解くことによってそれを探求することを数年にわたって続けたのである。講義録では『Ⅵ社会は防衛しなければならない』、『Ⅶ安全・領土・人口』、『Ⅷ生政治の誕生』のあたりが、ほぼこの探求に対応している。

そしてヨーロッパにおける統治のテクノロジーをさらに遠く遡るようにして、キリスト教における「牧人権力」(「司牧権力」と訳されることもある)として彼が独自の定義を与えたタイプの権力と、キリスト教世界の性をめぐる統治の研究に入って行ったのである。とりわけ純潔、告解、悔悛、禁欲をめぐる入り組んだ神学者たちの思弁を読み解きながら(これが『肉の告白』となる)、やがてフーコーは、権力からも性からも迂回し、あたかも離脱するかのようにして、「自己」という問題に立ち向かい、それまでの展開に照らし合わせると一見不可解にも思えるもうひとつの探求に入って行ったのである。かつてはニーチェ、ハイデッガー、ブランショを読み込んで、〈主体〉を根底的に批判する思索を、精密な歴史的思索とともに続けてきたフーコーが、後期には〈主体〉、〈主体性〉、〈自己〉の問題を改めて問うようになった。当然これは、一見不可解な方向転換

(2)『肉の告白』が刊行されることになった経緯については *Le Monde*, 07.02.2018 掲載の記事を参照。

に見えたのだ。

　生前に刊行された『快楽の活用』と『自己への配慮』は、確かにフーコーの最後の思索の片鱗を表現している。「自己への配慮」こそが、晩年の厖大な思索の、最も根本的主題であったといってよいが、最晩年の講義内容のすべてがこの二冊に注入されていたわけではない。フーコーはしばしば自分自身に、どこへ行こうとしているのか問うている。詳細に、また忠実に、古代の文献を読解する作業からは、かつてのように鋭利な分析的概念や、目の覚めるような論理的一貫性がうかびあがってくるわけではない。書き手の意図に対して垂直的に、あるいは斜めに掘り下げて深層（エピステーメー）を照らし出すような分析ではなく、この時代のフーコーは、むしろ古代の哲学者たちとじっくり対話し、彼らの〈教え〉に耳を傾けるようにして、ひたすらていねいな読解をすすめることに集中しているかに見えるのである。

　『肉の告白』の「肉」（chair）とは、とりわけキリスト教の発明であり、原罪、純潔、洗礼、改悛、禁欲などの概念装置の複雑な組み合わせによって構成された特異な観念であり、価値であり、対象であったにちがいない。古代ギリシアにとっては、むしろ自然に属すべき「身体」があり、一八世紀からは「性欲」あるいは「性活動」（セクシュアリテ）が、どうやら〈生命〉を周到に配慮し管理する「生政治学」との関連で問題化されるようになり、一九世紀には、とりわけ性科学や精神分析によって、はじめて「性」（セックス）が発明された、とフーコーは要約していたのである。(3)このような要約自体に関して様々な見解がありうる。それにしても今日われわれが「性」と呼んでいるものが、それぞれの時代にどのように問題化され、対象化されてきたか、その変遷をさしあたって想像してみる必要がある。精神分析が、無意識や快楽や欲動に新しい定義を与えたことによって、まさに新しい性の領域が見出され、「性」という対象と性的主体、性的人間が新たに発明されたように、かつてキリスト教は、肉体について、生殖、欲望について新しい定義を与え、そのような肉体、生殖、欲望と関係をもつ新しい〈主体〉をもたらしたにちがいないのである。

## 2　『肉の告白』には何が書いてあるか

『肉の告白』の内容は、一九七九―一九八〇年の講義『生者たちの統治』において、すでにかなりくわしく展開されていたことと、ある程度まで重なっている。それはまた『性の歴史』第Ⅰ巻で予告されていたが実現されなかった第二巻『肉と身体』の主題にもかかわっていたと言われる。「肉」だけではなく、「告白」をめぐっても、何か歴史的に新しい観念やふるまいがつくり出されたのである。『生者たちの統治』ではフーコーは、しばしば、これらの考察のモチーフについて『肉の告白』よりも詳細に触れている。のちに告解（confession）として教会制度の要になり、やがて近代的な意味（たとえばルソーの「告白」）を帯びるようになる断罪と赦しの行為は、まず原始キリスト教時代の教父たちによって、強固な規則・方法として磨き上げられた。

（3）『ミシェル・フーコー思考集成Ⅵ』増田一夫訳、筑摩書房、四二九ページ（『生者たちの統治』（「講義の位置づけ」）三九三ページにも引用されている）。

中世以降のキリスト教において一般に知られるようになった「告白」、「告解」の儀式とは、実は「ずっと複雑で、多量で、豊かな手続きの最も眼に見えやすく表面的な結果に過ぎず、この手続きによってこそキリスト教は、個人を、おのれの個人的な真理を現出させるという義務へと束縛したのです」。「より正確に言えば、中世末期から知られ、告白の他のすべての儀式を覆い隠してしまったかのように見える告解の背後に、まさに真理の一体制を見出さなければならない。その体制において、キリスト教はその起源からあるいは少なくとも二世紀から、自分は何者であるかを個人が真理として現出させるように強制してきたのです。それもたんに古代や異教の哲学の方式に従って、自分自身と自分の情念を統御するのを可能にしてくれる自己意識という形式においてではなく、「心の秘密」の、もっとも目につかない運動の奥深い現出化という形式においてです。また自己の自己に対するたんなる検討という形式においてでもなく、他者への、他者たちへの、信者の共同体への複雑な関係という「形式」においてです[4]」。

奥深い心の秘密を真理として披歴することによって、自分が誰であるかを他者の前に明らかにするということ、これは古代ギリシアの哲学に現われたような「自己」への関心や「節制」や「自制」の知恵とはまったく異なるタイプの関心であることに、フーコーは注目している。注意深く読まないと、初期キリスト教の教義や論争を緻密に読み解くこの作業は、自己の真実を語るという行為にむけられたフーコー独自の問題提起に導かれていることが、ときどき見えなくなってしまう。たとえば原罪を犯す前の楽園の人間は、生殖をおこなったのか、男女として存在していたのかというような、信仰の外部にあるものにとってはほとんど滑稽でしかない問いについても、フーコーはていねいに読解を進めている。初期キリスト教の思弁や実践を通じて、あくまでも〈自己への配慮〉という問いの前に何が現れ、何が変化するかを追い続けているのだ。それもやはり彼の権力論の持続なのか、それとも権力論とは別の平面への移動を示唆しているのか。この問いについても、フーコーはときに驚くべき示唆を与えている。

## 3　『肉の告白』I――「新しい経験の形成」

以下では三部から構成される『肉の告白』において、特に私の注意を引いた主な内容を、たどっていくことにしよう。第I部のタイトルは「新しい経験の形成」である。初期キリスト教の、アレクサンドリアのクレメンス（一五〇頃―二一五頃）のような神学者は、ストア派の哲学者から受けついだ、快楽と結婚をいかに調和させるかという思索をふまえ、どのような場合に夫婦の性的関係は肯定的な価値をもつか、この関係に正しい道徳的センスをもたらして〈救済〉に導くにはどうすべきか、を問うた[5]。まず子をなすことが性関係の目標であり、子孫を栄えさせることが目的である。性行為は、子をなすという意図と共存しなければならない。クレメンスの考察は、おおむね自然学者的であった。性的関係それ自体は決して罪ではなく、いつ、どのように、何のために行うかが重要である。「ロゴスとともにある血、精液、乳の循環[6]」によって、人類は神の

（4）『生者たちの統治』、一一八ページ。
（5）Michel Foucault, *Histoire de la sexualité 4, Les aveux de la chair*, Gallimard, 2018, p.23 を参照。
（6）*Ibid.*, p. 47.

系譜に結ばれる。自然を統括する神のロゴスにしたがうこの循環を適正に、節度をもって運用することこそが必要である……。

ギリシア哲学、特にプラトンやストア派の影響を受けながら、初期キリスト教の教父、神学者たちは、聖書の教えにたがわない道徳を構想し、結婚、子孫を産むこと、そして性にまつわる快楽という問題を思索し、やがて修道院の生活や修練の規範にもなりうるかたちで、あらゆるふるまい、思考、欲望を精査するような錯綜した思考を積み重ねていくことになる。クレメンスの著述には、ギリシア哲学を踏襲しながらも、やはりキリスト教独自のものとなる「性的関係のエコノミー」が描き出されている、とフーコーは書いている（この場合の「エコノミー」は「組み立て」というほどの意味であろう）。「理性が命じる自制、ふるまいの正当な形式を定義する自制は、まだ自然を統括する〈ロゴス〉を聞くひとつのやり方なのである」[7]。確かに、ここにはまだ原罪を負う悪しき「肉」のネガティヴな観念は示されていない。クレメンスは、身体を悪の根源として断罪するよりも、むしろ身体の中に神のロゴスを住まわせ、身体を「神の寺院」のようなものにすることをうながしている。身体は断罪すべきものではなく、ただ節制すべきものである。

このような〈ロゴスとしての神〉に統括されるキリスト教神学・道徳が形成された二世紀以来、やがて古代の異教の哲学から離れるようにして、徐々にキリスト教の道徳と権力が独自に形成されるようになるだろう。その二つの重要な契機としてフーコーがあげているのは、とりわけ改悛の規律・儀式と、修道院における禁欲の思想と実践である。同時にそれは、性、性欲、肉体に厳しい断罪、否定、管理、精査、節制、禁止の網が浸透していく過程でもある。しかしフーコーはそれだけではなく、この二つのタイプの実践は、「自己と自己の関係のある種の様式と、悪と真実の間のある種の連関を定義し、発展させた」と書くのだ。[8]「自己と自己の関係の様式」、これこそはフーコーの晩年に繰り返し現れる中心の課題である。

フーコーが、とりわけキリスト教独自の問いとして着目したのは、それ自体「悔い改め」の儀式であるはずの「洗礼」のあとに、教徒が再び罪に陥るという問題、「真理や光に到達したのちに堕落した者の問題を考えること」[9]であった。「キリスト教が立てた問題は、主体と真理の間の本質的で根本的な関係にペッカートゥム〔過ち、罪〕を滑り込ませることなのです」[10]。それは罪、堕落に関しても、悔い改めによる救済に関しても、より複雑な過程を発明して、キリスト教的内面と自己（関係）を創出するような巧緻であったといえるかもしれない。キリスト教は「第二の洗礼」ともいえるような、奇妙に手の込んだ改悛の儀式を発明したのである。

「罪びとの存在の開示」をするということの改悛の儀式は、エクソモロゲーシス（ラテン語で「承認すること」という意、フランス語では exomologèse）と呼ばれた。その内容は次のようなものである。「彼は苦行衣を着て灰をまぶし、惨めな姿をさらしている。手を引かれて教会に入ってくる。未亡人や神父たちの前にひれ伏す。彼はこの人々の服の裾にしがみつき、彼らの足跡に口づけする。彼らの膝にも接吻する。改悛者の生を完成させ、信徒共同体への復帰を準備するこのエクソモロゲーシスのあらましの段階はこのようなものである」[11]。

（7）*Ibid*., p. 37.
（8）*Ibid*., p. 50.
（9）『生者たちの統治』、二一一ページ。
（10）同、二一二ページ。

また離婚した夫が死ぬ前に別の夫を持つという〈罪〉を犯した、ある婦人のエクソモロゲーシスの内容は次のようなものであった。「復活祭に先立つ日々の間、改悛者の列のなかにあり、司教、神父たち、民衆は、彼女と一緒に泣き、彼女は髪を振り乱し、顔は青白く、手は汚れ、頭は灰にまみれ、恭しく身をかがめている〔……〕。はだけた胸、彼女がそれでもって二番目の夫を誘惑した顔、それらを彼女は傷つけ、彼女は全員にその傷をあらわに見せつけ、涙に暮れるローマは、彼女の青ざめた体に刻まれた傷跡を見つめた(12)」。「恩寵の中に改悛者を復帰させる」という改悛の最終段階の儀式としてのエクソモロゲーシスの内容はこのようなもので、ほとんど演劇めいて罪びとの身体をあらわに見せつけるパフォーマンスでもあって公的な性格を持っている。しかし私的な場面でひそかに神に向けて行われるエクソモロゲーシスもありえた。いずれにしても改悛の最終過程としてのエクソモロゲーシスにおいては、犯した過失についての真実を告げること、そして罪びとの真実の存在をあらわにすること、という二つの「真実」が厳格に要求されたのである。

もちろんフーコーは、ここでも彼独自の問題に照らし、改悛をめぐるこうした実践と意味づけについて詳細な文献読解をすすめていくのである。しかしそれが〈群れ〉として人間を注意深く統治し、そのために各個人にも周到な配慮をする、という「牧人権力」独特の問題の中に位置づけられることについては、この本でそれほど多く言葉を費やしていない。『肉の告白』の付録2の文章では「牧人権力」の特徴をかなり精密に列挙しているし、告白の儀式や、修道院の規律がそのなかに組み込まれていることにも触れている。しかし『性の歴史』の初めの構想では、権力の配慮と視線が集中的に及ぶ領域として「性」についての知を解明する方向が打ち出されていたのに、やがて『性の歴史』は、むしろ権力論から自己論へと舵を切っていったように見える。そして「自己の経験」、「自己のテクノロジー」、「自己の真実」、「魂と自己との関係」というように、初期キリスト教の主題も、次々「自己論」の文脈にフーコーは読み換えている。

「エクソモロゲーシス」についても、やはりフーコーはこう書いている。「自己の経験の歴史から見ると、もっと謎めいていたのは、自分の罪の赦しを得るために、罪びとが真実を言うという義務――あるいは自分自身を自分の真実において明示するという義務を、人びとが省察し正当化した仕方のほうである」(13)。フーコーは、このようにして、初期キリスト教の「悔い改め」の儀式の考察を通じて、「自己」についても、「真実」(または「真理」)についても、まったく新たな問いを、新たな文脈、ニュアンスにおいて提示しようとしていた。その問いの行方は、すぐに見えてくるわけではない。キリスト教の初期の特性を暗示するこのような改悛の実践、儀式は、あからさまに自己(との関係)を追求するのではなく、むしろ後悔、苦行、真実の生における再生を通じて、「自我が自我でないこと」を確かめるものであって、「エクソモロゲーシスの儀式は、自己同一性の断絶を確実にする」(14)と彼は述べている。その意味では、自己への配慮はこの場合、まったく逆説的に厳格な〈自己否定〉として実践されるしかなかった。それさえもフーコーはやはり「自己の経験の歴史」の中においてみようとしたのである。

(11) *Les aveux de la chair*, p. 92.
(12) *Ibid.*
(13) *Ibid.*, p. 99.
(14) *Ibid.*, p.105.

フーコーは、セネカ、エピクテトス、そしてマルクス・アウレリウスなど後期ストア派に属する哲学者の思索に、すでに高度に洗練された自己関係の哲学を、そして精密に人々の「行い」を指導するモラルを見ている。いわゆる禁欲主義として知られるストア主義にフーコーが見たのは、むしろ「自己の陶冶」という主題だったのである。[15] 初期のキリスト教においてはクレメンスのように、まだそれを踏襲する思索も見られたが、やがて改悛・苦行をめぐる思想形成において、そのような異教的古代哲学の影響はむしろ排除されたかのようであった。ストア派の影響（意識の指導や精査の実践）が再び見直されて継承されたかに見えるのは、むしろ四世紀ごろに普及した修道院制度においてであった。そこには自己との関係の新たな形式がつくりだされているようだった。カッシアヌス（三六〇頃―四三五）のような修道士の思索において示されている、たえまなく自己を精査することのすすめは、あの改悛の劇的儀式（エクソモロゲーシス）とはかなり異なる性格を持っている。「秘密を隠そうとする偽の羞恥のヴェールを引き裂いて、われらの長老に対し、われらの魂のあらゆる秘密をあらわにし、まったき信頼をもって彼らのもとに、われらの傷の癒しと聖なる生活の模範を求めよう[16]」。これは改悛の儀式に比べて、はるかに内面的な知的実践ともいえよう。自己の内面のあらゆる動きをたえず点検し、隠すことなく修道士たちに告げること、そのような不断の吟味と告白（examen-aveu）は一体でなければならない。

東方のキリスト教会において、このような「思考の運動の表明」の実践は「エグザゴレウシス」exagoreusis（自分自身を言説化すること）と呼ばれた。そして「自己の自己に対する視線は、自己自身について《真実を言うこと》とたえず結合されなければならない[17]」。すでに自己関係の体験は、あの改悛の儀式に比べて、さらに内面化され、緻密な実践と思考を要求するものになっている。しかし「このようなキリスト教的聖性の実践には、本質的な逆説がある。自己自身の真実究明は根本的に自己放棄に結びついている」[18]。つまり限りなく自己を点検し掘り下げることは、他者の前にそれをさらし自己を抹殺することと同時に行われなければならない。自己の内部に沈潜することと、自己を外部に開放することが同時に要求される。こうして意志は厳しい葛藤を経験することになる。したがって「自己の真理の追求は、自己自身における、ある種の死に方を構成しなければならない」[19]。キリスト教が発見するこのような意志の葛藤は、〈自己関係〉の思考にも新しいモチーフと緊張、そして分裂をもたらすことになるのである。ここには、まさに「意志」という新しい問題が登場している。

## 4 『肉の告白』II――「純潔であること」

第I部「新しい経験の形成」は、講義『生者たちの統治』で述べられた内容とかなり重複していたが、第II部、第III部の主題は、とりわけ『肉の告白』で精緻に追及されるものである。

(15) これについては『性の歴史』第三巻『自己への配慮』の「自己の陶冶」の章に集中的な言及がある。
(16) *Les aveux de la chair*,, p.132
(17) *Ibid.*, p.143.
(18) *Ibid.*, p.145.
(19) *Ibid.*

「純潔〔処女〕であること」と題された第Ⅱ部は、初期キリスト教において必ずしも制度的な形態をとらなかった「処女性」、「純潔」、「禁欲」のすすめに考察をむけている。四世紀ごろにさかんに書かれ表明されるようになる「純潔」のすすめは、確かにすすめであり、助言であって、「エクソモロゲーシス」と「エグザゴレウシス」のような制度的形式で表現され実践された厳格な禁止や断罪や精査という性格を、もはやもっていないようなのだ。「まず〔パタラの〕メトディオスの神秘神学において、純潔は命令の対象ではないことは明らかである。それ〔純潔〕は神と人間との間の関係の様式であり、世界の歴史と救済の運動において、神と被造物が、もはや法と法への隷属によって交通しあうことがないような契機を示している。一方、純潔は単に命令されたことへの従属の仕方ではない。すなわちそれは魂のそれ自身に対する修練であり、これは魂を身体の不死化にまでもたらすのである。魂の自己に対する関係、それに身体の終わりなき生がかかっている[20]」。

テルトゥリアヌスのような教父が、「エクソモロゲーシス」をめぐってとなえた厳格な否定的教義に比べて、三世紀のパタラのメトディオスの思想では、純潔はある肯定的な状態となり、ある種の「技法」としてさえ捉えられるようになっている。そして「純潔」はあくまでも自由意志によって実践されなければならない。処女マリアの場合さえも、処女懐胎は神の命令によるのではなく、マリアの「請願」によるものであったと、主張したのはアウグスティヌスである。「純潔」は、もはや何か法や律法のようなものではなく、「神と人間との新しい関係」とともにあり、それを表現しているとフーコーは言うのだ[21]。

厳格な禁欲は、もちろん欲望にも肉体、性にも根本的に否定的な価値を見出し、それ自体否定的な実践であった。しかし「純潔」はむしろ肯定的な経験となり、初期キリスト教の儀式や制度とはかなり異なる価値とニュアンスを帯びるようになって、キリスト教的な自己認識あるいは自己関係を新しい肯定的次元にもたらしたようなのである。「純潔」は単に自然と自然の欲望を排除するのではなく、それ以上にある新しい技芸（アート）という性格さえもつようになる、とフーコーは書くのである。

あるいはカッシアヌスの言うように、「禁欲」に対立するのは「貞淑」（hagnos）である。この場合も、禁欲（enkrates）とは「性を外的に回避すること」である否定的実践にすぎないが、「貞淑」とは「心情の内的運動」であって肯定的な実践なのである。[22] カッシアヌスは、このような肯定的実践としての「貞淑」を実現する闘いをすすめ、その作法を厳密に磨き上げることをうながした。確かにこれも修道院を舞台に厳格に洗練されてきた禁欲の訓練の延長上に現れたものにちがいないが、その性格が「肯定的」なものに変わっていることは根本的な変化といえよう。

行動や禁止の規則・法を緻密に定義することよりも、神学者たちの関心は、思考と、隠された傾向を「監視し、分析し、診断する」といったことにむかうようになっている。「この貞淑性の苦行において、私たちはある《主体化》の過程を識別することができるが、それは行為のエコノミーに集中していた性的倫理を遠くに追いやってしまう。しかしすぐに二つのことを強調しておかなければならない。この主体化は、ある認識過程と切り離すことができず、それは自己自身に

（20）*Ibid.*, p.176.
（21）*Ibid.*, p.187.
（22）*Ibid.*, p.217.

関する真実を探求し、告げるという義務を、この倫理の不可欠の恒常的な条件にするのである。もしここに主体化があるとすれば、それは自己による自己の無規定な客体化をともなうのである――それは一挙にして全部獲得されるものでは決してなく、時間のなかに期限を持たないという意味で無規定なのである。またそれは思考のもろもろの運動の精査を、それらがいかに薄弱で潔白に見えようとも、いつもできるだけ徹底しなければならないという意味でもある[23]」。「貞淑」の思想は、厳格に行為を禁止することよりも、厳密に自己を監視することを促すのである。したがって「純潔」の思想も、決して信者たちを厳しい戒律や実践から解放したわけではないが、その方向性は主体化され、主体に関する真実をめぐって徹底されるものに変わっている。そのような根本的な変化の兆候も、フーコーは彼の問題系に位置づけている。「主体化」とは「自己による自己の客体化」でなければならない。「無規定」とは、この「主体化」の過程が、ある果てしない〈自由〉とともにあることとさえ示しているようだ。

## 5 『肉の告白』III――「結婚すること」

ところで、「純潔」という新しい概念と問いの登場は、やがて「結婚」のそれも当然ながら大きく変容させることになった。改悛と禁欲をめぐって精細に規定された実践や戒律が教会の思想を主導した時代に比べれば、罪であり、あくまで子孫を残すための必要悪であるような肉の行為としての「結婚」にも、やはり「純潔」の概念に対応する新しい価値が与えられるようになった。

「純潔」はあくまで一部の信者に、「結婚」はすべての信者に適用されるものとなる。そしてしだいに「結婚」をめぐって、ある新しい主体化の方式が結晶するようになることを、フーコーは第Ⅲ部「結婚すること」で読み解いている。

以前には改悛と禁欲をめぐって規律化され理念化され、とりわけ修道院の生活に軸をおいていたキリスト教の倫理は、ほぼ四世紀末頃から、結婚し世俗的生活を営む夫婦たちのありように本格的な関心をむけるようになり、二つの生活世界を協調的に存在させることに細かい配慮をむけるようになる。もちろん夫婦・家族だけでなく、市井に生活する個人一般が同じく広い配慮の対象になるのである。しかも初期キリスト教の数世紀は、古代世界の哲学的道徳とこれとともにあった自己への配慮をまったく締め出してしまったわけではなく、ストア派的な現世的道徳は少なからず命脈を保っていた、とフーコーは指摘している[24]。

たとえばクリソストモス（三四九―四〇七）は、「結婚の価値と純潔の価値を近づけようとする[25]」。結婚はもはや「絶対的禁欲生活を送ることの不可能性」といわれるように、否定的にとらえられるのではない。そもそも「純潔」によって魂がキリストの妻となるのならば、結婚とは「教会と救世主との結合のイメージ[26]」を体現するのである。結婚とは、楽園を追われて死すべき存在となっ

（23）*Ibid.*, p.244-245.（ちなみにフーコーはこのくだりを含む一文（p.230-245）を一九八二年、雑誌 *Communications*, No. 35 に発表しており、『ミシェル・フーコー思考集成Ⅸ』に「純潔の闘い」として訳出されている）。
（24）*Ibid.*, p.252.
（25）*Ibid.*, p.259
（26）*Ibid.*

た人間が、死に抗するために子孫を残すことよりはるか以上の肯定的価値をもつようになる。むしろ結婚そのものが法となり、新しい法的空間を構成することになるのである。[27]

このように肯定的な価値をもつようになった結婚は、新たに教会の綿密な配慮の対象となり、夫婦間の「義務」や「負債」のような用語で思考されるようになる。やがて中世には「巨大な法的構築」が結婚、夫婦をめぐって作り上げられることになるのだ。フーコーの文脈にとっては、この変化も、法的言語の介入という側面以外に、やはり自己の根底の秘密を明らかにし、自己についての「真実」を言うという配慮とともにある。「結婚という双数の形態においてであっても、根本的問題は、自分自身の欲望といかに対するかという問題であり、したがってそれは自己の自己に対する関係なのである。そして夫婦間の性という内的権利は、まず、他者を通じて、自己から自己へのこの根本的関係を統御する仕方として組織された[28]」。

第Ⅲ部「結婚すること」の多くが、アウグスティヌスの思想の読解にあてられている。この文脈においてアウグスティヌスは、結婚をめぐる思想の偉大なパイオニア、結婚の哲学者である。もはや結婚と純潔は、対立し排除しあうものではない。「このときもはや問題なのは、様々な個人の形をとって現れ、彼らを純潔なもの、配偶者、あるいは両親などとして指示する諸特徴ではなく、精神的絆の密接な組織（un tissu serré de liens spirituels）であって、そのなかでそれぞれの要素は、他者に対して、同時に純潔であり、夫婦であり、親子である[29]」。そこに共通に存在するのは、「欲望の主体 le sujet du désir」である、とフーコーは宣言するかのように記している。もはや結婚と純潔は、切り離すことができない。「結婚が純潔の中にひとつの代補を見出すならば、純潔は結婚のなかにひとつの補足を見出す[30]」。

人間が性を持ち、男女として性交し、子をもうけるということについて、その原罪について、実に様々な神学的思弁が行われてきた。アウグスティヌスは、その諸説をかなり仔細に検討したのである。楽園の最初の人間アダムとイヴは生殖によって生まれたはずがないし、キリストもまた生殖をへることなく生まれた。あるいは楽園に住む人々の増殖は、あくまで精神的なもので、そこには生誕も死もなかった。生も死も生殖も、人間が楽園を追われてから人間の宿命となったものだ。フーコーは、アウグスティヌスが援用している「第三の仮説」に注意をむけている。「創造は人間に精神的ではなく動物的なひとつの身体を与えたであろう[31]」という説である。そこではまだ理性にみちて無垢な人間たちが、動物と同じやり方で生殖を行ったが、それは死すべき人間が子孫を残すためのものではなかった。「したがってこの解釈では、最も厳密な身体的動物的意味での性的関係は楽園においてまったく可能なことになる。それは堕落の結果でも原因でもなく、創造者自身の行為によって人間の本性に刻印されている[32]」。楽園において、人間の可死性と性的結合は、すでに不可分な形で、いわば潜在的に存在していた。ただし堕落して楽園を追われてしまった人間は、実際に死すべき存在として生殖しなければならず、そのために性的に結合するしかなくなった。

(27) *Ibid.*, p.273.
(28) *Ibid.*, p.282.
(29) *Ibid.*, p.290.
(30) *Ibid.*, p.289.
(31) *Ibid.*, p.299.
(32) *Ibid.*, p.299-300.

アウグスティヌス以前のキリスト教は、性的行為の可能性をなるべく遠ざけ、楽園から追われた人間の業としてそれを規定しようとしていた。両性の存在をあくまで精神的なものとみなし、女性の貢献という主題も、やはり教義の外部におこうとしてきた。ところがアウグスティヌスの思索の中心は、むしろ人間になぜ女性という他者が遣わされて共存することになったか、ということのほうに向けられようになった。「この他者性は、人間が大地全体にひとつの社会 societas を、つまり本性の同一性と起源の類縁性によって、相互に結合された個人たちの多数性を創設し発展させるのを助長するためである、とアウグスティヌスは結論する」[33]。起源を同じくしながらも、「人間」が男女として差異をもって存在し、女性という「他者」とともに男性が、この社会を「多数性」として構成しつつ、発展することは、よいことであり、必要なことでもある。まだ男女の平等のような観念はそこになく、女性はあくまでも人間すなわち男性の「他者」として捉えられている。しかしアウグスティヌスはその「他者」の必要と必然を、そして両性の差異と共存を肯定的に考えて、社会を構想している。そのような男女たち、個人たちは社会を形成し、友愛によって結ばれる。社会も友愛も、もちろん古代の哲学にとってすでに思考され、重視されてきたものである。しかしアウグスティヌスは、両性の結合という結婚の意味を肯定的に革新することによって、キリスト教にも古代哲学にも欠けていた確かに新しい何かをつけ加えたにちがいない。そしてまた一方では、意志、自己分裂する意志、自由意志の問題を、新たな光の下に浮かび上がらせることになった。そのような自己と意志とともにあるしかない社会的共同体を肯定的に構想する方向に、彼はキリスト教を練り上げていったのである。

## 6 〈意志〉という新しい問い

アウグスティヌスは性的欲望を断罪するよりも、むしろその「非意志的運動」に注目している。「人が抑制することのできない身体の生理的動揺」とか、「意に反して快楽によってさらわれる魂の震え、彼を死に近づけるかに見える思考の決定的消滅」とか、「身体の恥ずかしい部分を興奮させるこのリビドー」とか表現されてきた「非意志的なもの」が、いかに意志に介入するかに、彼は細かい注意をむける。[34]「性を反乱の主体とし、視線の対象とするのは、ある動きの非意志的形態である」[35]。そのアウグスティヌスにしたがって、まさにフーコーは〈意志〉に関する問いを改めて問うている。「決定的な点は、非意志的なものが、意志的なものの場所に侵入する点である」[36]。もちろん性的欲望という非意志的なものが、意志に介入するこの「点」とは、楽園を追われた人間の原罪と堕落のしるしでもある。「身体の物質性を襲ったこの変化を、アウグスティヌスがいかに自己の自己に対する意志としての主体の構造を通じて定義するか」[37]、それに注目しなければならないとフーコーは書いている。

楽園からしめだされ堕落した人間は、ただ教会の法や権威の力によって罰を受けるのではない。

(33) *Ibid.*, p.303-304.
(34) *Ibid.*, p.325.
(35) *Ibid.*, p.333.
(36) *Ibid.*, p.333.
(37) *Ibid.*

「自己を分割し、自己に跳ね返り、その意志自身が欲することのできるものから逃れようとする彼自身の意志に、分裂が刻印される」[38]。もはや神でも教会でもなく、自己の意志が、自己関係として、過剰や逸脱、懲罰と赦しを経験し、意志し、意志しないことを選ぶしかない。アウグスティヌスが意志と非意志の関係について、このように繊細に、そして肯定的に問うたことを、フーコーは、まさに自己と自己の関係、自己への配慮の問題に読み替えているのだ。結婚によって構成される社会と、意志の分裂によって構成される新しい自己関係を生きる人間の状況は、やはり切り離せない。

あるいは別の言い方をすれば、アウグスティヌスが提案したことは、「性的関係をもつかもたないかという二者択一とは異なる様式による「ふるまい」の統治の可能性を描き出す[39]」というような意味をもっている。そしてそれは「意志」にしたがう「ふるまい」という問題にほかならない。欲望それ自体がすなわち罪を犯すわけではなく、意志がそれを欲するからこそ罪を犯すのである。意志はそれを欲することも欲しないこともできるのだ[40]。

カッシアヌスのような「エグザゴレウシス」の神学者にとって、欲望と意志はあくまでも二つの異なる〈審級〉である。しかしアウグスティヌスにとって、「欲望は意志の形態そのものに属する」。「同意とは、彼によれば、意志によって、外部の要素を受容することではなく、意志が自由な行為として欲する仕方であり、意志が欲するのは、それが欲望として欲するものである[41]」。「主体が同意するとき、彼は欲望された対象に対して扉を開けるのではなく、自分自身を欲望する主体として構成し封印する[42]」。欲望は外部から主体に侵入し、主体を越えて主体を動かすのではない。欲望する人間は、自己の意志によって欲望し、自己との関係において欲望する。どうやらアウグスティヌスは、「意志」に関して、「欲望」に関して、またそれらの関係について、それを自己との関係としてとらえることによって、まったく新しい欲望－意志－自己－社会の肯定的な連関を考え出すことになったのである。

　ハンナ・アレントは『精神の生活』第二部で、まさに「意志」の概念を発見した思想家としてアウグスティヌスをとりあげている。そして若い日の博士論文『アウグスティヌスの愛の概念』では、すでに次のように「意志」の問題を「世界」に「生起すること」と結びつけている。「世界で生起することに、われわれは「われわれの意志で nostra voluntate」参与している。生起することがさらに神によっても「起こされている」限りで、神は永遠なるものではなく、万事を包摂するものでもなく、またわれわれとわれわれの行為を統括するものでもなく、その関係は、言わば「半々 partim-partim」の関係である。したがって「世界 mundis」とは、何かがいつも「生起する」場であり、その外にはある意味で、人間であれ、神であれ、「生起させるもの」が存在している。いずれにもせよ、世界で起きていることは、その世界に生きている人々によっても起こされていくのである[43]」。

　フーコーの最後の思想の展開と、アレントの未刊に終わった『精神の生活』に記された「意志」

（38）*Ibid.*, p.334.
（39）*Ibid.*, p.338
（40）*Ibid.*, p.353.
（41）*Ibid.*, p.354.
（42）*Ibid.*, p.355.
（43）ハンナ・アーレント『アウグスティヌスの愛の概念』千葉真訳、みすず書房、八〇ページ。

をめぐる思索のあいだには、共鳴しあう点が少なからずある。

そしてフーコーは書いている。「アウグスティヌスとともにわれわれは、法的主体に中心化された性的道徳のなかに入る[44]」。人間の性愛は、もはや神の掟としての法ではなく、世俗的、内在的次元の人間のあいだの法のなかに導かれた。そして同時に、結婚、身体、欲望の正しい使用法と、そのような欲望と法の唯一の主体として、〈肉〉の主体をきわめて精細に定義し分析する新しい視線がキリスト教とともに発生したのだ。『肉の告白』の最後のパートで、フーコーはとりわけこの点に関心をむけている。

フーコーがとりあげた新たなキリスト教的「主体化」の様相は、キリスト教による「内面性」の発見、超越性を斥けて内在化され個人化された信仰、キリスト教的弁証法などとして、数々解釈され、再解釈されてきた諸問題と無関係ではありえまい。しかし、『肉の告白』で読み込まれた初期キリスト教の「肉」をめぐる言説の読解は、おそらくまだ十分に解明されていない「主体化」の「襞」を描いている。自己への配慮、自己との関係として折り畳まれてきた「襞」という問題を、フーコーは片ときも忘れない。そしてその後の彼の探求は、「自己への配慮」と「真実を言うこと」という二つのモチーフを軸に、ますます古代ギリシアのほうに集中していくのだ。すでにキリスト教についても、「罪（過ち）のエコノミーではなく、真実を言うことの義務がとってかわる」という変化を通じて、キリスト教的な「自己への配慮」の方法を、やはりあの「真実を言う」（パレーシア）という問題と表裏一体のものと考えていたのである。

『肉の告白』の探求は、やがて西洋の中世をくまなく覆いつくすかに見えるキリスト教の、初期の教義の変動に犀利な注意をむけている。そのようにして初期キリスト教の中心にさえも、古代から持続してきた自己との関係、自己への配慮を再発見している。意表をつくような鋭利な思考には見えなくても、確かにキリスト教が問題化したことを別の角度から解明し、とりわけ古代ギリシアの哲学をめぐる彼自身の最後の探求につなげようとする方向が、はっきり読みとれるのである。

(44) *Les aveux de la chair*, p.358.

# 第9章　「アナルケオロジー」へ
## ――最後のフーコー

要するに、私が私自身を起点とするか目標とするかでは、大きな違いがある。目標とするならば、私は私自身を所有せず、それゆえ私は自身にとってやはり疎遠であり、それは私の本質、私の「真の本質」であって、この私には疎遠な「真の本質」が、千の名前をもつ幽霊として私をなぶりものとするのだ。
（シュティルナー『唯一者とその所有』）

## 1　権力を問う

いまから思えば、一九七〇年前後には、二〇世紀の思想にある断絶が生じていた。それは人文科学にも社会科学にも、徐々に根本的な転換を強いて、実際に多くの新しい探求をうながすことになった。『言葉と物』、『知の考古学』の著者ミシェル・フーコーの名は、その中でもとりわけ強力な磁場を形成していた。しかしその思想は、あの時代の数々の政治的異議申し立てに直接結びついていたわけではない。一九六八年の世界的な政治的反乱は、まだ圧倒的にマルクスの名に、新旧の様々なそのヴァージョンに結びついていたが、そのなかには、確かに異種の〈政治〉の観念が胎動していた。一九七〇年前後の思想構築は、そのような「胎動」と通底する何かを共有していたにちがいないし、やがてそのことを徐々に明白に表現して、〈政治〉という領域じたいが、どこに、どのように存在するかを根底から考えなおす思考をうながすことになったと思う。

とりわけフーコーは、〈政治〉を問題にする以上に、しばしば〈権力〉を問題にするようになった。この発想の転換はニーチェの名（『権力への意志』）と深く結びついていた。政治にとって、権力をいかに構成し、維持し、有効に行使し、またその権力をいかに抑制し、調整し、ついには権力を行使することさえなく目的を達成するかということは、常に大きな課題に違いない。しかし権力とは、政治の手段や目的である以前に、政治そのものを生成させ発動させる力であり、力の場であり、力の関係、作用なのである。そのような構成的場面では、権力は決してあらかじめ否定的意味を帯びてはいない。しかし権力はたちまち、ある強制力として、他の力に対して否定的に作用しうる。その意味では〈政治〉よりも〈権力〉のほうが、はるかに普遍的で根本的なカテゴリーでありうるが、そのようなカテゴリーとして考察すればするほど、当然ながら、権力は解きがたい、果てしない錯綜や混沌として現れることになる。

〈権力〉という問題は、すでに何かしら政治の次元を貫通して、政治を法や制度の次元の外部から問うことを、フーコー自身に要請してきた。そのような〈権力〉の問いは、政治と政治の知自体がたどってきた長い有為転変の果てで、必然的に現れたものにちがいないが、もちろんその問いは、新たに混沌に直面して方向を見失うリスクも含んでいる。フーコーの晩年の思想的転回(そして展開)は、ひとつひとつの著作や講義録を読めば難解な議論を展開しているようには見えない。しかし、そのモチーフの変転の脈絡は複雑で、それを把握することは、決してやさしくない。とりわけ〈主体〉をめぐる晩年の探求は、確かに権力の考察の延長上にあったにちがいないとしても、権力が作動する社会の次元からは、遠く隔てられた〈主体〉の襞のほうに沈潜していったかのように見えるので、少なからず謎めいて見えるのだ。

一九七〇年前後の思想的転換の以前に、政治を根本的に考察しようとしたものには、多くの場合、視野には否が応でもまずマルクス主義が入ってきて、同時にそれをめぐる様々な解釈、論争、正系をめぐる争いなどがいっしょに視野に飛び込んできたはずだ。法学や政治学の学科にでも所属しない限り、政治を考え疑いはじめたときにまず読むことになったのはマルクスであり、マルクスの思想と切り離せない思想家たちであって、少しでもその輪郭をつかもうとして、私もたくさんの時間を費やすことになった。

マルクス主義のそういう迫力がやがて衰えていったのは、単にソヴィエト連邦解体という歴史的事件だけのせいではない。いまここで、そのような転換の理由について考察を始めようとは思わないが、その転換を理由に、マルクスの名に結びつく多くの思想的試みを、なかったもののように扱おうとは思わない。ただしこの転換はつねに、様々な場所や次元で進行していたし準備されていたにちがいないのだ。たとえばフーコーが『監獄の誕生』として凝縮させた探求は、監獄という制度が、どのような権力をどのように作動させる装置であるかを考察していた。こうして政治をすでに制度と法の外から、また経済的支配構造とも異なる次元でとらえようとしていた。もちろん刑罰をめぐる制度と法が精緻な考察の対象になっていたが、監獄制度の特異性を考察しながら、フーコーは単に政治の暗い裏面を暴き出したのではなく、いわば政治を貫通する、政治よりも本質的、普遍的なカテゴリーとしての「権力」(規律の権力)を明るみに出したのである。このような思考の転換には計り知れない意味があった。「権力」そのものが、何か果てしない、恒常的なものとしてとらえられるようになった。制度と法、知と真理、それらの言説を等しく遍く貫く権力という次元が、はっきり浮かび上がっていた。

『監獄の誕生』の探求は、よく知られているように、フーコーもそのメンバーとなった「監獄情報グループ」の活動と一体であった。この活動自体が、既成左翼から訣別していった一九六八年頃の抵抗運動の延長線上にあって、はじめは監獄の具体的条件の改善をめざしながら、囚人自身の発言や抗議の権利を要求する運動にまで目標を広げていった。フーコーの問いは、この活動に密着しながら、やがて監獄に作用する権力（関係）がどんなものかという歴史的、社会的考察にまで、批判の次元を深く広く拡大することになった。

ここからフーコーは、前期の『知の考古学』として集約されたような探求とは別の、いわば「権力の考古学」（フーコーにならえば、むしろ「系譜学」というべきか）に進んでいき、さらに『性の歴史』の厖大な研究に進んでいった。しかし前にも触れたように途中で執筆プランを大きく変更し、ヨーロッパ近世・近代における「統治性」の研究のほうに焦点を移した。ここからさらに、統治される「主体」のほうに研究主題をずらして行き、キリスト的な権力における主体化、個人化の技術という問いを綿密に考察するようになる。統治することの目的は、いつも少なからず服従を強い、服従を実現することに違いないが、服従させること（assujetir）は、すなわち服従する主体（sujet）を構成することなのである。主体を服従へと強制するよりも、主体自身が、みずからを服従する主体として、みずから構成することが望ましい。むしろそれこそが権力にとって必要なことである。

最晩年のフーコーの最大の関心はこうして、「結局、私は人間存在が主体に変形される方式を研究してきたのです」（Enfin, j'ai cherché à étudier la manière dont un être humain se transforme en sujet）というように主体の問題を掘り下げ、とりわけこれを「自己への配慮」として研究しながら、道半ばにしてそれを中断せざるをえなかった。

もちろん「自己への配慮」も、服従に直結することがありうるし、それはまた自由の追求でもあって、あくまでも両義的である。最晩年のフーコーは、とりわけギリシア・ローマの文献を渉猟し、「養生」や、「家政」をめぐる知や、いわば「修身」とも名づけられそうな知恵や教育や省察や鍛錬についての考察を綿々と続けた。しかし、もともとそのような考察は、『監獄の誕生』や、『安全・領土・人口』の講義録で、近代的な統治の技術を精密に考察した権力論の延長線に現われたものだ。毎年の講義のはじめにフーコーは、彼の当時の探求が、最初の探求から進んできた過程のなかでどのような位置（意味）をもつのか、いつもていねいに語っている。もちろん数々のインタビューのなかでも、とりわけこのことについては繰り返し語っている。しかし彼がそのように語っていること自体も常に動いていて、そのたびに変化しているという印象を受ける。それほど彼は大胆に未踏の領域に踏み込み、暗中模索を続けたということもできる。

あるときフーコーは歴史上の闘争のタイプを三つに分類している。「主体と権力[1]」というテクストにおける発言を要約してみよう。

Ⅰ　支配形態に対する闘争（民族的・社会的・宗教的等々の支配に対するもの）

Ⅱ　個人を生産物から分離する搾取形態を告発する闘争（とりわけ一九世紀の労働者の闘争である）

Ⅲ　個人を彼自身に縛り付け、他者に対する隷属を確固たるものにするすべてのものと戦う闘争（服従に抗する闘い、主体性と隷属の様々な形態に対する闘い）

フーコーによれば、封建時代とは、闘争Ⅰがたえまなく続いた時代である。もちろん闘争Ⅰと闘争Ⅱが、まったく別物だとは決して言えない。闘争Ⅱは、「科学的社会主義」に目覚め、「階級闘争」をするようになった労働者たちや組合・政党のものと思えるが、そういう闘争も、闘争Ⅰと連続するモチーフなしにはありえなかった。そして闘争ⅠもⅡも、いまも世界のどこかで続けられているし、おそらく途絶えることのない闘争であり、決して封建時代や一九世紀に局限されるわけではない。しかし何といっても、「主体と権力」というこのインタビューでフーコーが強調したいのは、闘争Ⅲであり、それはまさに「主体」、「主体性」に関する「闘争」なのである。これこそが現代において、ますます重要性を増している「闘争」だとフーコーは言いたかったにちがいない。しかし決してそれは現代に始まったものではなく、その起源は少なくとも中世にまで遡ることができる、と彼は言う（もちろん主体、主体化の問題それ自体は古代からすでに存在する）。なぜ主体にとって「闘争」が必要なのか。個人（主体）は他者に隷属させられるばかりか、自分自身にさえ拘束されるのである。主体はそのように〈自己にしたがう〉ものとして構成される。あるいは、何かに強制されながら自己形成を行う。闘争Ⅲとは、主体の形成をめぐるものだ

（1）『ミシェル・フーコー思考集成Ⅸ』、「主体と権力」渥海和久訳、筑摩書房、一六ページ（Foucault, *Dits et écrits IV*, «Le sujet et le pouvoir», Gallimard, p. 227）。

と述べて、どうやらフーコーは、それに測り知れない重要性、切迫性を見ていたのである。

そして逆説的にみえようと、権力があるところには、必ず自由な主体が存在する。「権力が行使されるのは《自由な主体》に対してだけである」[2]。奴隷に対する権力とは、厳密には権力とは言えず、ただの強制力（暴力）であるが、権力とは隷属をうながすのであって、単に絶対的に支配するものではない。権力は、隷従するもの（sujet）を、一つの主体（sujet）として構成する。あるいは権力に隷従するものとは、一つの主体でなければならない。このことはsujet（英語 subject）という単語に、意味の転換が起きるという歴史的過程に一致している。隷従させられるものは、隷従するものとして自己を構成するのであり、これは構成されることであり、同時に、みずから自己を構成することなのである。権力に隷属する自己は、あくまで自由な自己として隷属する。そのような自由とは、単に「完全に不自由ではない」という意味にすぎないともいえよう。もちろんそれは近代的個人の自由と同じ性質の、同じ規模の自由ではないともいえよう（この自由さえも、やはり、ある権力に包摂された自由である）。それでも権力にしたがうことは、奴隷が主人にしたがうことと同じではないし、まして家畜が鞭に打たれてしたがうこととも根本的に異なっている。

## 3　自己、そして〈ふるまい〉のテクノロジー

フーコーはときに「権力関係」という言葉を強調している。権力とは、複数の人間のあいだに

成立し作用するもので、決して純粋に一方的な関係ではない。権力関係のタイプは様々に変容をとげうるが、生きた人間のあいだに権力関係がなくなることはないだろう。つまり権力から完全に自由な生もありえないだろう（もちろん権力それ自体を悪であるとも善であるとも決めつけることはできないし、自由に関しても同じことが言える）。とにかく権力関係は自由とともにあり、自由な主体を対象とし、自由に対して働きかけるだろう。この自由は決して理念的なものではなく、予定された権利のようなものでもなく、自己との関係に作用するたえまない作用・反作用とともにあるしかないだろう。もちろんその自己関係は、いつでも他者との関係に関係するのである。

近代の社会は個人の政治的自由を私有財産権とともに基本的「権利」と規定して、自由についても新しい定義を与えたことになる。しかしその社会の、社会的現実のなかの自由は、たえず権力関係とともに制限され、操作され、調節され、攻撃され、逆に抵抗し、逃走し、拡張しようとする。そのような自由も、権力も、じつは理念の外部にあって、決して法に十全に書き込まれることはないし、制度によって担保されることもない。フーコーは、監獄という制度や、性に介入する制度の緻密な歴史的研究をこころみたあとでは、法からも制度からもますます遠く離れて、とりわけ権力と主体という問題を追求するようになるのだ。法（権利）からも、制度からも遠く、そしてついには「政治」からも脱出すること、そんな言葉さえもフーコーは漏らすようになる。それほど政治は、法、権利、制度と一体であり続けてきたし、いまもそのことは続いている（大

（2）同、二六ページ（*Ibid.*, p.237）。

学で政治を学ぶところは法学部である)。ついには、フーコーの疑問は、それらと切り離せないはずの「知」と「権力」にまで及ぶのである。

あるときには「知-権力という、使い古され、安っぽくなってしまった主題を、議論の中心から外してしまうことです」とまで語って聴衆を驚かしたに違いないフーコーは、もちろんそれが必要な追求であったことを否定せずに説明している。「この知-権力という主題も、思考の歴史において、支配的イデオロギーという概念をめぐって組織されていたようなタイプの分析を、議論の中心から外してしまうためのものでした。連続的な二つの移行があります。まずは、支配的イデオロギーの概念から知-権力の概念へ、そして今行なおうとしている第二の移行は、知-権力の概念から真理による統治の概念への移行です[3]」。知ではなく、むしろ真理になる。権力から統治へ、そして問題の焦点はさらに統治され統治する「主体」に、また「真理」を形成する「主体」のほうに移る……。しかしこれでもまだ、フーコーが最終的に何を問題にするようになったか、わかりやすくはない。

かつて「権力」という領域を、政治も歴史も貫通する新しい普遍性をもつ次元として提出しえたフーコーは、やがてこの次元からも離脱し、やがて自己、自由、主体、自己への配慮、自己関係、主体化といった問題に集中していったように見える。その「自己」は、自我(エゴ)、エゴイズムとも、デカルト的なコギトの主体とも、まったく異なる位相をもっていることは、彼自身が繰り返し強調していることだ。もちろんフーコーは、ニーチェ以降のヨーロッパ思想の第一の課題であったと言える〈主体の批判〉を徹底することにおいて、はじめはとりわけ「言説の秩序」の画期的な研究を通じて、もっとも尖端的な役割を果たした知識人のひとりであった。主体とは、言説の効果、そのはかない残滓にすぎないかのように。しかしフーコーがその主体批判の哲学を撤回し、あるいはそれから後退して後期の主体論に移って行ったということは決してできない。主体批判の思考にとっては、主体とはただ退け、解体し、無化すべきカテゴリーではなく、そもそも主体とは何か、どのように構成され、どのような関係において成立するか、自己とはすでに自己関係ではないか、というように、何度でも問い直されなければならなかったのである。

キリスト教とともに形成された「牧人権力」は、人間を同時に群れとして、個人として綿密に配慮するような権力である。「個人化の技術と全体化の方式 procédure のかくも複雑な組み合わせ」といわれるような牧人権力は、信者に対して、厳密な意識の精査をせまり、原罪の観念や、告白という実践もその要求のなかに組み込まれている。確かにそのような「配慮」や「実践」として、キリスト教にはある種の個人主義さえも形成されていった。

まずソクラテスによって、「汝自身を知れ」というかたちで「自己の知」がうながされたことは、ギリシア哲学が最初に自己を問題にした一つの重要な契機であったにちがいない。しかしソクラテスの提案は「自己を配慮する」というもう一つの異質な課題と切り離せなかったことを、フーコーは何度も繰り返し語っている。「自己の知」と「自己への配慮」とは、自己をめぐる、それぞれにまったく異なるアプローチだというのである。「自己を知る」ことのほうは長く記憶され、やがてデカルトの例にみられるように、あくまで知的な自己が、場所も歴史も超越して普遍的な

(3)『ミシェル・フーコー講義集成Ⅸ』、『生者たちの統治』廣瀬浩司訳、筑摩書房、一三ページ(*Du gouvernement des vivants*, p. 12)。

「私」として定義され、ヨーロッパ世界の理性的、行動的、技術的自己の原理にまでなった。自己を知るということは、真理を知るために必要な第一の前提であり、真理を知ることとは、そこから演繹して世界の法則を知ることである。知の枠組みはそこから大きく普遍的に拡張されていった。「啓蒙」にまで至る西欧的理性の覇権の功罪に関しては、西欧の内部からも外部からも批判がまきおこるようになる。『狂気の歴史』に始まるフーコーの批判的歴史の展開自体が、そのような文脈でも重要な役割を果したにちがいない。

しかし「自己」の問題は、まったく別様に問われうるし、問われなければならない。この自己は純粋に知的な存在ではなく、感情をもち、欲望に突き動かされ、あくまで他者との関係の中で、強かったり弱かったりしながら、争ったり和したりしながら、自己の「ふるまい」を見つめ、考え、規則化し、規則にしたがい、他者に対しても様々にふるまう存在である。自己とは決して「アプリオリ」なもの、自己同一的なものではなく、自己に対してある種の遠近法を構成し、自己に対して様々に配慮し、ふるまいながら自己をねりあげていく過程とともにあるしかない。このような自己は、知的理性的な自己と決して相いれないものではないとしても、そのような配慮とともにある自己は、理性的主体の埒外にあって、決して哲学や政治学の対象になってこなかった。

自己の自己に対する「ふるまい」という、実は広大な現実的、実践的領域があり、それを考察するという課題がある。そして権力に対する根本的な自由があるからこそ、そのような「ふるまい」の可能性があり、そのような「ふるまい」こそが、まさに自由の実質的な内容でもある。そして自己に配慮するということは、自己の存在（実存）を選択するということでもある。

晩年のフーコーは「権力」に関して、「統治」に関して、さかんにテクノロジーという言葉を使うようになるが（おそらくハイデッガーにとっての「存在」と「テクネー」という問題との関連もあったにちがいない）、自己に関するテクノロジーについても、フーコーは頻繁に語るようになるのである。一般に「モノの生産」に関するテクノロジーが、第一の重要なテクノロジーであるとして、（1）モノの生産の技術、（2）記号系の技術、（3）権力の技術、（4）自己の技術、というように少なくとも四つのテクノロジーを考える必要がある、とフーコーは述べている。(4)「自己への配慮」は、もちろん「自己を知ること」と同じように知的な行為にちがいないが、それは「自己と他者のあいだの相互作用」を考え、「個人的支配の技術」をつちかい、「個人が自己の技術を介して自身に及ぼす作用の様態」を認識するような知でもある。(5)

プラトンの対話篇でソクラテスは、まだ「自己を知る（認識する）こと」とともに「自己に配慮すること」を、ポリスの若者にむけてすすめていただけだった。しかしこの「配慮」は、いわゆるヘレニズム時代には、「認識」とは異なる恒常的な配慮として、いっそう本格的に実践されるようになる。そしてエピクロス、犬儒派《キュニコス》、ストア派たちによって、この「配慮」は、さらに普遍的な哲学的問題として扱われるようになる。やがてローマのキケロからセネカ、マルクス・アウレリウスたちによって、この配慮は精密なエクリチュールによって表現され鍛錬されるように

（4）『思考集成Ⅹ』、「自己の技法」、大西雅一郎訳、三一八ページ（*Dits et écrits IV*, «Les techniques de soi», p. 785）。
（5）『講義集成Ⅺ』、『主体の解釈学』中の一九八二年二月二四日第二時限の講義録で、フーコーは自己をめぐる「修練」としての「アスケーシス」を、自己に関する認識、観照の立場（マテーシス）と対比している。このことも「自己の技術」にかかわる。
（6）『思考集成Ⅹ』、三二八—三五二ページ（*Dits et écrits IV*, p. 792-812）。

なるのだ(6)。重要なのは、このような自己への関心は、決して心理学的洞察や精神分析のようなものになったのではなく、あくまで「ふるまい」(conduite)にむかったということである。フーコーは、こうした自己論の文脈では、「権力」と「権力関係」を明確に区別しているが、「ふるまい」とはいつも「権力関係」を通じて他者とともにある自己の「ふるまい」なのである。

このような、いわば「自己配慮」の文化は、初期のキリスト教にも注ぎ込み、やがてアウグスティヌスの『告白』のような思索にもつながっていく。『肉の告白』でフーコーは、初期のキリスト教が独自に編み出した「自己への配慮」の軌跡を、改悛の儀式や、修道院の指導法や、純潔や結婚をめぐる考え方を通じて、つぶさにたどっている。しかしキリスト教はギリシア的な配慮をまったく変質させて、そのような「配慮」をむしろ「自己愛」として断罪し、「自己放棄」のほうに誘導していくのである。キリスト教の「牧人権力」とは、群れを導きながら、ひとりひとりを注意深く配慮し、集団–個人を厳密に管理するようなタイプの権力である。それは古代の支配・権力形態に対しては大きな転換をもたらした形態といえるだろう。しかしギリシア・ローマが綿々と継承しながら強化し洗練してきた「自己配慮」の文化を、キリスト教は決して忘れることはなく巧妙に統合し、変質させ、持続させて、長く生きのびる強固な権力形態をつくりあげたともいわなくてはならない。

ところで、これらの記述を読んでいると当然ながら私たちは、理性でも政治でもなく、法でも権力でもなく、法的制度でもなく、むしろ仏教や儒教の知を援用して、綿々と徳川社会にいたる支配網をめぐらすことになった日本列島における、ある規律社会の実体が、精密で恒常的なふるまいのシステムであったことを思わずにはいられない。ある意味で、そのようなシステムは現在でも、政治のかなめやつぎめで、リビドーのように、潤滑油のように、しなやかに、そして実は強固に機能しているかもしれないのである。もちろんこれらの宗教や知そのものが、そのように「ふるまい」を導く思考や規則を含んでいなければ、そのようなことは起きえなかった。あらゆる宗教がそのようなシステムとしても機能しうることは確かだ。それは近代において単に反動的に機能していたわけではなく、ある意味でエートス（心的態度）として強固に機能してもきたわけである。ある視角から見れば、現代日本の政治においても、むしろそのようなエートスは確かに機能し続けている。政治と政治的理性がどのように機能しているかは、そのような「ふるまい」のシステムに比べるときわめて浮動的で、あいまいであるともいえる。むしろそのようなシステムこそが、政治の次元をたえず非政治化するような作用力をたえず発現させているともいえる。

もちろん「ふるまい」は指導されなければならない。「指導の真の関係は、被指導者の富や健康のような何かではなく、魂の完成や平静さ、さらには情念の不在、自己統御、至福など、要するにある種の自己の自己への関係を目的として定めることにあるのです。つまり被指導者は指導において、外的目的ではなく、自己と自己の関係として理解された内的目的を求める。指導を言い表す言い回しは結局こうなります。私は私のためにあなたが欲することに自由に従う。私は、私が自己と自己との間にある種の関係を打ち立てることができるように、私の意志がこうあるべきだというあなたの意志に従う」[7]。このような「指導」の実践はいたるところ、古代ギリシア・ローマ、そして日本、中国、ヒンズー文明ではきわめて発達している、とフーコーは指摘して、あた

（7）『講義集成Ⅸ』、『生者たちの統治』二六四ページ（GV, p. 227）。

かも「ふるまい」とその「指導」にかかわる一大研究を世界に提案しているかのように見える。それはさしあたって古代世界に関することだが、この世界では「ふるまい」を導こうとするエートスが、つねに主体化、自己への配慮とともにあったということが、フーコーの探求からははっきり見えてくる。それは「ふるまい」のモラル（修身）とは根本的に違う点だ。「ふるまい」は、主体化を排除するような自己放棄のモラルにもむかいうるのである（東洋思想や仏教においては、「自己滅却」ではなく、別の形で「自己への配慮」が存在するといえるかどうか、慎重な検討に値するだろう）。一方で「ふるまい」のエートスが、あくまでも主体の自由を確かめ強化しようとするエティカとして洗練される道さえも開かれていたといえよう。主体化というギリシア・ローマに固有の問題を引き受けたうえで、むしろ非主体化の方向に牧人権力を完成していったキリスト教的権力が抱えた両義性、複雑性の問題が存在する一方、実はアジア的な「ふるまい」のモラルさえも、主体化と非主体化の両方の動線を含んできたと考えられるのではないか。

## 4 「アナルケオロジー」の提案

講義『生者たちの統治』で、『肉の告白』の一部分に重なる新しい考察を始める前に、自分の追求の方向がどのようなものか、フーコーは改めて定義を試みている。およそ政治哲学的でない哲学などありえないはずだが、政治哲学の伝統的な問題提起とは次のようなものであった。「主体が認識関係において、みずから進んで真理の結合に従うとき、すなわち主体が、みずからにその基礎や道具や正当性を与えた後に、真理の言説を述べていると主張するとき、——そこから出発して、主体は望んでもいないのに自分を従わせる権力について、あるいは権力のために、あるいは権力に抗して、何を語ることができるのか、言いかえるならば、自ら進んで行う真理との結びつきは、私たちを権力に縛り付けて従わせるような、意に沿わない結びつきについて何を語ることができるのか(8)」。

そのような問題提起は、始めに「真理への到達の権利」を、「真理との自発的でいわば契約的な結びつき」を前提として、それにそぐわない権力に異議申し立てを行うのである。ある権利、正義、真実に照らして、それに違反する権力を告発すること、これはあらゆる抵抗、革命、政治運動にとって、不可欠の必然的立場と言えないだろうか。

しかしフーコーは、問題はもはや「真理へと自ら進んで私を結びつける結合があったとして、私は権力について何を語ることができるのか」と問いかけることではないと言う。そうではなく、「権力を私に縛る結合を解こうという私の意志や決心や努力があったとしたら、そのとき認識主体や真理の主体はどのようなものになるのか(9)」と問わねばならない。この問い方においては、真理との関係が権力との関係に先行するのではなく、逆に権力(あるいは単に力)との関係が、真理との関係に先行するのだ。

そのことは、このようにも言いかえられる。「権力の正当性を規定したり、その不当性を告発

(8)同、八八ページ(*Ibid.*, p. 75)。
(9)同(*Ibid.*)。

したりするための案内図として役立つべきものは、真理と誤謬、真理と虚偽、イデオロギーと科学、合理性と非合理性といった用語による表象の批判ではありません」。これにとってかわる選択肢とは「権力から逃れようという運動こそが、主体の変容や、主体が真理との間に持つ関係を明らかにするのに役立つはずなのです(10)」というものである。

一ページにも足りないこの説明は、ほとんど後期フーコーの思想の総体を凝縮するような言及で、じつはかなり複雑な批判的思索の成果でもある。多くの政治思想が、「正義」や「自由」や「平等」のような「表象」を目標にかかげ、それに違反する権力に抗して語り、抵抗を組織しようとする。もちろん、そのように語り、行動する主体がそこには必然的に存在する。しかし「その主体はどのようなものになるのか」という問いは、必ずしもそこで要求されはしない。

フーコーの問いの焦点は、あくまでも「権力を私に縛る結合を解こうという私の意志」あるいは「権力から逃れようという運動」にあり、「その主体はどのようなものになるのか」ということにおかれている。「真理」は、あくまでもそのような主体のプロセスと問いとともに形成される。「主体」も「真理」も、決してあらかじめあるのではなく、権力と私とが作用し作用される過程を通じて形成され、変形され、陶冶されていくのだ。

さらにこのような分析は、「一つの態度 attitude」に基づくと、フーコーは言うのである。「あらゆる権力は自明ではないのではないか、いかなる権力といえども確実不可避ではないのではないか、だからどのような権力もいきなり受け入れるには値しないのではないか」。「権力に内在する正当性などないのではないか」、「どんなものであれ権力というものはすべて非‐必然的なものである(11)」。その態度は、このように要約されているのだ。

フーコーは、保守であれ、革新であれ、とにかくいわゆる大文字の政治的スローガンに集約されるような大文字の〈政治〉に反対して、ただただ権力から逃れようとする主体のありようを追求するアナーキズムを主張しているかに見える。「なんだ、結局アナーキズムのことじゃないか、とおっしゃることでしょう」[12]。しかしアナーキズムで何が悪い、というわけで、フーコーは、自分の追求する方向を、少し言葉遊びをするように「アナルケオロジー」と呼んでみるのだ。「アナルコ」(無政府主義的)とアルケオロジー(考古学)を組み合わせた洒落(いわゆるカバン語)である。ただし、アナーキズムにも、一つの伝統そして前提のようなものがあって、それは権力を本質的に悪とみなし、権力なき社会を目標として運動するという立場である。ところが、ここにも権力の不当性についてあらかじめ「表象」がつくりあげられていて、それを基準にして主体は権力について語ることになる。しかし「アナルケオロジー」にとって、権力の「非‐必然性」は出発点であって、理想的な目標などではない。おそらくフーコーのこのような追求にとって、「理想」など存在する余地がない。それぞれの主体が権力の正当性を拒否するような自己を形成することは、まったく現実的な実践の過程であって、それをつぶさに観察し、その様式や態度を抽出するような作業をフーコーは最後まで続けることになった。『監獄の誕生』と『知への意志』によって提案された画期的な権力論から、しだいに離れ、迂回するかのような「真理」と「主体」をめぐる研究も、確かに彼の権力論の思索の到達点であったとみなすことができるのだ。

(10) 同、八九ページ (*Ibid.*, p. 76)。
(11) 同 (*Ibid.*)。
(12) 同 (*Ibid.*)。

それにしても「自己への配慮」とは、アナーキズムどころか、単に「自己本位」の態度を意味するにすぎないのではないか。この問い（自問）にも、フーコーは繰り返し答えている。それはナルシズムでもエゴイズムでもソリプシズム（独我論）でもない。自己への配慮とは、必然的に他者への配慮をともない、他者によって自己を構成するのではなく、自己への配慮によって他者への配慮を支えようとするような態度を成立させ、個人間の関係の様式さえも編成することになる。自己を配慮しえない人間が、どうして他者を配慮しえようか。「自己の実践は社会的実践と結び合うようになっています。あるいはこう言ってよければ、自己の自己への関係の構成が、非常にはっきりした仕方で自己の〈他者〉への関係に接続したのです[13]」。

あるいは自己を配慮することは、同時に他者を配慮するという目的をもち、二つの配慮は相関的であり、円環を描いて関連しあう、ともフーコーは言う。正義を配慮することは魂を配慮すること、「魂の内的な階層、その魂のさまざまな部分の間を支配する秩序と従属関係に配慮すること[14]」でもある。そのように「秩序」と「従属」を構成することによって、自己は政治的主体になる、とも彼は述べている。

自己への配慮は、必然的に他者への配慮をもたらし、それと共存しうるし、しなければならず、また必然的に連動することを述べるのに、フーコーはそれほど複雑な論理を設けていない。その説明は驚くほど簡潔で、自己と他者との弁証法や存在論を再検討したり、精神分析の構造論（自我、超自我、エス）に似た議論を蒸し返したりしようともしなかった。すでにみたように、むしろ「主体に関するアプリオリな理論」[15]を拒絶すると書いて、デカルトのコギトによる主体の規定を、フーコーは批判している。その主体は「単一にして、普遍的、非歴史的」な主体であり、「万人であり、どこにもあり、あらゆる時点に存在する」主体であるというのだ。

むしろ『啓蒙とはなにか』を問うたカントのほうを評価して、その問いの主体はまったく異なるもので、「われわれとは何か」と問い、歴史のこの特定の瞬間において「啓蒙」をめぐって、「この瞬間に何が起きているのか、われわれに何が起きているのか、われわれが生きているこの世界、この時代、この特定の瞬間とは何か」と問うことによって、カントは「啓蒙」をまさに自己への配慮として問うた、とフーコーは説明しているのだ。デカルトの主体は、あくまで知的な〈考える存在〉として、普遍的実体として規定されている。もちろんこのような思考と自己の「非歴史的」な規定自体がある歴史的意味を帯びることになったのである。じつは『方法序説』の冒頭では、自己の思想がどのような過程をたどり、どのような問いを立てるに至ったか自伝風に披歴しているデカルトは、彼独自の「自己への配慮」を示して、それこそが彼のコギトを準備していたことを示唆していたといえる。しかし思考の原理として彼が提出するコギトの自己は、確かに普遍的に、時間の外の絶対的に知的な存在として規定されていた。

別のテクストでフーコーは、詩人ボードレールが近代性に対して、どのような態度をとったかを述べて、カントの「啓蒙」に対する態度に隣接させ共鳴させている。「ボードレールにとって

（13）『講義集成XI』、『主体の解釈学』廣瀬浩司／原和之訳、一八二ページ（*Herméneutique du sujet*, p. 150）。
（14）同、二〇四ページ、（*Ibid.*, p.168）
（15）『思考集成IX』「主体と権力」渥海和久訳、一九ページ（*Dits et écrits IV*, p. 231）。

近代性とは単に現在との関係の形式ではなく、それはまた自己自身に対して確立すべき関係の様式である」[16]と書いて、やはり「自己への配慮」とそのような「配慮」の主体を、詩人に関して考察しているのだ。自己への配慮とは、自己との関係を構成することであり、自己との関係を配慮することである。そして「近代的であるとは、自己自身を複雑で困難な鍛錬の対象とみなすことである」。「ダンディの禁欲主義」とは「自らの身体、ふるまい、感情と情念、彼の存在を芸術作品とすることであり、「彼は自分自身を発明しようとする人物である」。それこそがボードレールのダンディズムの内容にほかならないとフーコーは言うのである。

自己への配慮とは、自己の倫理を、自己の美学を構成することでもある。それはフーコーがギリシア・ローマ世界の「自己の解釈学」と、「パレーシア」（すべてを言うこと）をめぐる最晩年の探求でも繰り返し語っていることである。もともと政治と権力への問いを根底のモチーフとしている「自己への配慮」の思想は、美学的でもあると言う。フーコーはついに政治を〈美学化〉してしまったのだろうか。しかし自己への配慮とは、自己と、自己との関係、そして他者との関係を〈観照〉し〈享楽〉することでもある。そこには関係を一気に溶解してしまうような陶酔や崇高の美学が入り込む余地はない。その美学とは、純粋な観照の実践そのものである。その美学はきわめて簡素で、ますます犬儒派的な無一物のエティカに最後のフーコーは接近して行った。

フーコーの最後の講義『真理の勇気』（一九八三―一九八四）は、すでに何度もとりあげてきたソクラテスの言葉をめぐる考察から、犬儒派の哲学に話題を移して、それの読解にたくさんの言葉を費やしている。もちろん「すべてを言うこと」はほとんど同時に「自己への配慮」であり、自己についての真実を言うことでもある。あいかわらずフーコーは、古代の哲学者たちのテクストに対してそれとは異質な分析的概念を差し込むのではなく、むしろその主張に忠実に寄り添うようにして精緻な読解を続けた。そこで彼が再び簡潔に定式化した「自己への配慮」とは、ほぼ次のような言葉に凝縮されている。「自己に対して完全な抑制 maîtrise を行使すること、他者の目に対してこの抑制を証示すること、この証示によって他者を助け、導き、彼らの例となり模範となること、これは唯一の同じ主権性の異なる様相にすぎない。自己に対して主権者であること、そして他者の役に立つこと、自己自身を、自己自身のみを享楽すること、そして同時に他者に対して、混乱し、困窮し、ときに不幸な状況にある彼らが必要としている援助をもたらすこと、これらは根本的には唯一の同じことである」[17]。

一九八二—一九八三年の講義『自己と他者の統治』でフーコーは、プラトンが「第七書簡」でシュラクサイ（シチリア）の政治家たち（僭主ディオニュシオス二世、家臣ディオンとその一派）にあてた助言の数々を読解している。これらの助言は、シュラクサイの政治に関するものだが、じつは「政治的というよりは哲学的な、政治的であるよりも道徳的な領界に関する一連の意見」であり、「正義と不正に関する一般的主題、いくつかの節制のすすめ、当時の二大勢力に対して和解するために与えた忠告、隷属する民衆に暴力的な服従を強制する代わりに友情を示すように支配者に与えた忠告」である。「実をいえば一見すると興味深く思えるものは何もない」とフーコーはあっさり書いているのだ[18]。

（16）『思考集成X』「啓蒙とは何か」石田英敬訳、一四—一五ページ（*Ibid.*, p. 570）。
（17）『講義集成XIII』、「真理の勇気」慎改康之訳、三四四ページ（*Courage de la vérité*, p. 251）。

プラトンがシケリアの政治家たちに与えた助言は、ペリクレスのような政治家がアテネの市民に表明した鋭利で有効な意見に比べると、凡庸でナイーヴなものに見える。このときのプラトンの役割とは、「同時に政治的行動への勧告となるような言説たりうる哲学的言説を形成することであったのか、それとも別のことが問題になっていたのか」[19]。そこでプラトンは権力の構造や制度の組織を変えることをめざすような、まさに政治的意味をもつ助言をするのではなく、むしろ個人の（自己の）倫理的形成という方向をめざしている。あるいは「哲学は権力に対して何をなすべきか言うには及ばない、そうではなく政治的行動に対するある関係において、〈真実を言うこと〉として存在すべきである」[20]とフーコーは書いている。〈真実を言うこと〉は、もちろんポリスのデモクラシーにおいては、ある必要な政治的役割をもっていたが、フーコーにとって〈真実を言うこと〉はそれ以上に、自己への配慮に結ばれねばならない。

古代ギリシアのパレーシア（真実を語ること、またはすべてを語ること）の考察でもフーコーは、このようにして、ポリスの統治という政治的次元から、他者を統治するために自己を統治するという方向にパレーシアの目標が移って行ったことを指摘している。「統治を行うべきものが、彼らに助言するものたちのパレーシアによって、十分に自分自身を統治するためには、どのような手段と技術を用いるべきか」というような問題に結びついたパレーシアは、確かに倫理的次元のものであって、すでに政治的なパレーシアと異なる。しかし「統治」を問題にしている以上決して、政治との関係がないわけではない。むしろ政治という強い動機なしにこの問いはありえない。一九八三年春の講義で、とりわけ印象的なのは、このようにして、パレーシアと自己への配慮の結合によって規定される倫理であるような哲学が、政治的実践や政治的合理性に（あたかもその外部であるかのようにして）はっきり対立させられていることである。「あらゆる哲学にとって政治に関して真実を言いうることは本質的です。あらゆる政治的実践にとって、この〈真実を言うこと〉との恒常的な関係においてあることは重要です。しかしそれには哲学の〈真実を言うこと〉が、政治的合理性にとって可能なこと、そして義務であることと一致しないことが前提になります[21]」。

こうしてフーコーの最晩年の講義の展開は、パレーシアとは哲学であり、哲学はパレーシアでなければならないという提案に収斂していくように見える。パレーシア＝哲学は、政治と密接な恒常的関係をもつとしても、ある隔たりをもつことが同時に強調されている。そこからフーコーは最後に哲学を、政治に対する「外部性」として定義するところまで進んでいった。哲学が主体それ自身の解放や脱疎外を使命とすることは誤りであり、「哲学は政治においてなすべきことを言うべきではない。哲学は政治に対して恒常的な不屈の外部性においてあるべきだ」。「哲学は主体を脱疎外する〔疎外から離脱させる〕ものではない。それは自己との関係が場合によっては変容されるような形式を定義すべきである[22]」。フーコーはこのような意味での哲学の外部性を、古代哲学に見たのみならず、それは近代哲学の存在様式に属する、とも述べた。そのような近代哲

（18）『講義集成Ⅻ』阿部崇訳、三二一ページ（*Le gouvernement de soi et des autres*, p. 240）。
（19）*Ibid.*, p.242.
（20）*Ibid.*, p.264.
（21）『講義集成Ⅶ』高桑和巳訳、六ページ（*Ibid.*, p. 266）。
（22）*Ibid.*, p.326.

学の例としては、何よりも『啓蒙とは何か』を考えたカントがあげられたが、他には特に目覚ましい例が検討されたわけではなかった。

確かに政治についての思考を大きく方向転換するようにして、かつてフーコーは権力の領界を浮かび上がらせ、統治性の問題に移り、やがてこれを自己と他者の統治という問題に移動させていった。このような移動は西洋の政治的理性から遠く離れ、それを体現した法や制度やイデオロギーの外に政治の本質を発見するという転換のようにも読み取れた。やがて「自己への配慮」と「真実を言うこと」について、古代のテクストを読解しつつ進めた道徳にかかわる思索は、ついには政治の外部に移動するようにして実践されたのだ。フーコーは政治の深みに下降することによって、やがて、むしろ政治から離脱するようにして、晩年のあの主体、自己、〈真実を言うこと〉という問いに出会っているのか。

『安全・領土・人口』の講義録に、「決して政治を行わないこと[23]」(ne faire jamais politique) と記したフーコーの言葉は、フーコーの生涯の探求を通じて、政治がいかに問われたかを反語的に示している。問題はやはり政治であり、あくまでも政治なのだ。いやそれは決して政治ではないのだ。むしろ政治の外部なのだ。実はその外部に政治はあるのだ。それはもはや政治ではないのだ。しかしそれこそ政治なのだ。政治と訣別すること、政治を再発見すること。政治とともに死ぬこと、政治を死なせること。そして政治は、あくまでも生きること、生の政治でなければならない。もし政治が死なら、政治が死ななければならない。生きるための、生かすための政治、政治の死、死の政治。病によってこの思考の激しい振幅は、唐突に中断されたが、多くの思想家の死がそうであったように、それは中断であったにしても、実は過不足のない、一つの完成形の印象も与えるのだ。

## 6 〈主体化〉という問い、いくつかのアプローチ

ここでは、ついに公刊された『肉の告白』の読解からはじめ、これをもう少し広げて、特にフーコーの『知への意志』よりあとの思想の軌跡を、あくまでも私自身の関心に照らしてたどり直すこと、とりわけ彼の権力論から自己論への展開の軌跡を再考することをめざしてきた。『知への意志』に現われてから、特にジョルジョ・アガンベンなどの反応によって、現代思想の重大なトピックスとして問われるようになった「生政治学」については、私なりに、フーコーの文脈から少々逸脱して受けとり、身体、生命に深く浸透するようになった生‐権力の作用を考えるきっかけを得たことがある（『単なる生の哲学』）。いつの頃からか、哲学においても、芸術においても、何かしら、あるむきだしの生と生命力の様態が、表現や思考の焦点になるようになったことは、生‐権力の攻撃や圧力や、あらゆる綿密な管理や強制と、あくまでも相関的ではなかったか、と私は考えるようになった。たとえばアントナン・アルトーがかつて構想したような「残酷演劇」さえも、生命と身体を包囲する綿密な体制に対する鋭敏な知覚とそれへの独自の抵抗なしにはありえず、演劇も政治も貫通する生‐権力の恐ろしい普遍性を抉り出す提案だったにちがいないと

(23) *Sécurité, territoire, population*, p.6.

思えた。

フーコーの生‐政治、生‐権力という問題提起は、ほぼ一八世紀ごろの西欧で整備され、人口、出生、寿命などに及ぶ統計的な知を確立し、人の生命に細かく及ぶようになった統治の手法にかかわるものである。かつて王の権力は支配下にある民を生かし殺す、「生殺与奪」を欲しいままにする権力であった。近代の権力はやがて、人民を細かく配慮して生かそうとするようになるが、そのかわりに大虐殺のような破局的事態を引き起こしてしまう新しいタイプの生権力である。ナチスの統治も、そのような生権力の極端な実現としてフーコーはあげている。「死なせること、そして生かしておくこと」に対して「生きさせること、そして死へと遺棄すること」。この恐ろしい対照を定式化した『知への意志』の不穏な文章は、忘れがたいものになった。

「生政治（学）」とは、その文脈では、ある時代、地域に現われた具体的な現象であり、必ずしも、それをはるかに上回る広汎な歴史的転換を示してはいなかった。しかし『知への意志』の次のような文章は、確かに特定の世紀における統治の形態や目標の変動よりもはるかに広大な、しかも根本的な文脈における変動を示唆しているように思える。「要求されているもの、目的となるものとは生である……。たとえ、政治闘争が権利の確立を通じて表明されているとしても、政治闘争の狙いになったのは、権利よりもはるかに生なのである。生、身体、健康、幸福、欲求の充足の権利……古典的な法体系にとっては、全く不可解なこの権利……」[24]。

身体をあくまでも統御すべき機械として、精神の外部におくことによって近代的な立場を基礎づけることになったデカルトに真っ向からあらがうように、スピノザは「身体は何をなしうるか」と、同じ世紀に問うたのだ。ジル・ドゥルーズはあらためてそのことに注意を喚起しながら書いている。「スピノザは言っていた。人間の身体が、人間の様々な規律から解放されるとき、この身体にとって可能なことは測りしれないと。そしてフーコーにとって、「生きているものとしての人間」、「抵抗する力」の総体としての人間にどんなことができるか、測りしれないのだ」[25]。生命をめぐる政治は、政治自体のあり方にも、目標にも、根本的な変化をもたらすもので、これは現在も進行中の事態であり、思想にとって喫緊の課題であるにちがいないのだ[26]。

ドゥルーズは、フーコーの死（一九八四年六月）の翌年から約一年フーコーについて講義をおこなってすぐに『フーコー』を刊行したのである。その死の衝撃がいかに特別なものであったかは、このようなドゥルーズの迅速な対応からも、もちろん『フーコー』という書物の濃密な、切迫した内容からも窺い知ることができる。かつておたがいに最大級の評価を与える論考を書きあった二人は友人でもあり、同志でもあった。もちろんそういう友人のあいだには、しばしば鋭い対立も生じうる。フーコーの晩年には、ドゥルーズとのあいだに政治的意見の食い違いも生じたと言われる。また『アンチ・オイディプス』の欲望論について、フーコーは英訳の序文を書いて高く評価しながらも、自分は「欲望」ではなく、あくまでも「快楽」を問題にすると語って、抵抗を示したことがある（しかし『肉の告白』を読解しながら見たように、後にフーコーはアウ

(24) フーコー『知への意志』渡辺守章訳、新潮社、一八三ページ。
(25) ドゥルーズ『フーコー』宇野邦一訳、河出書房新社、一七二ページ。
(26) ちなみに、ハンナ・アレントは、生命、生存だけを目標とするような政治に対しては、しばしば否定的な見解を示した。しかしアレントの「公共性」の政治学は、ある政治的生のかたちを描いている。そこにかいま見える生と情動の思考は、生政治学を再考するうえでも示唆を含んでいる。

グスティヌスが発見した「欲望の主体」に注目しているのである)。

とにかくドゥルーズにとって、フーコーの死は、同時代の偉大な思想家、そして友人・同志の死である以上に、何か特別な出来事であった。初期の著作のひとつ『臨床医学の誕生』で、フーコーは解剖学の先駆的学者だったビシャを取り上げてこう書いている。「ビシャは死の概念を相対化し、それが分割不能の、決定的な、回復不可能な事件のようにみえていた絶対的な地位から、これを失墜させた。彼は死を気化させ、こまかな死、部分的な死、死そのもののかなたでやっと集結するようなゆっくりとした死、などという形で死を生の中に配分したのである[27]」。この言及にドゥルーズは、くり返し触れている。そして確かにこの言葉を念頭におきながら、フーコーの死についても書いている。「フーコーがビシャの理論を分析するとき、単なる認識論的分析とは別のことが問題になっていることが、その調子から十分にわかる。死を理解することが問題なのだ。そして、フーコーほどに、死を理解してその通りに死んだ人はまれである。フーコー自身のものであるこの生の力を、フーコーはまた、ビシャのいう多数多様な死として考え、生きたのである[28]」。

この本をみずから翻訳しながら深い衝撃も影響も受けた私にとって、これは印象深い示唆のひとつだった。しかし「死を理解してその通りに死んだ」とドゥルーズが書いたことの内容は、いまだよくわかっていない。フーコーは、ビシャのあの新しい死の定義(「こまかな死、部分的な死、死そのもののかなたでやっと集結するようなゆっくりとした死……」)が、新たな医学の思考と知覚の根本的な構造を与えることにもなったと言う。さらには「その構造は、生がそれに対立するものであり、それに身をさらしているものである。またその構造に対して、生は生ける対立であるがゆえに生命なのである、さらに、その構造に対して、生は分析的に身をさらしているがゆえに真実なものなのである」[29]と書いている。

生は死の構造に「分析的に身をさらしている」。生は死の光に射しこまれ、恒常的に死とともにあり、死に抗い、死に浸食されている。死は生に対してドラマチックに対立するのではなく、まったく凡庸に、微分された形で、たえまなく進行する出来事として配分されている。「死を理解してその通りに死んだ」というフーコーの死を考えようとすれば、伝記的な事実に少々触れざるをえない。いまでは周知の事実で、フーコーの死因はエイズであったが、フーコー自身はそれを疑いながらも、医師からは知らされることなく逝去した。エイズ・ウイルスの正体がつきとめられるのは、その死の前の年（一九八三年）のことで、まだ決定的治療法も確立されていなかった。とりわけ同性愛者を襲う〈疫病〉として、一時この病はあらゆる終末的、悲劇的、差別的幻想をかきたてることになった。

一九七〇年代後半にアメリカ西海岸で頻繁に講義するようになったフーコーは、とりわけサンフランシスコのゲイ共同体と親密になり、さまざまな〈施設〉で、サド・マゾ的実践を含む、ありとあらゆるタイプの性的な「限界体験」を試していたようだ。この時期には、ＬＳＤをはじめとする数々の麻薬も試し、かなり例外的な体験をした。ジェイムズ・ミラーのフーコーの評伝（『ミ

(27) フーコー『臨床医学の誕生』神谷美恵子訳、みすず書房、一九九ページ（ドゥルーズ『フーコー』一七二ページに引用されている）。
(28) ドゥルーズ『フーコー』一七五ページ。
(29) フーコー『臨床医学の誕生』一九九ページ。

シェル・フーコー／情熱と受苦』）は、フーコーの私生活上の体験をつぶさに調査し、それを重要な手がかりとして、とりわけフーコーの後期の思想の展開を照らし出そうとしている。フーコーは、インタビューなどで、サド・マゾ的体験について哲学的な考察を語っているだけだ。彼自身の体験がどんなものだったかは、ミラーも当時のサンフランシスコのゲイの〈施設〉で、どんなパーフォーマンスが行なわれていたかを調べて想像するしかなかった。それに思想と私生活との関係には、いつも連続点と不連続点があって、それを慎重に見きわめないと、どうしても誤解や逸脱が生じてしまいがちだ。それでもミラーによる伝記と並行する思想的読解には印象深いところがあり、いくつか貴重な示唆も含まれている。

高等師範学校の学生時代のフーコーは、自傷癖があり、やや狂言めいた自殺未遂を一度ならずしたことがあったし、後も自殺についてしばしば肯定的に語った（「最も単純な快楽」……）。いくつかのインタビューで、日本にあるラブホテルのように、快楽の装置を周到に備え、死を幸福なものにする設備を整えた場所で安楽死のように自殺をする施設があるとよい、という発言をしたこともある。たとえば自宅のアパルトマンの前で、車に轢かれた事故のあと気絶した体験がいかに快楽であったか語ったりもしている。確かにフーコーの、そのような死に対する異様に親密なセンスには、人を驚かせるところがある。

ミラーの評伝は、そのようなフーコーの「限界体験」の軌跡にとりわけ注目している。謎の病による死者が急増し、すでに伝染の事実が確かになっている時期にも、ゲイのバスハウスに通い続けたフーコーは、友人たちの助言も受け入れず、かなり無謀なふるまいを続けたように見える。しかしこれらの「体験」をそれほど誇張すべきでもない。フーコー自身は体験談めいた話をほとんどしていないし、実際に自殺したわけでもない。数々のかなり強度な「限界体験」にしても、たとえばサンフランシスコのサド・マゾのパフォーマンスなども、あくまで相互の承諾と契約のもとで行われたもので、身体を損傷したり、生命を危険にさらすような事態は慎重に避けられていたのだ。それにしても、これらの伝記的エピソードから浮かび上がってくるフーコーの「限界体験」や、「自殺」と「死」に対する見方には、ある一貫性があって、それはフーコーが「主体」について問い続けた問いと、おそらく無関係ではありえない。ひとりひとりの「死」も「自殺」も、様々な「限界体験」も、もちろん「自己陶冶」の倫理や美学のなかに組み込まれうるにちがいないのだ。

ミラーの評伝で、もうひとつ印象深いのは、このような「限界体験」から後期の「自己への配慮」にいたるフーコーの追求を、とりわけ彼のニーチェ主義の持続そして展開とみなしているところだ。確かに若いニーチェはこんなことを書いていた。「彼ら（大抵の人間）が今生活しているその仕方は、彼らが自分自身のことを少しも尊重していないことを示しているし、彼らは下らぬことに憂き身をやつして自暴自棄になっているのである。……かくして、各人は他人のために奉仕し、何人も、自己自身のために生存するという課題をもたず、いつもそれを他人のために繰り返すのである。このような具合で、われわれは、別のものにおんぶして安らぎ、別のものはまた別の或る者におんぶして安らぎ、かくしてどこまでも続くような、亀のようなものである。各人が自己の目的を他人のうちにもっているとすれば、万人は、実存するという目的を何一つ自己

（30）ジェイムズ・ミラー『ミシェル・フーコー／情熱と受苦』田村淑／雲和子／西山けい子／浅井千晶訳、筑摩書房。

自身のうちにもっていないわけであろう[31]」。

ニーチェは、このようないわば「自己への配慮」のすすめを、ほぼ同じ時期に書かれた「教育者としてのショーペンハウアー」（『反時代的考察』）のなかでも、ショーペンハウアーの思索を想起しながら書き記している。「どの人間も、自分がただ一度、ユニークなものとして、この世に存在していること、どんなに稀有の偶然をもってしても、こんなにも奇妙に多彩な多種なものを、自分という一なるものにまとめて注ぎ入れることは二度とないであろうことをよく知っている。なるほどそれを知ってはいるが、しかし良心の呵責の如くに隠している[32]」。「しかし、隣人を恐怖し、畜群のごとくに考え行為し、自己自身を享受しないように個人を強いるものは何であるか？」「芸術家はわれわれに個々一々の筋肉運動に到るまで自己自身であり自己のみであるごとき人間を敢えて示し、なおその上、この人間がその唯一性にこのように断乎として徹底していることによって美しく、観察に値し、自然のあらゆる作品と同様に新しく信じ難く、終始退屈させないものであることを教えて示すのである」。「われわれは自分の生存に関して自分自身に弁明すべきである[33]」。

ニーチェの主張は、まったく明快に見える。キリスト教の中心にあったかに見える愛他主義、自己滅却の傾向こそは（フーコーはそのような思想や実践にさえも、ある種の「自己への配慮」を見るのであるが）ニーチェが敵視したものである。「自己自身を享受する」ことを第一の課題とするこの思考は、「力への意志」や「超人」の思想に比べてはるかにつましいものにさえ見える。しかしその自己は、「自然のあらゆる作品と同様」の価値をもつといわれる。「自己」という「作品」もまた、あくまで生命の自己生成の力の延長上にあって、無機性も有機性も人間性も等しく貫く力の渦の中に成立する。確かにここにはデカルトのあくまで知的な主体とは、まったく異なる自己があり、自己との関係がある。フーコーはニーチェから大きなインパクトを受けたことをことあるごとに表明したが、後期の「自己への配慮」という問題を説明するために、ほとんどニーチェをもちだしていない。しかし、そのニーチェは、ここに引用したようなテクストでは、確かに「自己への配慮」という問いへの関心を鮮明に示していたのだ。

フーコーの『講義集成』第一巻（『〈知への意志〉講義』）には、例外的に、一九七一年にモントリオール、マギル大学で行った「ニーチェ講義」が含まれている。同じ年に「ニーチェ、考古学、歴史」という長編評論を書いているが、それはニーチェ独自の「歴史哲学批判」に照準をあわせた重要な評論だった。しかしそれよりも、この「講義」のほうで、はるかに生々しく認識と真理に対するニーチェの破壊的な批判と、その根拠としての「（権）力への意志」について語り、深い共感を示しているのが印象的なのだ。「認識は人間の本性のうちに組み入れられてなどいない」。認識は、人間の本能ではないし、先天的な形式や法、何らかのモデルなどによって決定されるものでもない。むしろ本能（つまりある力への意志）によって決定されているのだ。認識は、むしろ認識とは全く異質なものによって、「肯定、確実性、獲得、平静ではなく、疑い、否定、解体、待機が問題になっている空間」において見出される。「認識の背後にあるのは、全く別のもの、認識にとって無縁で不透明かつ還元不可能なものである」[34]。認識の破壊的批判（ニーチェ

（31）『ニーチェ全集3』、「「われら文献学者」をめぐる考察のための諸思想および諸草案」渡辺二郎訳、四六五ページ。
（32）『ニーチェ全集4』、『反時代的考察』第三篇、「教育者としてのショーペンハウアー」小倉志祥訳、二三五ページ。
（33）同、二三八ページ。

の「無遠慮さ」）は、もちろん「真理」にも及ぶ。「認識は発明されたものである。しかし、真理はさらに後になって発明されたものである」。あらかじめ真理があって、それが認識されるのではない。認識は真理のためにあるのではなく、真理とは、真理が決定される前の力の混沌から、ある暴力として「不意に現れる」。ニーチェは「真ならざる真理」を、ただ「錯覚」、「誤謬」、「虚偽」と呼ぶ。そのような偽りの真理から解放された生成そして混沌の「真理」を語らねばならないのだ。

ドゥルーズのニーチェ論とも通底するこの生々しいニーチェ主義から、最晩年の講義で「真理の勇気」そして「自己への配慮」について語り考え続けたフーコーはどう展開していったのか。フーコーが最後に「パレーシア」として問題にするようになった「真理」は、もちろん伝統的な哲学を支える認識‐理性‐真理の強固な連環とはほとんど関係がない。真理は、あらかじめ認識によって真理が前提されることのない生成―混沌の広がりのなかで、ほとんど主体と同時に発明され、形成され、陶冶されていかねばならないものである。ニーチェ的な破壊や暴力の生々しいニュアンスは、もはや影を潜めているが、フーコーが晩年に新たに問うようになった「真理」の問題は、確かにニーチェの容赦のない真理批判をふまえたものにちがいないのだ。

ドゥルーズのフーコー論にもどって、その構成を思い起こしてみよう。彼は、始めに『知の考古学』と『監獄の誕生』についての本格的な書評に手を入れて再録している。そのあとには〈トポロジー、「別の仕方で考えること」〉という章を新たに書き下ろし、フーコーの仕事の全体を、「知」、「権力」、「主体化」という三つのパートに分けて、かなり大胆に図式化して読解したのだ。

初期の著作から『言葉と物』にいたる仕事は、「言表可能なもの」（言説）と「可視的なもの」（モノの体制）という歴史的形成物をめぐる考察である。フーコーは、この二つが形式化（あるいは地層化）され、結合されることによって、それぞれの時代に固有の認識態度が形成されることを精緻に解明した。このようにドゥルーズは、フーコーの画期的な考察に対して、さらに哲学的な、一貫する図式を与えるようにして読解したのである。もともと深い哲学的動機を持っていたフーコーの歴史の試みを、もう一度哲学に引き戻すようにして。

第二の次元、「権力」のそれは、「知」の次元よりもはるかに流動的で混沌とした力関係の領域であり、形式をもたず、地層化もされていない。しかしまったく無形というわけではなく、「ダイアグラム」として、ある種の図式性をもっている。「ダイアグラムは特異性の放出であり配分なのである。権力関係は、同時に局所的、不安定、そして拡散的であり、一つの中心点や主権という唯一の点から放たれるのではなく、それぞれの瞬間に「点から点へ」力の場のなかを移動し、屈折、跳ね返り、反転、渦巻き、方向転換、抵抗などを示すのである[35]」。

「権力」の「戦略」は、そのようなダイアグラムの形成に深くかかわる。『監獄の誕生』から『性の歴史』（第一巻『知への意志』）にいたる考察において、それ以前の『知の考古学』にいたるまでの知の「地層形成」の探求とは、かなり異なる「権力」の領域にフーコーは踏み込んでいった。それは特に『道徳の系譜学』のニーチェの考察に大いに触発された探求でもあった。ニーチェに

（34）フーコー『講義集成1』、（『〈知への意志〉講義』）慎改康之／藤井真訳、筑摩書房、二六八ページ。
（35）ドゥルーズ『フーコー』一三七ページ。

とって、道徳とは善悪の彼岸にある「(権)力への意志」の抗争にかぶせられた仮面にすぎない。復讐から刑罰に、刑罰から監獄にいたる人間の巧智の歴史にも、この「意志」はすみずみにまでいきわたっている。

ドゥルーズの考察は、まず「知」と「権力」のあいだに、形式化＝地層化の「度合い」(強度)という観点を巧みに導入しながら、すでにフーコーの一貫性を大胆に図式化する試みであり、このことがすでに印象的だった。しかし私がとりわけ驚かされたのは、やはり「褶曲あるいは思考の内(主体化)」と題された第三のパートだった。これはまさにフーコーの最後の二つの本『快楽の活用』と『自己への配慮』を読み解きながら、フーコーの第三の追求を、それまでの二つの追求の厳密な連続線上において、やはり図式化する試みだった。それはフーコーの死後まもない頃の、いち早い本格的な哲学的総括の試みであったのだ。まだコレージュ・ド・フランスの講義の全容は近づきがたく、やがて全四巻に収められることになる膨大なエッセーと発言記録も一部が読めただけだった。当時のフーコーの全業績に対する眺望は、現在に比べれば、かなり限定されたものだったはずだ。それでもドゥルーズは、最後の二冊と入手しえたテクストを読み込んで、「主体化」を焦点とするフーコーの第三の追求を定義しようとしている。「主体化」とは、権力というほぼ無形の広がりによって構成される「外」に対して、あくまでこの「外」に密着した「内」を形成することである。そのように説明して、ここでもかなり明快に第三の追求を図式化しているのだ。

「権力と知から派生するが、それらに依存することはない主体性の次元という思想こそ、フーコーの根本思想なのである」[36]。「人間」とは、(西洋の)ある時代、ある地域に形成された知そして言説の体制（地層）に所属するものにすぎない。もちろん「主体」も、そのようなそれぞれの「体制」の中に配置され、決定されて成立するものにすぎない。そういう認識を徹底することによって革新的だったあのフーコーが、とりわけ古代の哲学的文献の読解を通じて「自己への配慮」や「主体」を問題にし始めたことは、最後の二冊を読んだ当時には、私にもかなり謎めいて見え困惑した。あれほど一徹な思想が、単に逆行したり反動に走ったりするはずがない。それにしてもなぜ「自己」なのか。

ドゥルーズの説明はこうだった。「ギリシャ人の新しさは、後に、ある二重の「離脱」に向けて現われる。それは「自分自身を治めることを可能にする訓練」が、力関係としての権力からも、地層化された形態や徳の「コード」としての知からも離脱するときに現われるのである。一方に、他人との関係から派生してくる「自己の成立」がある。この派生物やこの離脱は、自己との関係が独立性を獲得することだと解さなくてはならない。それはあたかも外の関係が裏地を作り、自己との関係を生じさせ、一つの内を構成しようとして、自らを折り畳み、折り曲げるかのようだ。自内は固有の次元にしたがって、陥没し、また展開するのだ(37)」。「裏地」を作るとは、力関係の広がり（外）が褶曲し、ある「襞」を形成することにほかならない。この「自己」という「襞」の原料は、あくまでも外の無形の力であるが、すでに襞である以上、外の力から離脱している。それはまさに「外」の「内」なのである。

(36)同、一八八ページ。
(37)同、一八五ページ。

フーコーの「自己への配慮」の追求は、「真理を述べること」というもう一つの問いとともにあり、これが最後の『真理の勇気』の講義にまでいたる。その最晩年の展開にまでドゥルーズは触れていない。その後に刊行されるフーコーの講義録を読んだものにとっては、ドゥルーズの「主体化」問題の読解と図式化は、ドゥルーズのスピノザ－ニーチェ主義が濃厚に注入された、やや強引な図式化のようにも見えるかもしれない。フーコーの生と死から受けとったものすべてを、ドゥルーズは集中的に総括し、そのあとの約一〇年間には、ライプニッツ論『襞』そして『哲学とは何か』（フェリックス・ガタリとの共著）を書いて、いわば哲学的総括と言えるような思索を続けたのだ。その中には、『フーコー』からの反映が数々見つかる。ドゥルーズは、フーコーの最後の展開をつぶさに知ることはできなかった。しかしみずからの哲学に照らして〈主体化〉の問いを肯定的に読み込み、その根底的な意味をすばやくとらえようとした。もちろん、それさえも批判にさらされて、新しい読解が続けられることだろうが、確かに他の誰も投じられなかった一石を投じていたのだ。

私自身はこのフーコー論に深く触発され、ドゥルーズによる主体化論の読解からも多くの示唆を受けとった。そして、いま『肉の告白』と、改めて講義録を読み進むなかで、フーコーの後期の展開をもう一度大きな謎として受けとり、そこから自分なりに政治と権力について考えてきたことについても、再考すべき問いを受けとっている。

ドゥルーズはフーコーが「生政治学」について書いたページを引用しながら、こう注釈していたのだ。「憲法による政治の時代に生命力が一瞬、人間の形態を構成したとき、この人間は、生の代わりに、また権利主体の代わりにきたのだ。しかし今日では権利はさらに主体を変更した。なぜなら、人間において、生命力は、別の組み合わせに入り、別の形態を構成しているからだ[38]」。「憲法による政治の時代」……、「憲法」こそが重大な政治的争点となって人民主権による統治を実現することが何よりも課題となった政治の時代は過去のものになった。もちろん憲法と法による統治が必要でなくなったわけではなく、それは世界のどこでも、これからも争点であり続けるだろう。しかし「生命力」が別の組み合わせに入り、別の形態に入った時期には、おそらくさらに別の政治、その別の焦点、そして争点が現れざるをえない。それがまだ「政治」と名づけられる何かであるかもわからない。晩年のフーコーは確かに、そのような、何か政治の彼方にあるものを眼差し、それを仮に「アナルケオロジー」と呼んだりしてみたが、一方では同時代の切迫した政治的動向を見つめることも続け、しばしばユニークな介入をおこなった（イラン革命、ポーランドの「連帯」、インドシナ半島からの難民救済……）。政治の彼方を眼差しながら、しばしば国境を越える現実的政治の次元にもかかわり続けたのだ。

　この国においては「憲法」が今もまだ重要な政治的争点であり、政治的想像力を喚起する課題であり続けている。私たちは、政治の彼方と此岸にあるものを同時に見つめようとする、少なくとも複眼的多角的な思考を強いられている。「啓蒙」について問うたカントのように、「この瞬間に何が起きているのか、われわれに何が起きているのか、われわれが生きているこの世界、この時代、この特定の瞬間とは何か」と問うこと、「憲法」の条文を再考することを通じても、「権力

（38）同、一六八ページ。

を私に縛る結合を解こうという私の意志」あるいは「権力から逃れようという運動」に照らし合わせ、「その主体はどのようなものになるのか」と問いなおすこと、さらには権力（強制力）ではない力（生の力、知と思考の力）をいかに構想し表出するかと新たに問うこと、そのような問いとともになければ、憲法を堅持しようとする立場さえも、「立憲主義」をめぐる過去の政治的時代へのノスタルジアによって、実は切迫した課題を覆い隠してしまうことになりかねない。あえてフーコーの追求に照らしていうならば、長期の歴史的文脈における生政治学的焦点を、そして権力と主体との関係という問いを注視しなければならないのだ。もちろんそれ以上に「帝国」へのノスタルジアを幻想し、現実にはむしろアメリカ「帝国」の支配に屈従しようとする分裂的な改憲の動きには、その無思考とその場しのぎのきわみには、現在の歴史の動向を遠くまで見極めようとする戦略的思考の片鱗さえも見られない。私たちの目の前には、確かに政治の砂漠が広がっている。

# 終章　政治の根底にあるもの

私たちは自分が時代の外にいると感じてはいない。反対に、私たちはこの時代と恥ずべき妥協をし続けているのだ。この恥辱の感情は哲学の最も強力な動機のひとつである。
（ドゥルーズ／ガタリ『哲学とは何か』）

## 1　ハンナ・アレントへのオマージュ

この本のいたるところで、私はハンナ・アレントの書物を援用し、その思想と対話している。アレントからの示唆を反芻しながら、迷走し頓挫しそうになる思考をなんとか前進させてきたとも言える。

アレントの「公共性」は、もちろん公明正大な〈熟議〉を要請している。意見の差異、複数性をどこまでも尊重しようとする。政体の構成員の平等と自由はもちろん原則である。当然ながら、暴力にも独裁にも反対である。彼女は政治に関して、まったく常識的でまっとうな古典的理想を述べているにすぎないように見える。

これはアレントの経歴を考えると、かなり驚くべきことなのだ。アメリカに亡命する前に、彼女は一九三三年ヒトラーが権力を掌握した年にパリに移住し、シオニズム運動に積極的にかかわるようになった。このときすでにパレスチナでユダヤ人とアラブ人がいかに共存しうるかという問題に彼女は直面している。反ユダヤ主義がドイツだけではなくフランスでも台頭し、やがてドイツがフランスを占領する時代に、アレントはシオニズムの様々な傾向と、目の前に迫っていたユダヤ人に対する死の脅威のあいだで旺盛に活動し思索することを続けた。『全体主義の起源』という書物は、この熾烈な体験から結実することになったので、アレントの政治思想を、この過去との関連を忘れて理解することはできない。[1] しかしそれをふまえながらも、決してアレントは最悪の政治に絶望してシニカルになるのではなく、「革命」について考え続けることができた。

恐怖政治に陥り、むしろ民衆を排除する権力を生み出してしまったフランス革命を、アレントは強く批判している。これと比較して、暴力を用いることなく、中央集権を斥け権力を分散させる連邦の制度を周到に形成していったアメリカの政治を驚くほど高く評価したのだ。もちろんアレントはアメリカ第一主義などを唱えたわけではない。たとえばローザ・ルクセンブルクについて書いた文章でもアレントは、ローザが「ドイツ左翼運動のなかで最も論議の的となりながら最も理解されない人物となった」と書き始め、一党独裁に向かう革命家たちのあいだでローザが孤立しながら「共和制のプログラム」を掲げ続けたことを敏感に評価しているのだ。[2] アレントのフランス革命の見方については多くの批判、議論もあって、もちろん彼女の主張をそのまま鵜呑みにすることはできない。それに私の関心は、二つの「革命」に関するアレントの判断が正しいかどうかよりも、アレントが政治において何を重視しようとしたかのほうにむかう。

アレントの思索をたどっていくと、彼女の提案した「公共性」の概念は、そしてその徹底性は、ほとんど異様なものであることに気づく。一、政治という「活動」(action)、二、あらゆる活動

(1) エリザベス・ヤング＝ブルーエル『ハンナ・アーレント伝』荒川幾男／原一子／本間直子／宮内寿子訳、晶文社、特に第四章を参照
(2) ハンナ・アレント『暗い時代の人々』阿部斉訳、河出書房新社。

や生活に必要な物の「制作」(work)、三、まず生命の基本的要求を満たそうとする「労働」(labor、これはギリシアではとりわけ奴隷が担った領域である)。アレントは人間の行為をこの三つに分割した。そして「政治」を、「制作」からも「労働」からも、はっきり区別していた。「制作」とは、たとえば居住するという目的のために家を建てることである。アレントはそのような目的－手段の関係を必然的に含む「制作」と、政治の「活動」を画然と区別している。私たちの通念にとって、政治の目的とは、少なくとも統治することであり、政治とはその手段であるにちがいない。もし「政治」とは、「目的」と「手段」をもつ制作であってはならないとすれば、政治は無目的であるか、あるいはそれ自体が自己目的であるしかないだろう。

まさにアレントは、死を免れることのできない人間が、死を越えて生きのびる栄光を手に入れるため(それも「目的」ではないか？)、それぞれの差異を競わせ、卓越させようとして行う活動こそが政治だというのである(卓越を競うには、平等が原則でなければならない)。その「誰か」の活動は他者によって記憶され、あわよくば詩人によって歌われることになる。とにかくそのような活動は、他者によって、後世によって、いや何よりも自分自身によって「観照」されなければならない。記憶され観照されることさえも確かに「目的」であると言えようけれど、制作の目的のように、それは実体的形態をなしてはいない。

「(政治の)行為の一つ一つの局面において動機付けや目的が重要な要因でないというわけではない。それらは行為の個々の局面を規定する要因であるが、こうした要因を超越しうる限りでのみ行為は自由なのである」(3)。「公共性」における「公的自由」を、アレントはそのように「超越的な」何かとして定義している。それは作品を制作する芸術の行為に比べれば、むしろパフォーマンス的芸術のように、ただ卓越性を実現しようとする行為なのだ。この点で政治は、笛吹き術、舞踏術、医術、航海術などに似ているとアレントは書いている。もちろん医術も航海術も確かな目的をもっているが、物を制作することをめざしはしない「パフォーマンス」なのだ。とにかく政治は、統治とも芸術的制作とも異なるものである。政治は国家を制作する事業でもない。国家はただ政治の持続を目指すだけであり、国家さえも決して政治の目的ではない。そして自由とはあくまで行為の属性であり、公共性のなかの行為だけが自由と呼ばれる。行為は自由であろうとするなら、動機からも、目的からも、自由でなければならない……。

アレントがこのように定義していた活動と自由としての純粋な政治は、ほとんど無為で、何にも還元不可能であるように見える。それは「ほとんど知りえなかったものを存在させる自由である」ともアレントは書いている。[4]「行為の個々の局面を規定する要因」を超越するといっても、この「純粋政治」は政治を従わせようとするあらゆる超越的な目的を排斥するという意味では、逆にもっぱら内在的な政治を指示しているのだ。彼女にとって、政治は何にも従属しないし、何も従属させないかのようなのだ。

もちろんそういう政治も、統治や、あるいは軍事の問題にさえも直面することは避けられない。アレント自身も、同時代のアメリカのヴェトナム戦争や公民権運動について発言している。まして奴隷制によって生の糧の問題を解決していた古代ギリシアと違って、生存、労働、賃金、収奪、

（3）ハンナ・アーレント『過去と未来の間』引田隆也／斎藤純一訳、みすず書房、二〇四ページ。
（4）同。

そして福祉の問題を、現代の政治は回避することができない（私たちは奴隷であり貴族であり、ときに少しだけ貴族のようでも、ますます奴隷なのではないか）。しかしアレントがあえて公共性をそのように純粋な政治として想定していたことは忘れられない。

アレントの政治思想は、あくまでも自由意志や自己決定を重んじる理性による政治を前提しているように見える。貧困や収奪や抑圧に耐えかねて街頭に出て、暴動に及ぶような、怒りや憎しみに突き動かされる情動の政治とは反対の理想を、公共性として主張しているように思える。

しかしまさにこの点に関して注意深い理解が必要になる。理性、計画による政治を貫徹しようとする社会主義と、自由な欲望に導かれる市場経済のどちらがよいかと問うような統治の方法をめぐる思索は、アレントの著作にあまり見られないのだ。ギリシアにおける公的自由の原理を、アレントは近代資本主義の根底にある私的自由の原理ともはっきり区別している。そのような私的自由の原則は、信仰を自由意志とともに考えるようになった初期のキリスト教における教父たちの思想の延長上に現われると彼女は考えた。私的自由とは、彼女にとってむしろ政治－公共性からの自由（免除）を意味するのだ。

そして意識と理性によって貫徹されるような政治の観念も、やはりアレントの公共性と一致しない。決して「見えざる手」による統治を肯定するわけではないが、ナチズムと全体主義について徹底した分析を行ったアレントにとって、政治における理性の働きをあらかじめ前提とするような観点はありえなかった。アレントの政治学は、哲学的な理性による統治（プラトン）に対しても警戒的なのだ。とにかく政治とは、差異と卓越を（あるいは名誉さえも）競い合う人間たちの言論と行為（パフォーマンス）の場であり、人間の複数性を決して蔑ろにしない「世界」とともにならなければならない。そのような「世界」が失われたところには、たとえ民主主義があろうとも「政治の砂漠」が広がる。統治の技術や、利益の調整だけに力を傾けるような政治は、すでに政治の砂漠であるとさえ彼女は考えている。「公共性」は古代ギリシアのポリスにしか成立しえなかった遠い理想のように見える。しかし亡命したアメリカにあって、アメリカ独立革命を研究した彼女にとって、独立期の合衆国の政治家たちは、まさにギリシアのポリスに比べうるような公共性を築き上げ、それを持続させる政治を現に成しとげていたのだ（「マディソン、ハミルトン、ジェファーソン、ジョン・アダムズ——何とすごい人びと！」）。

現代世界の政治からはもはや想像もできないことだが、アレントの思考の展開からは、理性の政治どころか、むしろある〈歓びの情動〉による政治さえも浮かび上がってくるのだ。

確かに現在の政治について考え、書こうとすれば、ある陰鬱な気分に襲われる。私たちが間近に見ている昨今の政治は、もっぱら選挙の結果と支持率をめぐって、いわば「マーケティング」することに異様なエネルギーを注いでいるかに見える。まったく別の意味をもつその「パフォーマンス」は、政治家の私的利益と、選挙民の私的利益のあいだの駆け引きにあけくれている。実は何が「利益」なのか、という思考は排除されている。いつのまにかこの国にも定着した新自由主義は、もちろん「自由」についての思考など少しも視野にないかのように、とりわけ経済において自由に活動し、自由に利益を得ることを推奨し、〈喜んで〉長時間労働に携わることを強制して自由を排除するような体制である。

この体制さえも確かに歓びや享楽を生み出している。そしてその体制の生み出したモデルから脱落することを、つねに恐れ、不幸、悲しみとして予感させながらコントロールしている。喜びも悲しみも、この体制によってすみずみまで管理されているかのようなのだ。じつは孤立している人間たちの群れが、確かに個々に、そして群れとして管理されている(フーコーの「牧人権力」というモデルはここでも有効なようだ)。

アレントが思想的基準とした「公共性」は、現代の孤立した群衆の、「恐れ」や「悲しみ」と抱き合わせの消費や仕事の「歓び」ではなく、むしろ人間のあいだ(世界)にあって触発しあう別の情動として、別の歓びを政治の中に発見していたのだ。

アレントの政治思想は、そのように情動をいつも視野において国家を考察していたスピノザの思想と響きあうところがある。フランス革命とアメリカ創立を比較したとき、アレントは、二つの「革命」を牽引した「同情」、「哀れみ」、「連帯」、「感傷」、「情熱」のような情動のタイプに注目していたのだ。革命をうながしたかもしれない理性や理論だけでなく、政治を動かす力の場を、むしろ情動の過程として分析するような見方をもっていたのだ。「同情」、「哀れみ」のような「悲しみ」の情動に導かれたフランス革命は、恐怖状態をもたらすことになった。「悲しみ」の情動が、陰鬱な暴力を生み出すことになった。アレントのフランス革命に対する一方的評価には留保したい面もあるが、革命における情動の行方に注目したことは目覚ましい。

権力そして国家、憲法そして立憲主義を再考しながら、「公共性」という概念とそれらを照らし合わせるうちに、私にとって鮮明に浮かび上がってきたことがある。

アレントは合衆国の憲法設立の思想と、ヨーロッパの立憲主義とを対比し、二つの権力概念のちがいを指摘している(5)。君主の権力を制限すること、それが打倒されたあとにも成立しうる新しい権力を抑制すること。特にこのことを視野においてきたヨーロッパの「立憲主義」は、権力を原理的に悪と見なし警戒する傾向をもっている。やがて二〇世紀後半には（フーコーのように）、政治や法の外にどこまでも拡散しているミクロな権力を問題にするような思想も現れる。しかしそのような思想にとっても、やはり権力とは強制力であり、まだ否定的な作用として考えられている（ただし強制力は必ずしも抑圧するだけでなく、何かを為すように促す力でもある）。アレントはそのような形で権力を問題にしてはいない。「権力をどのように制限するかではなく、どのように権力を樹立するか」が、アメリカの問題であったと彼女は言うのだ。(6)

特に独立期のアメリカにとっては、すでにヨーロッパの教会や王の歴史的権力とは遠い空間に新しい権力を創設することが問題であった。その権力が複数性として、たがいに抑制しあい、公共性の力を促進し持続することがめざされていた。そこでは権力は活動し、創設し、せめぎあうものであり、決して強制し、抑圧するものではない。したがってそれは、憲法によってあらかじめ警戒すべき力、制限すべき力ではなかった。古代のポリスについても、アメリカ革命についても、それらの政治における力の構成、表現、せめぎあいに関して、アレントはほとんどニーチェ的な肯定的イメージをもつことができたのである。こうして政治と公共性は、そのような肯定的な力の場として構想されることになった。

「立憲主義」的な権力の見方は、もちろん忘れてはならないものである。ここでアレントの立憲主義に対する批判的見方をとりあげたのは、権力に対する思考をいっそう精密に組み立てる必

（5）これについては特に『革命について』第四章、二三一―二四〇ページを参照。
（6）『革命について』二三一ページ。

要があると思うからである。ここでもアレントは、保守と革新、右翼と左翼のような通念をはみ出る形で政治を根底から問うためのヒントを提出していたのだ。

全体主義の暴力についてあれほど精密な歴史的分析を行ったアレントは、政治がいかにしてむきだしの圧倒的暴力になりうるかについて、綿密な思索を続けた。全体主義ではそもそも、政治が消失し、もちろん公共性としての世界も崩壊してしまった。権力はただ全面的な強制力と化してしまったのである。権力についてのアレントの思考と感性から、私は確かに触発されるところがあった。

ルサンチマン（悲しみ）を跳ね返す能動的な情動と力を発見し、あるいは解放しようとするような倫理は、スピノザからニーチェに、そしてドゥルーズ、フーコーにも受け継がれてきたものだ。[7] 私にとってアレントはまったく別の経験と立場から、そのような系譜に交わる思想の作り手と思えてきたのだ。もちろん構成し樹立すべき権力と、この世界にあまねく浸透した強制力としての権力は同じものではないし、同じように作動するわけではない。しかしこれらはやはり同じく力であり、力の作用なのだ。同じであって同じでない。権力の連鎖と性質を、精緻に識別すること、これは改めて政治について考えるために欠かせない課題である。諸力の連鎖と性質、その様々な表出、潜在、擬装、隠蔽、力の知覚と知覚不可能な力、こういったことが、じつは政治の背後にあるどころか、政治の本体なのだ。

ドゥルーズとガタリはカフカを論じながら、「正しくもカフカにはまったく批判というものがない」ことを指摘している。もちろん政治の不正、悪、虚偽、偽善を批判する理性や正義感が無効である、といいたいわけではない。しかし政治を突き動かし決定しているのは、確かに理性でも意志でもない。むしろ無意識、情動、力、身体の次元での作用・反作用・振動のほうが、人びとの言動を決定する、と考えている。そこでドゥルーズの政治思想を「非意志主義」(involontarisme)として、肯定的に取り上げようとする見方もあったのである。[8] もちろん精神分析が与えたような無意識の図式にその「非意志」を還元することはできない。ドゥルーズ・ガタリは、『アンチ・オイディプス』を書いて、はるかに多様な社会的要素の交点において無意識をとらえ直そうとした。私はここでやっと政治を決定しているかもしれない身体や情動や無意識について書いている。しかしこの本の多くのパートでは、異なる仕方で政治を考えることを目標としているという意味では、むしろ異なる理性や正義を構想しようとしている、といってもいい。政治的変動の可能性は、そのような理性、正義、そして身体、情動、無意識、欲望などの交点に、共振が広がるときに結晶するものにちがいないのだ。

(7) フレデリック・ロルドン『私たちの〝感情〟と〝欲望〟は、いかに資本主義に偽造されているか?』(杉村昌昭訳、作品社)は、現在進行中の政治と経済について、まさにスピノザ゠ドゥルーズ主義的な情動の分析を試みている。
(8) Cf. François Zorabichvili, « Deleuze et le possible (de l'involontarisme en politique) » in *Gilles Deleuze, Une vie philosophique*, sous la direction d'Eric Alliez, Institut Synthélabo, 1998.

2 自己と情動

「自己の自己に対する関係においてのみ、政治的権力に対する最初のそして最終的な抵抗の点がある……」(9)。フーコーの聞き捨てならないこの提案には、当然そのような自己関係についての理論的裏付けが必要になるはずだ。しかし彼が最晩年の講義で続けたのは、自己との関係、自己への配慮をめぐる哲学的展開よりも、むしろそのような思想の痕跡を、古代の知識人の残した言葉のなかに縷々とたどっていくことだった。「権力から逃れようという運動こそが、主体の変容や、主体が真理との間に持つ関係を明らかにするのに役たつはずなのです」、「自己自身のみを享楽すること」、「他人との関係から派生してくる「自己の成立」がある」といったフーコーの言葉はそういう探求とともにあった。それらは「自分自身の中に憩う活動がありうるという考え方」、「意志とは、反省的で自己関係である」というアレントの言葉と響きあう。これらは、すでに前の数章で引用したことのある言葉ばかりだ。

少し哲学史を振り返ってみても、たとえばデカルトのコギトから、このような自己の問題をとりだすことはできない。デカルトの「私は考える、ゆえに私はある」は、もっぱら意識に直接に現われた自己を問題にしている。感覚も身体も考慮せずに、ただ意識の与件としての自己、つまり「魂」を扱っている。経験を重んじたロックのほうは、そのように同一な自己が、感覚と内省を通じていかに成立しうるのかを問題にしたのだ。なにしろ意識も思考も、つねに持続しているわけではない。それならば、異なる時点における意識が同じ主体に属する、とどうして証明できるのか。そこで記憶の概念を導入することによって、なんとかロックは、ある時点の意識と別の時点の意識とが同一であることを肯定し、同一な自己の存在を認める。しかし、もし記憶に誤りや欠落があるならば、二つ以上の意識が同じ人格に属することを確証しようがない。自己の存在はどうして確かめられるのか。この問いは神に委ねるしかないのか。

経験主義をさらに徹底したあのヒュームにいたっては、物質についても、精神についても、実体が存立することを一切認めようとしなかった。私の前に現われるものは、ただばらばらの知覚だけである（ヒュームは、観念も知覚のなかに含まれるものとしている）。もちろん知覚が途切れたら、自己の知覚もとぎれてしまう。そこにはいかなる同一性もありえず、「自己」と呼びうるものなど、何もない。精神とは「知覚の束」にすぎず、自己とは虚構にすぎない。「ヒュームは自己の存在が内省的に認識可能であるという立場を否定した」[10]。もちろんヒュームは、自己が虚構にすぎないということをどこまでも強調するわけではない。むしろ「われわれの情念、つまり自分自身に対する関心にかかわる人格同一性」といったものが、自己と他者との関係において成立するというのである。ここで「自分自身」と呼ばれるものは、まだ「自己」ではないとしても、それが身体であることだけは確実である。その身体において発生する情念とは、「自分自身に対する関心」であり、その関心は、他者との関係の中で形を得ていき、関係のなかで、関係と

（9）Foucault, *L'Herméneutique du sujet*, p.241.
（10）田村均『自己犠牲とは何か――哲学的考察』名古屋大学出版会、三二九ページ。戦犯として裁かれた日本の軍人の「自己犠牲」について考察しているこの本の第九章「自己という思想」で、著者は、デカルトからヒュームに至る哲学が、自己をどのように問題にしていたかを的確に読み解いていて教えられた。

して結晶していくのである。ただひとりの内省において認識されるような自己こそが確実であるというデカルトの原理は、ヒュームの経験論にとっては、まさに虚構でしかない。そのような自己とは、他者も、関係も排除した推論の結果でしかない。

自己の哲学は、そのようにしてコギトによる抽象から脱して、やがてこの「世界」に根をおろしていったように思える。そして一九世紀には、キリスト教からの離脱をもっとあからさまに強い動機とする自己肯定の哲学が出現する。シュティルナーの『唯一者と所有』は、まさにそのような宣言にほかならないし、「私の自己享受」について語ったりする彼の思考においても、やはり自己関係、自己への配慮が問題になっていたといえよう。ニーチェはそのような肯定に決定的な表現を与えることになったにちがいない。キェルケゴールは、信仰の枠組みをあくまでも保持し、むしろ新たな信仰をうちたてるかのようにして、「自己とは関係であるが、関係がそれ自身に関係する関係である」というように、自己＝関係から逃れられない人間の「絶望」を思索することにむかった。そこにも新たな自己の哲学が提案されていた。

それぞれに立場は異なるとはいえ、西洋のあの時代には「自己」が新たな形で哲学の中心の問題になっていたとも言えるのだ。けれども「自己」の哲学は、やがて哲学の舞台から影をひそめてしまったかもしれない。少なくとも「自己」の問いは、歴史、社会、唯物論、そして現象や存在、言語や無意識といった新たな問いに吸収されてしまったようなのである。「自己」が哲学の問題でなくなることなどありえないとしても、少なくともそれは別の文脈のなかで問われるようになったとも言えよう。

自己が、人間存在の「内部」であるとすれば、その「外部」がさかんに問われるようになり、やがてその内部も外部に開かれた形で問われるようになったのだ。しかしこんどはそこに開かれた外部のなかで、もう一度内部を問うこと、外部がいかに内部を形成するか、開かれ貫通した空間において、内部と外部の境界がいかに形成され再生されるか、という問いがありうる。あるいは境界を失ったかに見える諸力の広がりにおいて、いかに自己と自己関係が折り畳まれるか、と改めて問うことができる。フーコーの『自己への配慮』を、ドゥルーズはそのような「トポロジー」の提案として受けとったのである。フーコーにとって、そのトポロジーとは、「自己の自己に対する関係においてのみ、政治的権力に対する最初のそして最終的な抵抗の点がある」と言いかえられるようなものだったのだ。

このような「折り畳み」あるいは「トポロジー」とは、もちろん理性にも認識にもかかわるにちがいないが、とりわけ情動が触発し、触発される関係の場にかかわるのである。思考も思想も、そこになんらかの役割を果たすにちがいない。しかし決してそれは指導的理念を強制したり、難題を一挙に解決したりする設計図を提供したりするものではありえない。むしろ情動が渦巻く場に、介入しうる思考であり、思想でなければならない。決して夢や希望などかきたてないほうがいい。そのたびに悲しみや恨みの情動がかきたてられて、政治はむしろ陰鬱な欲動の方にかきたてられていくからだ。政治は、しばしば死の欲動と結合しうる。政治と死、政治のために死ぬこと、このドラマは人を引きつける。政治の情動と、死のパッションは、しばしば混同される。そして実は政治は破棄されてしまう。アレントは「生きのび」のための政治には警戒的だったが、もちろん死に向かって驀進するような政治を擁護したことはない。

この本で、私は積年の問いだった〈身体〉について、ことさら触れていない。しかしいま最後になって、政治の〈情動〉について書いている。そして〈情動〉とは〈身体〉によって、〈身体〉において生み出される出来事であり、状態である。あれやこれやの理念や口実、夢や希望の根底で揺動し続けている身体の現実というものが確かにある。実はそれについて考え、それを記そうとしてきた。これまでアントナン・アルトーやジャン・ジュネそしてドゥルーズに触発されながら私が書いてきたことは、むしろ〈身体の政治〉にかかわっていた。この本ではとりわけ〈政治〉と対面して考えようとしたが、これは〈身体の政治〉を考え続けるためにも必要なことだった。

ドゥルーズとガタリは「カフカはいつも文学的創造を、砂漠のような世界の創造とみなしていた」[11]などと書いている。私たちの前には見るも無残な「政治の砂漠」が開けているとしても、「それぞれの砂漠」を作り出すという課題がまだ残っているらしいのだ。そのためにも〈政治の身体〉と〈身体の政治〉をまだ注視し続けなければならない。

(11) ドゥルーズ／ガタリ『カフカ』、宇野邦一訳、法政大学出版局。

# 付記

できるなら政治について何か新しいことを書いた本を提出したいところだ。ところが読者としても、もうしばらくそんな本にはめったに出会っていない。印象的な本は、政治の不正や惨状をよく調べて告発する本だ。そして新しく見える本があるとすれば、むしろ政治に失望あるいは絶望し、新しい政治を模索するのではなく、思い切ってシニカルに政治の終焉を知らしめるような本なのだ。世界中で政治は〈飽和〉しているかのように思える。それでも過剰な新自由主義に対する抵抗がいたるところで続いている。大統領の例外的な強権政治に立ち向かおうとするアメリカのリベラルにも驚くほどの勢いがあって、確かに政治は死んではいない。

この本を書いた動機はきわめて個人的なもので、私自身が政治との関連でむしろ直感や感情のレベルで反応し揺れて生きてきたことを、思想的な問いとして考え直すということから出発している。ときに「政治入門」というタイトルさえ浮かんできたが、それは私が政治を熟知していて手ほどきするようなことではなくて、入門するのはあくまで無知な私自身なのだ。政治について自明なことはひとつもないという立場から、あえて政治について考えてみたということである。もちろんこの問いを仮想的読者にも問いかけ、すでに様々な声を聞くかのようにして書き進んできた。この本には、なんの指針も政策も提案されていないが、様々な活動と場所に、ここで考えたことが共振を広げていくという事態を思い浮かべることができる。そもそも私が考えたこと自体が、すでにそのような共振を感知し、それに対して反響した結果だったのである。

＊

音楽家の港大尋さんの主宰する〈学園坂スタジオ〉（小平市）で『国家・共同体・身体』というタイトルで、二〇一六年春から月一回のセミナーを始めて、約二年間続けることになった。タイトルは最初に港さんが提案してきたもので、私としてはこのテーマでどこまで内容のある話ができるか、心もとなかった。いままで向き合ってきた思想的課題と、それはもちろん大いに関係があるが、こんどはずっと密接に〈政治〉にかかわるものになる。しかし準備を欠いていても、とにかくこれは立ち向かうべき課題だと思って冒険してみることにした。手がかりになりそうな書物や資料を次々読んでいき、講義のための覚え書を作りながら約二年間セミナーを続け、こうして考えたことを文章化していった。徐々に一冊の本の構想が固まっていった。青土社の菱沼達也さんにそれを提案して承諾いただいたが、この試みをすぐに本にすることは難しかった。私にとって切実で、少人数のセミナーでの対話によって練り上げてきた試みだったが、〈政治〉について、何か核心に触れる本質的なことを書きえているか確信がなかったのだ。そこで『現代思想』に四回にわたって一部を連載し、私自身も読者となり、距離をおいて見直すようにした。それほど大きな本にすることを想定していなかったが、問いが増殖をはじめ、アレントとフーコーを新たに読解する章をさらに付け加えることになった。この本を通じて私はただ政治の方に迂回したのではなく、政治にむけて、これまで考えてきたことの多くを注入することになった。

まず〈学園坂スタジオ〉のセミナーを提案した港大尋さん、セミナーで盛んな対話を続けてくれた参加者のみなさん、『現代思想』の連載担当だった栗原一樹さん、フーコーに関する論考の掲載を担当した講談社『群像』編集部の森川晃輔さん、本書の編集にたずさわった菱沼達也さんに感謝したい。

四〇年来の友人の画家、清水伸が装丁のために作品を提供してくれた。この三月にはアメリカのコーネル大学に招かれ、第四章「憲法とアンティゴネー」を中心にこの本の内容をかいつまんで話をする機会があった。そのとき詳しいコメントをいただいた酒井直樹さん、そういう機会をつくってくれたPedro Erberさんにも感謝したい。この『省察』を、日本の外の文脈で見直すためにも貴重な機会になったと思う。

この本の論考を書き進めるあいだに私は思いがけず病気のため入院治療をすることになり、一時は完成できるかどうか危惧したときがあった。友人たちと妻の牧子の支えで、それを乗りきり、書き終えることができた（深謝）。

この『省察』と並行して、私はサミュエル・ベケットの三つの主要な小説を新たに翻訳する作業を進めてきた。まるで二重人格者のように二つの仕事を続けていたようだが、実はそうではない。私の神経はベケットの言葉に苛まれていたし、政治について考え続けることは別の意味で苦行でもあった。しかし二つの作業は私を快活にし、病の不安から守ってくれた。この本にはそれらの痕跡も刻まれているにちがいない。

宇野邦一

二〇一九年三月二八日

# 初出一覧

序論　（書き下ろし）
第1章　問いの移動――政治があるところに政治はないか？（『現代思想』二〇一八年一〇月号）
第2章　シニシズムは超えられるか、超えるべきものか（書き下ろし）
第3章　国家の外の生（『現代思想』二〇一八年一一月号）
第4章　憲法とアンティゴネー（『現代思想』二〇一八年一二月号）
第5章　民衆のいない民主主義（書き下ろし）
第6章　最悪の政治（『現代思想』二〇一九年一月号）
第7章　公共性と自由意志――ハンナ・アレントの思想（書き下ろし）
第8章　フーコー『肉の告白』を読む（原題「『肉の告白』からアナルケオロジーへ――フーコーの最後の思想（前篇）」、『群像』二〇一八年七月号
第9章　「アナルケオロジー」へ――最後のフーコー（原題「『肉の告白』からアナルケオロジーへ――フーコーの最後の思想（後篇）」、『群像』二〇一八年八月号）
終　章　政治の根底にあるもの（書き下ろし）
付記（書き下ろし）

ま行



や行



ら行



わ行

# 人名索引

＊斜体は脚注のページ数

著者　宇野邦一（うの・くにいち）
1948年島根県松江市生まれ。哲学者、フランス文学者。京都大学文学部卒業後、パリ第8大学でジル・ドゥルーズの指導をうける。1980年にアントナン・アルトーについての研究で博士号取得。1979年には「文学の終末について」が第22回群像新人文学賞評論部門優秀作となる。著書に『ドゥルーズ――流動の哲学』（講談社選書メチエ）、『ジャン・ジュネ――身振りと内在平面』（以文社）、『〈単なる生〉の哲学――生の思想のゆくえ』（平凡社）、『映像身体論』、『吉本隆明――煉獄の作法』（以上、みすず書房）、『ドゥルーズ――群れと結晶』（河出ブックス）、『反歴史論』（講談社学術文庫）、『〈兆候〉の哲学――思想のモチーフ26』（青土社）など。訳書にアントナン・アルトー『神の裁きと訣別するため』（鈴木創士氏との共訳）、ジル・ドゥルーズ＋フェリックス・ガタリ『アンチ・オイディプス』（以上、河出文庫）、ジャン・ジュネ『判決』（みすず書房）など。

# 政治的省察
## 政治の根底にあるもの

2019年4月25日　第1刷印刷
2019年5月15日　第1刷発行

著者――宇野邦一

発行人――清水一人
発行所――青土社
〒101-0051　東京都千代田区神田神保町1-29　市瀬ビル
［電話］03-3291-9831（編集）　03-3294-7829（営業）
［振替］00190-7-192955

印刷・製本――双文社印刷

装幀――水戸部功

装画――清水伸


ISBN978-4-7917-7166-0 C0010